www.lyrikmond.de/hain/

Freund Hain –

Die einzig wahre Geschichte
seiner Freundschaft mit dem
Dichter Matthias Claudius.
Erzählt von ihm selbst.

Aufgeschrieben von
Hans-Peter Kraus

Herstellung und Verlag:
Books on Demand GmbH, Norderstedt
ISBN 978-3-7386-0715-4

Für
eine siebzehnjährige Mutter

Wie anfangen? Ich weiß das nicht. Für Anfänge bin ich nicht zuständig. Und das Ende? Habe ich vermurkst. Es war keine peinliche Angelegenheit, auch kein Gemetzel. Niemand hat etwas gemerkt. Aber ich habe. Ausgerechnet bei dem einzigen Freund, den ich jemals hatte, habe ich das Ende vermurkst.

Fange ich woanders an. Ein anderes Ende. Eins mit besseren Erinnerungen: Anna Maria Thyßen, Schuhmacherwitwe. An diese Frau erinnert sich keiner mehr. Traurig, sie hätte es verdient. Doch so war das damals: Wer nicht durch Rang und Adel protegiert wurde, – nichts zu machen.

Ich erschien Anna-Maria Thyßen in Gestalt ihres Mannes. Sie starb am 15. August 1740 in Heilshoop. Kurz danach wurde Matthes im nahen Reinfeld geboren. Das Datum musste ich trotzdem nachschauen. Ich habe mir noch nie eins merken können bis auf eine einzige Jahreszahl. Zeit ist für mich nicht wichtig.

Die Kinder waren alle da. Na ja, Kinder waren sie nur für ihre Mutter. Zwei hatte ich schon geschnitten, blieben sieben. Bertha Auguste, mit über 60 die Älteste, hatte den Jüngsten herumgeschickt: Johannes, nach seinem Vater benannt. Zwei Ehefrauen waren ihm bei Geburten verloren gegangen. Danach blieb er lieber allein.

Die sieben quetschten sich in Mutters Schlafkammer. Eine Kerze am Bettkopfende war das einzige Licht. Sie warteten. Auf mich.

Anna Maria hätte Ende August noch mal Geburtstag gehabt. Sie war weit über 80 – ein biblisches Alter damals. Ihre Eltern hatten noch den 30-Jahre-Krieg miterlebt. Ich hätte sie gern an ihrem Geburtstag geschnitten: Das wäre der perfekte Kreis gewesen. Ich liebe Kreise. Doch die Kraft war schon zu stark. Ihr musste ich folgen.

Anna Marias Mann Johannes war kurz vor der Geburt seines letzten Sohns auf meine Seite gewechselt. Was immer meine Seite auch ist. Sie brachte die Kinder alleine durch mit dem kleinen Schuhmacherladen. Keine Ahnung wie. Mit ihrer Idee ist es ja nichts geworden.

Witwenprivileg hieß das. Die Zunft stimmte zu und sie durfte den Laden selbst führen. Bis ihr Ältester Meister wurde. Anna Maria kannte das Handwerk. Ihr Vater war mit der Familie als Schuhmacher durchs Land gezogen. Niederlassen? Kam nicht infrage. Sich an einen Ort zu binden, brachte Unheil. Das hatte ihn der Krieg gelehrt.

Ihre Idee? Ungleiche Schuhe. Links anders als rechts. Simpel. Gab es bis ins Mittelalter. Dann nicht mehr. Links und rechts waren gleich, die Füße nicht. Das hatte Folgen. Doch Anna Maria Thyßen wurde vergessen. Jetzt heißt es, ein Hermann von Meyer hätte die Idee gehabt. Irgendwann hundert Jahre später. Ihr erster Kunde von Rang, der war ihr Verderben – Graf Ruska.

Vielleicht hätte ich mit ihm anfangen sollen, denn er führte mich zur Schuhmacherwitwe. Der Graf fiel mir auf, als ich den Freiherrn von Gerlinger schnitt. Was nicht schwer war, weil er immer auffiel. Der Freiherr schied glücklich aus dem Leben. Ich war ihm als sein jung verstorbener Sohn Alexander erschienen. Gerade wollte ich meine Gestalt auflösen, als jemand sagte:

„Die Herrin möge seiner Seele gnädig sein."

Die Herrin? Ich sah mich um. Die Witwe schluchzte in ihr Taschentuch. Die anderen Anwesenden schauten demonstrativ nicht zum Grafen hinüber. Meinte dieser

Mann wirklich? Ja, er meinte: Gott ist eine Frau.

Ich behielt Graf Ruska im Auge, mischte mich aber nicht in sein Leben ein. Er hatte auch so zu tun. Verspielte sein gerade geerbtes Gut in einer einzigen Nacht. Durfte sich bald nicht mehr am preußischen Hof blicken lassen. Nicht wegen Spielsucht, nein. Seine Ansichten über Gott und die Welt hatten sich bis ganz nach oben herumgesprochen. Das Urteil lautete: inkommodierend und nicht tolerabel.

Herzog Johann Adolf von Plön nahm den Grafen auf. Ihm war der König in Kopenhagen wesentlich näher als der preußische Hof. Und: Er hörte einfach nicht hin.

Das Land solle denen gehören, die es beackerten?

„Natürlich, Herr Graf, Sie sind am Zug."

Als Schachgegner war Graf Ruska unersetzlich. Es ereigneten sich jeden Abend phantastische Partien, unterhaltsamer als jeder Maskenball.

Eigentlich war der Graf dem Herzog über. Zeitweise hatte er sich mit Schach über Wasser gehalten. Spielte mit verbundenen Augen gegen jeden Herausforderer. Um Geld versteht sich.

In Plön setzte Graf Ruska eine neue spleenige Theorie in die Tat um: Könige müssten Vorbild sein, also auch in der Schlacht vorangehen. Es gäbe weniger Kriege dann. Nicht zu bestreiten. Nur keine gute Schachstrategie, wenn der König in der Eröffnung ins Freie geführt wird. Das ergab nicht weniger Schachkriege, nur mehr Schachsiege für den Herzog von Plön.

Es muss der zweite oder dritte Herbst gewesen sein, nachdem Anna Maria den Schuhmacherladen übernommen hatte. Die Barfuß-Saison war vorbei. Die Kinder bekamen frisch gefertigte Schuhe aus Mamas Werkstatt. Zuerst gab es großes Gemaule. Die Schuhe sahen anders aus. Links und rechts verschieden, vorbildlich orthopädisch geformt. Mit der Zeit verstummten die Proteste. Die neue Passform war bequem und gut zu den Füßen. Das erkannte auch Graf Ruska.

Beim Kirchgang am Sonntag entdeckte er die Thyßen-Schuhe. Die Schuhe hätten sich den Füßen anzupassen, nicht andersherum. So lautete nun sein Motto. Zum Neujahrsball des Herzogs ließ er sich ein Paar anfertigen. Auf Pump.

Er tanzte die ganze Nacht. Ihn als Tanzpartner abzulehnen hätte sich nicht geziemt. Die Damen mussten Rücksicht auf den Herzog nehmen. Der Graf preiste die Schuhe in den höchsten Tönen. Und tatsächlich: Seinen Füßen ging es am nächsten Tag gut. Nur um die Idee der Schuhmacherwitwe stand es schlecht.

Narrenschuhe nannte man sie hinter dem Rücken des Grafen. Ihre Vorteile fanden kein Gehör. Der Überbringer der guten Nachricht war nicht gesellschaftsfähig. Die Botschaft wurde durch den Boten getötet.

Anna Maria machte schwere Zeiten durch. Ihre adelige Hauptkundschaft mied sie. Erst als der älteste Sohn übernahm, änderte sich das. Die Schuhe wurden weiterhin nicht aus demselben Leisten erstellt. Der Unterschied war nur wesentlich unauffälliger. Den Füßen tat es gut. Die Kunden waren zufrieden. Und das Geschäft lief.

Den Grafen verlor ich bald aus den Augen. Ein Familienleben wie bei Thyßens war viel interessanter. Ich gestehe, ein klein wenig habe ich nachgeholfen, dass Anna Maria und ihre Kinder durchkamen. Jedes Jahr im Herbst ließ ich mir in anderer Gestalt ein Paar Stiefel fertigen. Geld zu beschaffen war kein Problem. Die Toten gaben reichlich. Und die Stiefel? Die stellte ich mal hier, mal dort vor eine Haustür.

Graf Ruska sah ich am Ende noch mal wieder, so wie ich jeden irgendwann wiedersehe. Sein Abgang war nicht sehr würdig, unappetitlich gar. Kein Vergleich zu Anna Marias letzten Stunden.

In ihrer Schlafkammer waren die leisen Gespräche verstummt. Ab und an nickte ein Kopf hinunter, um gleich ruckartig wieder hochgehalten zu werden. Nur Sohn Johannes schlief unbemerkt auf seinem Stuhl. Er saß am weitesten entfernt von der einzig brennenden Kerze.

Die Kraft war kurz vor dem Höhepunkt. Anna Maria dämmerte vor sich hin. Es wurde Zeit für mich. Ich nahm die Gestalt ihres Mannes an. Die Kinder sahen mich nicht. Mich sieht nur, wen ich sehen lasse. Anna Marias Augenlider flatterten. Benommen orientierte sie sich. Dann leuchteten ihre Augen auf.

„Johannes", flüsterte sie.

Die Kinder sprangen auf. Ich schnitt.

Der Mensch

Empfangen und genähret
    Vom Weibe wunderbar
Kömmt er und sieht und höret,
    Und nimmt des Trugs nicht wahr;
Gelüstet und begehret,
    Und bringt sein Tränlein dar;
Verachtet, und verehret;
    Hat Freude, und Gefahr;
Glaubt, zweifelt, wähnt und lehret,
    Hält nichts, und alles wahr;
Erbauet, und zerstöret;
    Und quält sich immerdar;
Schläft, wachet, wächst, und zehret;
    Trägt braun und graues Haar etc.
Und alles dieses währet,
    Wenn's hoch kommt, achtzig Jahr.
Denn legt er sich zu seinen Vätern nieder,
Und er kömmt nimmer wieder.

Die beiden letzten Zeilen sind von mir. Matthes hatte mich mit der Idee überrascht, an einem Gedicht mitzuschreiben. Wir flanierten durch sein Bureau. So nannte er das Wandsbecker Gehölz. Matthes zog an seiner Pfeife und auf einmal sagte er:

„Mein lieber Freund Hain, sollten wir nicht einmal ein Gedichtchen zusammen verfassen? Mich deucht, Ihr seid ein Fachmann fürs Ende, n'est-ce pas? Also, erweist mir die Ehre und gebt mir zwei Schlusszeilen."

„Du willst mit dem Ende anfangen?"

„Fürwahr, darauf kann nur jemand wie Ihr kommen. Natürlicherweise beginne ich mit dem Anfang. Eure beiden Zeilen sind nur der Hafen, den mein Reimschiffchen durch die poetische See ansteuert. Ich beginne mit ein paar Zeilen, noch ein paar Zeilen, etc. pp. und dann kommt Ihr und es ist Ende und Gute Nacht."

„Aha. Nun gut, ich werde mein Bestes geben. ... Äh ..."
Mir fiel nichts ein.

„Ist nicht so einfach, Matthes. Von jetzt auf gleich poetisch werden."

„Das ist unbestritten so. Doch ich habe großes Vertrauen in Eure poetischen Kräfte. Ihr seid schließlich der stärkste Schlussreim, den es gibt."

Ich schaute Matthes an. Nichts an seiner Miene verriet, ob er scherzte. Wir gingen weiter Seite an Seite durch den Wald. Ich war wie blank. Es wollte einfach nichts kommen. Etwas geistesabwesend schnitt ich hier, schnitt ich dort. Und irgendjemand sagte „Vater" und da war's:

„Dann ... legt er sich zu seinen Vätern nieder."

Nicht schlecht. Aber eigentlich schon Schluss. Was jetzt? Eine Zeile brauchte ich noch. Matthes wartete.

„Und ... er kommt nicht mehr wieder", schoss ich hinaus.

Ich schwitzte. Matthes schwieg.

„Das sind Eure beiden Zeilen?", fragte er schließlich.

„Ja."

Schweigend gingen wir weiter. Plötzlich klatschte er sich mit dem Handrücken an die Stirn und rief:

„Öch bön röinört. Hach, die Dichtergilde wird mich aus ihren Reihen ausschließen. Bis zu meinem letzten Tage werde ich unbeachtet und verstoßen Gedichtchen in Birken ritzen müssen, weil sie keiner mehr drucken mag."

Und brach in ein Gelächter aus, das die Vögel verschreckte. Konnte sich schier nicht mehr einkriegen. Lachte Tränen.

„Was hast du? Es reimt sich doch."

Matthes sah mich an und lachte wieder los.

Ich werde nicht oft ausgelacht. Genauer gesagt: Niemand! lacht. Matthes durfte. Er war mein Freund. Er hatte mir beigebracht zu lachen. Und doch wurde ich ungeduldig. Verärgert erschien ich einem Hamburger Säufer als Sensenmann, was seine Lebenszeit um ein paar Sekunden verkürzte. Endlich wischte sich Matthes die Tränen aus den Augenwinkeln.

„Ach, Freund Hain, da hast du mir eine schöne Aufgabe gegeben."

„Ich verstehe nicht. Was ist falsch an den Zeilen?"

„Nichts ist falsch, Freund Hain. Es sind ehrliche Zeilen eines ehrlichen Mannes, nur ... Höret einmal ganz genau hin: Dann LEGT er SICH zu SEInen VÄtern NIEder, UND er KOMMT NICHT mehr WIEder. Deuchten Euch diese beiden Zeilen nicht ein wenig verschiedenartiger Natur zu sein?"

Ja, so gesagt stimmte etwas nicht.

„Mein lieber Freund und Dichterbruder, du hast mir als Reimpaar einen jambischen Fünfheber serviert und einen Vierheber, dessen Metrum im Vergleich dazu dem gelehrten Auge etwas jenseits der Konvention erscheint. Aber sei versichert, wie ein Baum der Sonne entgegen wächst, so werde ich an diesem Problem wachsen."

Und er reckte die Nase schräg in die Luft, wischte sich eine unsichtbare Haarsträhne aus der Stirn, zog an seiner Pfeife und lachte und hustete und erstickte halb.

Am Ende war er meinen Zeilen tatsächlich gewachsen. Er mühte und plagte sich. Schrieb und zerriss. Verzweifelte. Und griff zur Bibel. Blätterte. Und fand Inspiration bei Salomo:

„Geboren werden und sterben, pflanzen und ausrotten, was gepflanzt ist, würgen und heilen, brechen und bauen, weinen und lachen, klagen und tanzen, Stein zerstreuen und Steine sammeln, herzen und ferne sein von Herzen, suchen und verlieren, behalten und wegwerfen, zerreißen und zunähen, schweigen und reden, lieben und hassen, Streit und Friede hat seine Zeit. Man arbeite, wie man will, so hat man doch keinen Gewinn davon."

Von da waren es noch immer viele Variationen. Doch am Ende fiel alle Mühe von ihm ab. Matthes war glücklich. So glücklich, dass er noch eins draufsetzte: Er färbte meine beiden Zeilen mit Dialekt. Aus „dann" wurde „denn", aus „kommt" wurde „kömmt" und aus „nicht mehr" „nimmer". So war es ein echter Claudius.

Veröffentlicht hat er das Gedicht im vierten Teil seiner gesammelten Werke. Typisch für ihn: Er legte eine Spur. Nur ein paar Seiten vorher brachte er einen Artikel zu den Sprüchen Salomos. Die entscheidende Stelle zitierte er nicht. Die war den Lesern wahrscheinlich eh bekannt. Damals las man die Bibel noch. Einen größeren Bestseller hatte es nie gegeben.

Hunderte Jahre später brauchte es intensive Forschungstätigkeit, um diese Zusammenhänge wiederzuentdecken. Eine Frau Kranefuss zu Göttingen erlas den

Salomo in Matthes Gedicht. Bravo! Und in all den Jahren hat sich niemand beschwert über meine Zeilen, nicht die Gelehrten und auch nicht die forsche Frau Kranefuss.

Entschuldigung, ich sagte ja: Anfangen ist nicht meins. Ich springe hin und her, das ist meine Natur. Ich bin an vielen Orten gleichzeitig, immer dort, wohin die Kraft mich ruft. Aber so geht das nicht. Da kann kein Mensch folgen. Ich will versuchen, ab jetzt chronologisch vorzugehen. Ob ich das lange durchhalte? Ich verspreche nichts.

Als Matthes geboren wurde, war ich dabei. Damals bin ich bei jeder Geburt dabei gewesen. Heute nicht mehr. Ich hasse Krankenhäuser. Nicht weil sie Leben retten. Krankenhäuser bringen mehr Menschen um als Automobile. Und die geben sich schon Mühe. Nein, es ist ... das Technische. Das Glitzernde. Das Sterile. Menschen kommen nicht mehr zur Welt, sie kommen ins Krankenhaus. Ich glaube, viel Unheil ist daraus entstanden, dass Menschen in einer Krankenhauswelt geboren werden und nicht zu Hause oder in der Natur.

Warum war ich damals bei jeder Geburt dabei? Klar: In jenen Zeiten schnitt ich oft genug das Neugeborene, manchmal die Mutter gleich mit. Doch das war nicht der Grund. Ich liebe Kreise. Sagte ich bereits. Ich wollte am Anfang dabei sein, wie ich am Ende dabei bin. Insgeheim wünschte ich mir sogar, mittendrin zu sein. Matthes machte das möglich. Und mehr als das, viel mehr.

An jenem Abend des ... Moment ... 15. August 1740 brannte in Reinfeld nur in einem Haus noch Licht. Bei Pastor Claudius. Seine Frau Maria mühte sich im Geburtsstuhl, ein Kind zur Welt zu bringen.

Die Schuhmacherwitwe hatte ich gerade erst geschnitten, da tat Matthes seinen ersten Schrei. Ich erschien ihm in Gestalt seines verstorbenen Großvaters Nikolaus. Matthes entwickelte später eine große Ähnlichkeit mit dem alten Herrn, was ich nicht ahnen konnte. Die Gestalt sollte nur beruhigend wirken. Diesmal war die Wirkung noch viel erstaunlicher.

Matthes spürte meine Anwesenheit. Abrupt hörte er auf zu schreien. Mutter und Hebamme sahen erschrocken zum Kind. Es schlug die Augen auf, sah mich – und lächelte. Matthes lächelte mich an. Mich!

Die Hebamme rief: „Es hat einen Engel gesehen!"

Und wie zur Bestätigung kreite Matthes wieder los.

Das war noch nie passiert, dass ein Neugeborenes mich anlächelte. So kurz nach der Geburt kann ein Säugling das eigentlich nicht. Matthes und Rebekka warteten immer sehnsüchtig auf dieses erste erkennende Lächeln.

Und doch bin ich mir sicher: Matthes hat mich angelächelt. Außerdem: kann eigentlich nicht? Das ist auch nur eine Wahrscheinlichkeit. Eine geringe, zugegeben. Das Leben selbst, seine Entstehung, die vielen einzelnen Leben haben so geringe Wahrscheinlichkeiten; da wird einem schwindlig vor lauter Nullen. Wer Gewissheit will, wer höchstmögliche Wahrscheinlichkeit will, der denke ans Sterben. Das ist immer sehr wahrscheinlich. Das Leben hingegen wimmelt nur so von Unwahrscheinlichkeiten. Deshalb ist es Leben.

Es ist auch nie wieder passiert. Dieses Lächeln verband mich mit dem Säugling. Ich nahm mir vor, ihn weiter zu beobachten. Schon damals mit einer vagen Hoffnung auf mehr.

Pastor Claudius ist kurz darauf hereingerufen worden. Ganz aufgeregt erzählte die Hebamme, der Junge hätte einen Engel gesehen und gelächelt. Fragend blickt der Pastor seine Frau an. Sie nickte und zuckte gleichzeitig mit den Schultern. Es sprach für ihn, dass er die Hebamme nicht zurechtwies. Engel! In einem protestantischen Haus. Immerhin: Das frühe Lächeln war etwas Besonderes. Und so gab der Vater hoffnungsvoll seinen eigenen Namen an diesen Sohn weiter:

Matthias
Claudius.

Die unwahrscheinlichen Wahrscheinlichkeiten des Lebens faszinieren mich. Ist es beim Menschen nicht auch so? Dass er sich nach dem sehnt, was er nicht hat, was er nicht ist? Mit der Kraft kenne ich mich aus. Ich kann einschätzen, wie lange jemand noch lebt. Je näher das Ende, desto größer meine Sicherheit. Klar, es gibt unvorhergesehene Schwankungen, gerade bei den Jüngeren. Aber das ist kein Vergleich zu den Unwahrscheinlichkeiten des Lebens.

Zum Beispiel Rebekka. Vierzehn Jahre nach Matthes in Wandsbeck geboren. Vierzehn Jahre. Dieser Altersunterschied wog damals schwerer. Die Lebenserwartung war geringer. Und doch wurde sie seine Frau.

Was musste alles passieren, was durfte nicht passieren, damit Matthes und Rebekka zusammenkamen? Möchte jemand die Wahrscheinlichkeit ausrechnen? Unter Berücksichtigung, dass Matthes in Jena hätte hängen bleiben können, wo er studierte. Oder am Kopenhagener Hof, wohin er den Grafen Holstein begleitete. Nicht zu vergessen all die kleinen und großen Glücks- und Unglücksfälle des Lebens. Allein der Unfall auf dem Herrenteich. Der hätte jede Wahrscheinlichkeit auf null gesetzt. Und Rebekka war da noch gar nicht geboren.

An jenem Tag spürte ich die Kraft bei Matthes. Ich hatte mich bis dahin nicht wieder gezeigt, ihn nur beobachtet. Obwohl immer wieder in Reinfeld zu tun war. Allein drei seiner Geschwister schnitt ich in einem Jahr. Nicht nur als Pastorensohn wusste er früh, was Sterben bedeutet.

Matthes verbrachte die meiste Zeit mit seinem Bruder Josias, der ein Jahr älter war. Das gefiel mir nicht besonders. Josias war anfällig für die Kraft. Ein früher Tod erschien mir bei ihm wahrscheinlicher als ein langes Leben.

Die Brüder hatten sich mit dem Kahn weit auf den Herrenteich hinausgetraut. Anderen Orts wäre das Gewässer als See verkauft worden: bis zu 250 Meter breit, zwei Kilometer lang. Aber die Holsteiner beließen es beim Teich.

Die beiden saßen im Kahn, ließen die Angeln im Wasser treiben. Kein Fisch biss an. Josias begann sich zu langweilen. Matthes hätte sicher den ganzen Sommertag auf dem Teich verdösen können.

„Beißt keiner", sagte Josias schließlich.

„Jo", stimmte Matthes schlaff zu.

„Da hilft nur beten."

Matthes schaute seinen Bruder fragend an.

„Ja, beten. Auf, auf, Matz. Gott hilft."

„Ja, was denn?"

„Vaterunser hilft immer."

„Ja?"

„Los Matz, wo ist dein Gottvertrauen? Du wirst sehen, die Fische werden kommen. Steh auf, damit der Herr dich sieht."

„Aber er sieht mich doch immer, sagt Vater."

„Willst du Fische fangen und sie Mutter herbringen oder Haare spalten?"

„Ja, ja."

Ergeben rappelte sich Matthes auf, faltete die Hände.

„Und die Augen zu. Volle Konzentration, Matz. Ich sag, wenn die Fische kommen."

Und so stand er, den Kopf gegen den Himmel gereckt, die Augen geschlossen, die Hände gefaltet und betete:

„Vater, du bist im Himmel. Geheiliget werde dein Name. Zu uns komme dein Reich. Dein Wille geschehe ..."

Josias begann den Kahn zu schaukeln.

„Spürst du's, Matz? Die Fische kommen. Weiter, weiter."

„... wie im Himmel also auch auf Erden ..."

Und der Kahn begann heftiger zu schwanken.

„Sie kommen, sie kommen. Das wird ein Fest. Weiter, weiter."

„... Unser täglich Brot gib un..."

Matthes suchte nach Halt in dem schwankenden Kahn, fand ihn nicht und stürzte kopfüber ins Wasser.

„Matz!"

Josias versuchte die aufgewühlte Wasseroberfläche mit den Augen zu durchbohren.

„Matz!"

Matthes tauchte noch immer nicht auf.

„Matthias!"

Seine Stimme kippte fast um. Doch dann griff Josias blitzartig tief ins Wasser, packte und zog. Nach Luft saugend kam Matthes an die Oberfläche. Fast wäre der Kahn gekentert. Josias hielt das Gleichgewicht und ließ seinen Bruder nicht mehr los. Japsend klammerte sich Matthes an die Bootskante. Schließlich half ihm Josias an Bord.

Auch ich war erleichtert. Obwohl: Ich hatte es im Gefühl, dass die Kraft nicht wirklich ernst machen würde. Mir schien es jedoch eine gute Gelegenheit, mich zu zeigen.

Als Opa Nikolaus stand ich am Ufer. Matthes sah mich. Ich hob grüßend die Hand. Noch immer schwer atmend winkte er zurück. Josias, der besorgt seinen Bruder betrachtet hatte, schaute, sah mich aber nicht.

„Wem winkst du da?"

Matthes sah zu ihm hinüber, wies mit einer schwachen Handbewegung in meine Richtung:

„Dem alten Mann."

Beide sahen zum Ufer. Kein alter Mann. Stattdessen lief Schwesterchen Dorothea auf das Ufer zu, heftig winkend.

„Da ist nur Theachen", stellte Josias fest.

„Ja."

Matthes betrachtete irritiert das Ufer.

„Ihr! Sollt! Es-sen! Kom-men!"

Dorotheas Stimmchen trug kaum bis zum Kahn.

Josias winkte zum Zeichen, dass sie verstanden hatten.

„Es heißt: der du bist die Hummel."

„Was?"

Matthes starrte seinen Bruder entgeistert an. Josias lachte.

„Ach nichts. Lass uns zurückrudern. Wird Zeit, dass du trockene Kleider bekommst."

Matthes nickte nur abwesend und schaute wieder zum Ufer hinüber. Doch ich war verschwunden und blieb es viele Jahre – bis die Kraft uns zusammenbrachte.

An den Tod
An meinem Geburtstage

Lass mich, Tod, lass mich noch leben! –
Sollt ich auch wenig nur nützen,
Werd ich doch weniger schaden,
Als die im Fürstenschoß sitzen
Und üble Anschläge geben,
Und Völkerfluch auf sich laden;
Als die da Rechte verdrehen,
Statt nach den Rechten zu sehen;
Als die da Buße verkünden,
Und häufen Sünden auf Sünden;
Als die da Kranken zu heilen,
Schädliche Mittel erteilen;
Als die da Kriegern befehlen,
Und grausam ihnen befehlen;
Der Helden Kriegskunst nichts nützen,
Um Länder weise zu schützen.
Tod, wenn sich diese nicht bessern,
Nimm sie aus Häusern und Schlössern!
Und wenn du sie nun genommen,
Dann Tod, dann sei mir willkommen.

Der Vorfall auf dem Herrenteich hatte die beiden Brüder noch enger aneinander gebunden. Gemeinsam gingen sie auf die Lateinschule in Plön. Gemeinsam zogen sie zum Theologiestudium nach Jena.

Matthes – ich sage immer Matthes. Damals war er noch Matthias für mich. Einer der Menschen, deren Leben ich verfolgte. Dass daraus mehr würde, war längst nicht entschieden. Den Namen habe ich mir von seinen Mitstudenten geborgt. Bei ihnen hieß er erst Matthes Evangelium – wegen seiner Neigung zum Predigen –, später nur noch Matthes; und dabei blieb ich.

Aber nun sei es: Matthes war nicht glücklich in Jena. „Bureaukraten des Glaubens" nannte er seine Professoren. Josias nahm die Theologie leichter, zog seinen Bruder mit dessen Ernsthaftigkeit auf. Matthes blieb beim ursprünglichen Bibelglauben. Daraus eine Wissenschaft zu machen, war ihm zuwider. Das und seine Toleranz gegenüber Andersgläubigen sollten ihm auch später Probleme bereiten. Jetzt stritt er nur mit dem Bruder und – seinem Vater.

Pastor Matthias Claudius war stolz, dass beide Söhne ihm nachfolgen wollten. Zwar galt Jena noch als billige Universität, trotzdem musste die Familie auf manches verzichten. Die Schuhe wurden nicht mehr bei Johannes Thyßen in Heilshoop bestellt. Deren Bequemlichkeit hatte ihren Preis. Und die lang besprochene Anschaffung eines neuen Clavichords für die Musikabende der Familie musste noch warten. Doch unglücklich sehen wollte er seinen Sohn nicht.

Schließlich entschied eine immer wiederkehrende Brustfellentzündung. Matthes argumentierte, damit könne er den Pflichten als Pastor nicht nachkommen. Sein Vater akzeptierte. Ich schätze, diese Begründung war ihm lieber als weitere Debatten über Gott und Religion.

Matthes wechselte zu Jura und den Kameralwissenschaften. Eine eher trockene Angelegenheit, die Studenten auf Posten beim Staat vorbereitete. Ganz abwegig war die Wahl nicht. Matthes hatte außerhalb der Religion durchaus Sinn für Ordnung und Vorschriften. Viele Jahre später wurde er vom dänischen Kronprinz zum Revisor der Altonaer Species-Bank ernannt. Eigentlich ein Ehrenposten. Doch Matthes arbeitete sich ein und war in Altona nicht sehr beliebt. Ein Kompliment für einen Prüfer.

Die Brüder gingen nun getrennte Wege. Andere Vorlesungen, andere Professoren, andere Freunde. Sie teilten immer noch ihr Zimmer. Und wenn sie zusammenhockten, war es wie zuvor. Ihr Verhältnis hatte sich eingependelt wie bei einem alten Ehepaar. Nichts konnte sie mehr scheiden. Doch dann erkrankten beide an den Pocken.

Ich weiß nicht, warum ich damals in Jena zu ihm kam. Nein, falsch. Es gibt kein Warum-Darum. Ich hatte das Gefühl, ich sollte es tun. Also habe ich es getan. Manchmal mache ich mir schon Gedanken, doch letztlich treffe ich alle Entscheidungen so – nach Gefühl. Macht das jemand anders?

Im Haus, in dem die Brüder logierten, herrschte die Stille vor dem Tod. Eine horchende Stille, die stets eintritt, wenn jemand ernstlich erkrankt niederliegt. Die Kammer der beiden: Ich habe schon Gefängniszellen gesehen, die mehr Platz hatten. Sie wurde sonst wohl nur an einen einzelnen Studenten vermietet. Jetzt stand links und rechts jeweils ein schmales Bett an der Wand. Dazwischen konnten gerade zwei ranke Jünglinge nebeneinander stehen.

Nun aber lagen die beiden. Links Matthes, rechts Josias, der fest schlief. Matthes döste zwischen Wachen und

Schlafen. Ich blieb bei der Gestalt von Opa Nikolaus. Das sollte sich auch nicht mehr ändern bis auf ein einziges Mal. Meine Stimme suchte ich so sanft wie möglich klingen zu lassen, fast schon weiblich.

Ich stand am Fußende seines Bettes und sagte behutsam:

„Matthias."

Keine Reaktion.

„Matthias."

Er regte sich. Schlug die Augen auf. Und erschrak.

„Wer sind Sie? Wie sind Sie hereingekommen?"

Auf Fragen hatte ich mich nicht vorbereitet. Was sollte ich sagen, wer ich war? Und wie war ich hereingekommen? War die Tür verschlossen? Warum? Wegen Ansteckung? Aber wenn sie zugeschlossen hatten, dann blieb nichts als die Wahrheit.

„Matthias, mich hemmt weder Schloss noch Riegel. Ich bin Freund Hain."

Das musste erst mal sacken.

„Ich sterbe? Kommst mich zu holen?"

„Nein. Du wirst nicht sterben."

Erleichtert seufzte er auf und wurde gleich darauf rot, knallrot. Genau in diesem Augenblick entschied es sich für mich. Diesem Menschen wollte ich nahe sein. Er richtete sich auf.

„Nicht Jos! Nimm mir nicht Jos!"

„Matthias, es liegt nicht an mir zu entscheiden, wer lebt und wer stirbt. Ich bin nur der Bote."

„Bitte. Nicht Jos!"

„Hörst du mir nicht zu? Ich komme deinetwegen, ich meine, nicht deinetwegen, sondern deinetwegen. Verstehst du?"

„Nein."

Zweifellos noch von den Pocken geschwächt, dachte ich damals. Ich merkte gar nicht, welch wirres Zeug ich redete. Das muss man sich mal vorstellen: Ich! war nervös.

„Matthias, ich bin erschienen, damit du dich verabschieden kannst. Von Josias. Ich werde morgen wiederkommen. Mehr kann ich nicht tun."

„Aber es muss doch ... Jos darf nicht ..."

„Mit wem redest du da?", fragte Josias mit schwacher Stimme.

Ich löste meine Gestalt auf.

Matthes starrte dorthin, wo ich gerade noch gestanden hatte, ließ sich zurückfallen aufs Kissen.

„Matz?"

„Mit ... mit dem Tod."

Immer noch mit geschlossenen Augen auf dem Bett liegend grinste Josias.

„Sicher, Matz ... ich hoffe, ... hast 'n gutes Wort für mich eingelegt."

Matthes schaute zu seinem Bruder hinüber. Sein Gesicht verzerrte sich. Doch er fing den Tränenausbruch ab.

„Natürlich", sagte Matthes mit erstickter Stimme.

„Dann ... ist ja gut. Wie ... wie fühlst du dich?"

„Besser. Hör, Jos, du musst auch wieder gesund werden."

„Klar, ... wenn du's ... schaffst, ... schaff ich das ..."

„JOS!"

„Oooh, schrei nicht so. Ich bin nicht ... taub, weißt du?"

„Natürlich Jos, ich dachte nur ... Jos, erinnerst du dich? Damals auf dem Teich?"

„Was für'n ... ah, du meinst ... im Teich."

Wieder verzog sich sein Gesicht zu einem Grinsen.

„Damals habe ich gedacht, es wäre aus. Und dann sah ich deine Hand. Nie werde ich das vergessen, wie deine Hand von oben durchs Wasser schoss."

„Jo, ... irgendwer muss ja ..."

Josias' Stimme wurde kraftloser.

„Ich weiß, dass du das Boot ins Schaukeln gebracht hast – das wusste ich immer –, aber ich habe mitgemacht. Deshalb war es meine eigene Schuld, und du hast mir das Leben gerettet, Jos. Hörst du?"

„Jo ..."

„Gib mir deine Hand, Jos. Vielleicht, ... vielleicht kann ich diesmal dich retten."

Immer noch mit geschlossenen Augen lächelte Josias. Langsam, sehr langsam schob er die rechte Hand vom Körper weg. Suchte Matthes' Hand. Matthes hielt den linken Arm lang ausgestreckt. Sein Arm begann zu zittern. Dann trafen sich ihre Hände. Matthes griff zu.

Ob und wie weit Gott den Tod des Menschen bestimme

…

Wenn die Vollkommenheit des Ganzen es erforderte, dass ein gewisser Mensch zu der bestimmten Zeit sterbe, warum musste er denn unter so ängstlichen Verzuckungen sterben? Warum ward sein Körper nicht so gebaut, dass er zu der bestimmten Zeit aufhörte zu leben? Sollte GOTT seine Geschöpfe, die seine Hand zu ihrer eignen Glückseligkeit schuf, unter so schrecklichen Empfindungen können sterben sehen? Kommen Sie mit zu dem Todbette eines Jünglings, ach, sehen Sie meinen Bruder sterben, Sie werden überzeugt zurückkehren. Wenn wir uns ihm nähern, hören wir ihn schon von ferne ängstlich röcheln, und itzt, welche schreckliche Szene! Tod ist im entstellten Auge, Tod auf der blassen Stirne, und in jeder verzuckten Miene, Tod. Er ringt die Hände, Todesangst schwellt ihm die Brust auf, er sieht mich starr an, da seine Zunge keine Worte mehr stammlen kann, und fordert in diesem Meer von schrecklichen Empfindungen, darin er von allem verlassen zappelt, meine brüderliche ihm so gewohnte Hülfe auf. Jeder Strahl aus seinem gebrochenen Auge ist ein wiederholtes flehendes Gebet, und eine trostlose Klage über meine Fühllosigkeit. GOTT, wie schrecklich ist es hier ein Mensch zu sein, entweder mache mich zum Felsen, oder ist es möglich, dass ein Mensch durch seinen Tod das Leben seines Freundes erhalten kann, o so lass mich den Tod aus seinen Adern in mich trinken, und an seiner durch meine freiwillige Tat itzt freier atmenden Brust sterbend, ein Opfer für sein Leben bringen. Ach, von allem, von mir verlassen, will er sich selbst helfen, er schlägt sich auf die Brust, und will den Tod, der itzt seine letzte Grausamkeit erschöpfet, herausreißen. Allein vergebens, er erstarret unter seiner grau-

samen Hand. Woher diese schreckliche Krankheit? Von ebendem, der ihm den Trieb zum Leben gab? Von ebendem, der
ihm die starke Natur gab, ihr zu widerstehen? Ferne sei es
von uns, dieses von dem gütigsten Vater zu glauben. Nein,
GOTT, nein, du bestimmtest den Tod nicht. Ich bin unglücklich, aber du unschuldig, ich bekenne es dir, du bist unschuldig, es war dein Wille nicht. ...

Nur zwei Tage blieben Matthes nach Josias' Tod, seine
Rede für die Trauerversammlung zu schreiben. Kein
Wunder, dass sie nicht ganz logisch ausfiel. Dennoch ist
sie sein erstes literarisches Lebenszeichen. Sie wurde bei
einem Herrn Michael Marggraf in Jena gedruckt.

Glücklich war ich nicht mit der Rede. Klar, er stand unter Schock. Und dass man mir alle Schuld in die Schuhe
schiebt – geschenkt. Dennoch: Ich hatte das Bedürfnis, die
Dinge klarzustellen.

Zwei Wochen beobachtete ich Matthes von morgens bis
abends. Was nicht schwer war, weil er sein Zimmer kaum
verließ. Die Pocken waren längst überwunden. Die Aufregung um Todesfall und Trauerfeier ausgeschlafen. Doch
Matthes rührte sich nicht aus dem Bett.

Entgegen meinen Gewohnheiten tauchte ich nicht einfach spontan bei ihm auf. Ich versuchte mich vorzubereiten. Fragen vorwegzunehmen, Antworten zurechtzule-
gen. Auch diese Strategie entsprang einem Gefühl. Einem
Gefühl der Wichtigkeit meines nächsten Auftritts.

Die Wirtsleute hatten das zweite Bett aus dem Zimmer
herausgenommen. Stattdessen stand ein ramponierter
Tisch samt Stuhl dort. Der Stuhl war ein handwerkliches
Wunder. Keines der Beine war so lang wie das andere. Ich

setzte mich.

Die Stuhlbeine machten das Geräusch, das Stuhlbeine auf einem Holzboden machen, wenn sie nach eifriger Suche ein Gleichgewicht finden. Matthes lag mit dem Gesicht zur Wand auf dem Bett. Die Augen geschlossen. Aber er schlief nicht. Das Geräusch erschreckte ihn, er drehte sich um, und noch einmal durchzuckte ihn ein Schreckblitz. Es gab also Hoffnung.

„Sind Sie gekommen, mich zu holen?"

„Nein, Matthias, wenn du mich fragst, hast du noch ein langes Leben vor dir."

Diese Auskunft arbeitete in ihm.

„Es ist also vorherbestimmt?"

„Das kann ich nicht sagen. Es ist nur ein Gefühl, das auf Erfahrung beruht. Auf langjähriger Erfahrung."

Matthes verdaute auch dies.

„Sie sind wirklich ...?"

„Ja, ich bin wirklich ... der Tod. Für dich Freund Hain, wenn du magst. Das ist netter, unverfänglicher. Man denkt dabei nicht gleich ans Äußerste."

Er schwieg. Dann rannen Tränen seine Wangen hinab. Ich musste kein Gedankenleser sein, um zu wissen, an wen er dachte. Schließlich holte er ein Taschentuch hervor. Ein sehr feuchtes Taschentuch. Wischte sich die Tränen ab und schnäuzte sich.

„Wenn Sie mich nicht holen, warum sind Sie dann gekommen?"

Ich war vorbereitet.

„Punkt 1: deine Rede."

„Sie ergibt keinen Sinn."

„Was?"

Und da ging meine Vorbereitung den Bach hinunter. Wie ein Papierschiffchen. Matthes setzte sich auf.

„Ich weiß, aber ich konnte nicht anders. Es war so wenig Zeit, die Dinge zu durchdenken, ihnen auf den Grund zu gehen. Also habe ich das Mittel genutzt, von dem hier so ausgiebig gepredigt wird: die Vernunft! Ich sezierte und setzte wieder zusammen, ich stellte Thesen auf und zog logische Schlussfolgerungen. Und wohin hat mich das gebracht?"

Plötzlich war nichts mehr zu sehen von der Lethargie, die ihn zwei Wochen zu Bett gelegt hatte.

„Ich habe mit äußerster Vernunft erklärt, dass Gott nur für die guten Dinge zuständig ist, und die weisen Gelehrten haben andächtig genickt. Vernunft! Ha! Wer sind wir, dass wir mit unserer Vernunft Gottes Wege erklären könnten? Es gibt das Schlechte und das Böse in der Welt, wie kann es dies ohne Gottes Willen geben? Ist es nicht vielleicht so, dass wir daraus lernen sollen, aber zu dumm dafür sind? Vor nunmehr über eintausendsiebenhundert Jahren hat er seinen eigenen Sohn geopfert. Und haben wir daraus gelernt? Muss Gott uns nicht wie Vater und Mutter zugleich unendlich lieben, obwohl wir nicht dazulernen? Vernunft! Wir klammern uns an äußere Geschicklichkeit und vernachlässigen das Innere, das Göttliche in uns. Nach dieser Rede habe ich mich sieben Tage lang gequält. Ich wusste, sie war falsch, die ganze Vernunft hohl. Und dann, als ich zu erschöpft zum Denken war, schlief ich ein, und als ich aufwachte, da war mir mit einem Schlag alles klar. Statt der Vernunft hinterherzulaufen, mit wohlgesetzten Worten meine Rede zu präparieren, hätte ich beten und frei reden sollen. Frei!"

„Dann verstehe ich dich nicht. Wenn du zu den richtigen Schlussfolgerungen gekommen bist, warum entziehst du dich dem Leben?"

Falsche Frage. Wieder sackte alles Lebendige in ihm zusammen. Traurig blickte Matthes mich an. Leise, fast flüsternd sagte er:

„Das sind alles nur Worte. Doch was sind Worte wert? Sie bringen mir Jos nicht zurück. Es ist aus. Selbst seinen Tod habe ich entweiht, indem ich ein falsches Kunststückchen vorführte. Jetzt bin ich zur Wahrheit vorgedrungen, nur was habe ich davon? Auch sie wird Jos nicht zum Leben erwecken. All die vielen schönen Worte sind nichts wert, denn ich kann sie nicht tauschen gegen eine einzige lebendige Umarmung mit meinem Bruder."

Er brach in Tränen aus. Und wenn ich sage, er brach in den Tränen aus, dann meine ich, er brach! in Tränen aus. Ein verzweifeltes Schluchzen schüttelte ihn.

Ich stand auf. Setzte mich aufs Bett. Legte meinen Arm um ihn. Sein Kopf sank an meine Brust. Und da erst wurde mir bewusst, dass ich einen Menschen berührte. Nie zuvor hatte ich einen Menschen berührt. Der Schnitt macht dies nicht notwendig. Ich fühlte an meiner Hand seine Schulter, an meinem Arm seinen Rücken, an meiner Brust sein Gesicht. So also fühlte es sich an, wenn ein Mensch einen Menschen berührt. Es war ein gutes Gefühl. Mein Hemd wurde nass.

Die Tränen versiegten. Matthes wurde ruhig. Er hob den Kopf, sah mich merkwürdig an. Ich verstand. Ihm war klar geworden, wem er sich an die Brust geworfen hatte. Auch mir war es nun unangenehm. Ich ließ ihn los und setzte mich wieder auf den wackeligen Stuhl.

„Werde ich ihn wiedersehen?"

Das musste ja kommen.

„Glaubst du, dass du ihn wiedersehen wirst?"

Er nickte.

„Dann wird es so sein. Ich kann dazu nichts sagen. Nicht weil ich nicht dürfte. Weil ich es nicht weiß."

„Wie kann es sein, dass Sie es nicht wissen?"

„Ich tue, was ich tun muss. Alles darüber hinaus ist mir unbekannt. Du hast von den drei Parzen der alten Römer gehört: Nona, Decima und Morta. Nona spinnt den Lebensfaden, Decima vermisst ihn und Morta schneidet ihn, wenn es so weit ist. Und das ist mein Part. Nichts weiter."

„Und was ist mit Gott?"

„Alles, was ich über Gott weiß, stammt aus den Erzählungen der Menschen. Du kannst nur glauben, Matthias, ich kann dir keine Gewissheit geben."

Sein Blick verriet: So ganz traute er mir nicht. Aufgemuntert hat ihn mein Nichtwissen auf keinen Fall. Und so saßen wir da: schweigend, im Licht eines trüben Wintertags, das durchs kleine Fenster drang.

„Wie geht's nun weiter?", fragte ich.

„Wenn Sie es nicht wissen, weiß ich es schon gar nicht", stieß Matthes hervor.

Das ging schnell. Gerade noch an meiner Brust gelegen, jetzt schon wieder abweisend. Doch ich hatte mich nicht nur auf die Unlogik seiner Rede vorbereitet. Ich wollte

Matthes auch aus seiner Starre lösen. Dafür hatte ich bei ihm Josias als weiche Stelle ausgemacht. Ich zog als Joker Punkt zwei meiner Vorbereitung.

„Was hätte Josias getan?", fragte ich in einem Ton, als gelte die Frage mir selbst.

Matthes schaute mich an. Ich hatte ihn am Haken.

„Nehmen wir einmal an: Josias hätte diese unglücksselige Rede vorgetragen. Und dann hätte er entdeckt, dass er die gesamte Versammlung zum Narren gehalten hatte. Unbeabsichtigt. Aber nichtsdestotrotz: die gesamte Professorenschaft zum Narren gehalten. Was wäre seine Reaktion gewesen?"

„Er hätte gelacht", entfuhr es Matthes. „Er hätte sich kringelig gelacht und mich im Himmel um Verzeihung gebeten, und selbst dabei hätte er gelacht."

Er hellte sich merklich auf bei dem Gedanken. Bevor die Stimmung wieder umkippte, wollte ich Punkt zwei weiter ausrollen. Da klopfte es.

„Herr Claudius, ein Brief für Sie", rief mit kraftvoller Stimme die Wirtin vor der Tür und klopfte noch mal energisch.

Matthes schaute mich fragend an.

„Kann ich ...?"

Ich nickte.

„Entrez!"

Die voluminöse Wirtin trat ein, schwenkte den Brief. Matthes sah verwundert zu mir hinüber. Ich deutete in ihre Richtung, schüttelte den Kopf.

„Sie immer mit Ihrem Latein, Herr Studosius. Schön, dass Sie wieder auf sind. Hier ist ein Brief von einem Herrn von Gerstenberg."

Als ordentliche Hausfrau versuchte sie den Stuhl mit der rechten Hand an den Tisch zu schieben. Der Widerstand kam unerwartet. Schnell stand ich auf. Nun versuchte sie es beidhändig mit aller Kraft und knallte den Stuhl vor die Tischkante. Die Lehne brach ab. Erschrocken wich sie zurück.

„Na, so was. Erst rührt er sich nicht, dann geht er kaputt. Egal, war sowieso nur der Ersatzstuhl vom Boden. Wir wussten ja nicht, ob Sie ihn noch brauchen, Herr Claudius. Mein Mann bringt Ihnen einen neuen. Der Brief."

Sie übergab den kleinen Umschlag. Matthes hatte die rechte Hand vor dem Mund, um sein Grinsen zu verbergen. Nahm den Brief mit der anderen.

„Zahnschmerzen?", fragte die Wirtin besorgt.

„Nein, nein, nur noch etwas unpässlich", meinte Matthes.

„Ah, ja", sagte die Wirtin verständnisvoll nicht verstehend.

„Wir sehen Sie aber wieder zum Abendbrot, nicht wahr?"

Matthes zögerte kurz.

„Ja, natürlich, ich muss etwas essen."

„Das will ich meinen. Was soll Ihre Frau Mutter von mir denken, wenn Sie Weihnachten abgemagert nach Hause kommen?"

Damit war der Ernst der Lage unmissverständlich klargestellt. Die Wirtin entfernte sich. Wir lauschten den gewichtigen Schritten. Hörten die Treppe unter der Belastung ächzen. Eine Tür knallte. Dann ertönte die gedämpfte, aber noch immer nicht zu überhörende Stimme der

Wirtin:

„Karlimus! Wo steckst du? Der Herr Studosius von oben links braucht 'n neuen Stuhl."

Wir sahen uns an und Matthes prustete los. Auch ich musste lächeln. Nach einiger Zeit waren wieder Tränen abzuwischen, die Nase zu schnäuzen.

„Wie geht das?", fragte er schließlich.

„Es geht eben. Der eine sieht, der andere nicht. Die Entscheidung liegt bei mir."

„Und du siehst immer so aus?"

Ich holte schon Luft, um den Ursprung meines Aussehens zu erklären, aber dann – es war eine Augenblicksentscheidung ganz nach Gefühl:

„Nein, ich kann in vielerlei Gestalt erscheinen. Wollte dich nicht mehr verwirren als nötig. Willst du den Brief nicht öffnen?"

Matthes riss ihn auf.

„Eine Einladung. Gerstenberg wird morgen Abend bei der Teutschen Gesellschaft aus seinen ‚Tändeleyen' lesen."

„Gehst du hin?"

Er seufzte.

„Ich war mehr als einen Monat nicht mehr bei den Treffen. Gerstenberg habe ich seit dem Sommer nicht mehr gesehen."

„Nimm Josias mit", schlug ich vor.

Überrascht schaute er mich an. Dann zeigte sich vorsichtig ein Lächeln. Matthes nickte.

„Ja, vielleicht sollte ich Jos mitnehmen. Das könnte launig werden."

Er erinnerte sich an irgendetwas aus ihrer gemeinsamen Zeit. Sein Lächeln vertiefte sich.

„Wirst du wiederkommen?"

„Wenn ich darf?"

„Nun, Freund Hain, ein Freund, der sich in der Not zeigt, ist auch zu besseren Zeiten willkommen."

„Gut, abgemacht."

Ich hielt ihm die Hand hin. Erst betrachtete er sie wie ein fremdes Wesen, dann schlug er ein.

In den nächsten Monaten ließ sich Matthes von der schönen Literatur gefangen nehmen. Klar, musste doch aus ihm der Dichter Matthias Claudius werden. Nur: Konnte das jemand ahnen? Auf einen berühmten Autor kommen Tausende, die gefangen zugrunde gehen. Auch Matthes hätte es beinahe erwischt.

Als ich das erste Mal nach unserem Handschlag erschien, saß er in seiner Stube am Schreibtisch. Die Feder kratzte über das Papier. Matthes schrieb, strich, schrieb und zuckte zusammen, sobald er mich bemerkte.

„Freund Hain."

Er räusperte sich und schaute mich etwas schräg an.

„Nun, da bin ich wieder. Stimmt etwas nicht? Komme ich ungelegen?"

„Nein, nein."

Noch mal beseitigte Matthes ein Kratzen im Hals. Dann eröffnete er mir seinen Kummer:

„Nehme er mir das nicht übel. Wo wir jetzt sozusagen Freunde sind, ist Misstrauen nicht mehr angebracht, aber fragen muss ich dennoch: Woher weiß ich, dass er nicht kommt, um ... na, Sie wissen schon."

„Ah, das. Du hast recht. Darüber habe ich mir gar keine Gedanken gemacht. Lass mich überlegen."

Es klingt seltsam, aber mir war, als ob sich der Hut von Opa Nikolaus bemerkbar machte. Erst jetzt spürte ich ihn auf meinem Kopf.

„Wie wär's damit? Komm ich als Freund, behalte ich den Hut auf. Komme ich in Sachen von Leben und Tod, nehme ich ihn ab. Das heißt, auch wenn ich eine schlechte Nachricht überbringe, jemand stirbt, der dir nahe steht."

Matthes nickte, sagte aber nichts. Vielleicht dachte er

wieder an Josias. Ich suchte ihn abzulenken.

„Was machst du? Studierst du fleißig?"

Er schien mich nicht gehört zu haben.

„Sagen Sie, Freund Hain, was passiert, wenn man stirbt?"

„Das hatten wir doch schon. Ich weiß nicht, was danach kommt."

„Nein, nein, ich meine, genau in dem Moment, in dem einer stirbt. Was machen Sie?"

Das war nicht leicht zu erklären. Die Kraft war die Kraft. So weit, so klar. Aber der Schnitt? Ich hatte damals keinen Begriff, der passend schien, um zu erklären, was genau passiert. Darauf kam ich erst viel später. Ich kann das Geheimnis ruhig lüften. Es wird mir eh keiner glauben.

Mir ging ein Licht auf, als ich Alan Smith schnitt. Er saß in einem kleinen, dunklen Saal in San Francisco, in dem besagtes Licht merkwürdig flimmerte. Ich baute mich vor ihm auf. Damals hatte ich meine Abraham Lincoln-Phase. Er wollte mich wegschieben. Schrie „Can't see a'thing", sah zu mir hoch und verschluckte sich an einer Pistazie. Alan Smith hustete, bekam keine Luft, sein Herz gab auf und ich schnitt. Was mich irritierte, war das Geflacker hinter mir.

Ich drehte mich um und sah: Zwei Männer, die einen Lokführer mit Pistolen bedrohten. Jedoch keine Männer aus Fleisch und Blut, Männer aus Licht und Schatten in schwarz und weiß. Die Bildqualität war nicht besonders, Ton gab es keinen. Aber ich hatte endlich den richtigen Begriff für den Schnitt.

Davon hat jeder mal gehört: Kurz bevor einer stirbt,

sieht er sein Leben rasend schnell wie in einem Film ab-
laufen. Und genau das mache ich: Ich sauge den Film ab
und setze den letzten Schnitt. 21 Gramm gehen dem Menschen dabei verloren. Das hat ein amerikanischer Arzt
herausgefunden. Er hielt es für das Gewicht der Seele.

Für mich ist es ein Film: ohne Drehbuch, ohne Regis-
seur, ohne Proben. Mit nicht besonders guten Schauspie-
lern. Immer mit subjektiver Kamera. Ton und Bild werden
mit der Zeit schlechter. Die einzige Chance für den
Hauptdarsteller: improvisieren. Und: sich nicht auf eine
Rolle festlegen lassen. Nur eine Rolle durchhalten, das
geht meistens schief. Habe ich zu oft gesehen, zum Beispiel bei den Literaten, die nach Höherem strebten.

Aber damals konnte ich Matthes keine zufriedenstel-
lende Auskunft geben:

„In jedem Menschen ist eine Kraft, die mich leitet. Erreicht sie den Höhepunkt, setze ich den Schnitt. Er tut, so
viel ich weiß, nicht weh. Dabei sehe ich blitzschnell das
ganze Leben des Sterbenden."

„In Bildern gemalt?"

„Nein, so wie du die Welt siehst, aber rasend schnell ein
Augenblick hinter dem anderen."

„Also wie Erinnerungen. Man erinnert sich an sein ganzes Leben?"

„Ich weiß nicht, ob der Sterbende diese Bilder sieht.
Manch einer weiß ja nicht mal mehr seinen Namen. Aber
ich sehe sie und ich weiß den Namen dazu. Wofür das gut
ist, kann ich dir nicht sagen. Ich bin nur ein dummer Diener."

Und so komm ich mir heute noch vor. Wohin gehen die
Filme? Was passiert mit ihnen? Guckt, sammelt, schneidet

sie jemand neu? Ich weiß nichts. Mit mir redet keiner.

Matthes guckte etwas skeptisch. Dann lächelte er.

„Schon gut, Freund Hain, es sei dahingestellt, ob du wirklich nur so schlau bist wie wir alle oder ein göttliches Geheimnis bewahrst. Kannst du auch ein weniger göttliches, ein ganz und gar ungöttliches Geheimnis bewahren?"

„Sicher."

„Freund Hain ... ich schreibe Gedichte."

„Oh."

Matthes beachtete meine einfallsreiche Antwort nicht.

„Darf ich ihm eines vorlesen? Es ist sicher noch nicht feingeschliffen, glänzt an manchen Stellen zu viel, an manchen zu wenig, doch als Kostprobe mag es angehen."

„Nur zu, ich höre."

Er nahm das Blatt Papier vom Tisch, das er gerade noch beschrieben hatte. Noch mal Geräusper. Es schien der Tag des Frosches zu sein. Und dann, den Blick aufs Blatt gerichtet, las Matthes vor:

„Du kleine, grünumwachsene Quelle, an der ich Chloe jüngst gesehen! Dein Wasser war so still! So helle! Und Chloens Bild darin ... so schön! Oh, wenn sie sich noch mal am Ufer sehen lässt, so halte du ihr schönes Bildnis fest. Ich schleiche dann voll Liebe einsam hin, dem Bilde mein Gefühl zu klagen. Denn wenn ich bei ihr selber bin, dann, ach, dann kann ich ihr nichts sagen."

Erwartungsvoll sah er zu mir hoch. Nun war es an mir, mich zu räuspern.

„Sehr poetisch, sehr schön."

Matthes hob die Augenbrauen. Das war anscheinend noch nicht genug.

„Und ... das Wasserbild spricht vom Zauber des Augenblicks."

Wo hatte ich das her?

„Aber auch von Vergänglichkeit."

Das lag mir schon näher.

„Und Witz hat es auch. Also mir gefällt's."

Mir gefiel es wirklich. Matthes strahlte mich an.

„Ich glaube, Freund Hain, das war ein Fehler."

„Warum?"

„Nun werde ich dir immer meine Gedichte vorlesen."

Und damit war meine Rolle bei den ersten Gehversuchen des Dichters Matthias Claudius festgelegt: Zuhören und ein paar passende Worte stammeln. Mir genügte das vollständig. Es war ein Anfang, der eine Fortsetzung versprach. Das hatte für mich Zauber genug.

Der Mann im Lehnstuhl

Saß einst in einem Lehnstuhl still
  Ein viel gelehrter Mann,
Und um ihn trieben Knaben Spiel
  Und sahn ihn gar nicht an.

Sie spielten aber Steckenpferd,
  Und ritten hin und her:
Hopp, hopp! und peitschten unerhört,
  Und trieben 's Wesen sehr.

Der Alte dacht in seinem Sinn:
  »Die Knaben machen's kraus;
Muss sehen lassen wer ich bin.«
  Und damit kramt' er aus;

Und machte ein gestreng Gesicht,
  Und sagte weise Lehr.
Sie spielten fort, als ob da nicht
  Mann, Lehr, noch Lehnstuhl wär.

Da kam die Laus und überlief
  Die Lung und Leber ihm.
Er sprang vom Lehnstuhl auf, und rief
  Und schalt mit Ungestüm:

»Mit dem verwünschten Steckenpferd!
  Was doch die Unart tut!
Still da! ihr Jungens, still, und hört!
  Denn meine Lehr ist gut.«

»Kann sein«, sprach einer, »weiß es nit,
  Geht aber uns nicht an.
Da ist ein Pferd, komm reite mit;
  Denn bist du unser Mann.«

Vom Studium war bald kaum noch die Rede. Matthes ließ sich immer tiefer ins Reich der Literatur hineinziehen. Meine Rolle dabei blieb bescheiden. Manchmal traf ich es richtig, manchmal schaute mich Matthes an und sagte nur: „Ach, Freund Hain."

Sein Freund Gerstenberg – Heinrich Wilhelm von – war die Sirene, die ihn lockte. Er stammte aus Schleswig, war drei Jahre älter. Sein Jura-Studium hatte er abgebrochen. Harte Arbeit war seine Sache nicht. Er schlug die Offizierslaufbahn bei den Dänen ein.

Freund Gerstenberg konnte so etwas wie eine literarische Karriere vorzeigen. Er hatte zwei Gedichtbände veröffentlicht, schrieb Rezensionen für die „Bibliothek der schönen Wissenschaften und freien Künste". Huh!

Wenn ich bei Matthes vorbeischaute, hieß es entweder: „Kennst du dieses Gedicht schon?", oder: „Habe ich dir schon Gerstenbergs neuen Brief vorgelesen?" Die Ferne vertiefte die Freundschaft. Für meinen Geschmack ließ sich Matthes zu sehr von der gespreizten Brillanz der Briefe blenden.

Die Zeit in Jena endete abrupt. Matthes bestand eine Jura-Prüfung, fuhr nach Hause und kam nicht mehr zurück.

Schwesterchen Dorothea hatte einen Pastor Müller geheiratet. Am Morgen nach der Hochzeit eröffnete Matthes seinem Vater, wie er sich die Zukunft vorstellte. Wir hat-

46

ten geprobt. Ich bekam die Rolle des Vaters. Gab den Advocatus Diaboli. Die Übung entpuppte sich als überflüssig. Vater Claudius akzeptierte die Vorstellungen seines Sohnes.

Matthes schilderte ihm, dass er in der Literatur seine Berufung sähe. Er sprach von den hervorragenden Verbindungen, die er durch die Jenaer Teutsche Gesellschaft in der Literaturwelt hätte. Von den wohlwollenden Reaktionen der Literaturkenner dort. Erwähnte natürlich auch seinen erfolgreichen Freund Gerstenberg. Sein Plan: Eine erste Sammlung mit Gedichten und Erzählungen vollenden und veröffentlichen. Anschließend wollte er sich um eine Stellung im Staatsdienst bemühen, die ihm Zeit genug zum Schreiben ließ.

Unterschätze mir jedoch keiner Vater Claudius. Er sah die Brüchigkeit dieses Plans. Aber er vertraute seinem Sohn. Dass er die Wende schaffte, falls sich seine Vorstellungen nicht erfüllten. Woher ich das weiß? Ich bin dageblieben, als die Eltern miteinander redeten, habe aber Matthes nichts davon gesagt.

Zunächst ging alles nach Plan: Er schrieb sein Buch und fand einen Verlag. Sein Erstling hieß: „Tändeleyen und Erzählungen".

Die Titelähnlichkeit mit Gerstenbergs „Tändeleyen" entsprang nicht der Geldgier des Verlegers. Obwohl es solche schon gab. Nachahmer, die versuchten, sich an erfolgreiche Bücher anzuhängen. Man war zum Teil noch konsequenter und druckte den Bestseller einfach nach. Nein, Matthes selbst wollte auf das große Vorbild im Titel hinweisen.

Gerstenberg war gebauchpinselt einverstanden gewesen. Die Leser auch. Ein Jahr später gab es bereits eine zweite Auflage. Da war Matthes schon in Kopenhagen als Privatsekretär des Grafen Holstein.

Nicht einverstanden war die Literaturwelt. Die erste Kritik kam aus Jena, von den dortigen „Kritischen und zuverlässigen Nachrichten". „Wahrlich wunderlich" wurde das Buch genannt, eine Verirrung, „die kein großes Genie verrät". Matthes wurde als plumper Nachahmer des großen Gerstenberg dargestellt. Wir lachten darüber. Was wussten schon diese Zeitungsschmierer?

Doch es wurde nicht besser. Der Tiefpunkt war, als ihn die neue Ausgabe der „Bibliothek der schönen Wissenschaften und freien Künste" in Kopenhagen erreichte. Gerade noch mit dem großen Klopstock Eislaufen gewesen, erschlug ihn die Kritik:

„Wir würden uns sehr gewundert haben, wenn sich nicht auch Nachahmer zu unsers von Gerstenbergs ‚Tändeleyen' hätten finden sollen. Denn es gibt unter uns eine zahlreiche Anzahl von Leuten, die wie gewisse Tiere, welche Mienen und Gebärden des Menschen nachmachen, sich gleich auch für fähig halten, den Beifall eines großen Genies einzuernten, wenn sie nur jenem die Gebärden nachmachen."

Matthes als Äffchen, das den genialen Gerstenberg nachahmte? Die Beleidigung von einer hoch geschätzten Stelle saß. Matthes legte sich ins Bett. Seine Brustfellentzündung flammte wieder auf.

Kaum genesen, verabschiedete er sich vom Grafen Holstein. Matthes war wieder zu Hause – stellungslos und fertig mit der Literatur.

Ich gebe zu: Ich habe mich zu jener Zeit etwas rar gemacht. In Kopenhagen hatte er Gesellschaft genug. Zu Hause in Reinfeld war es auch nicht immer leicht, ihn allein anzutreffen. Meine etwas leichtfüßigen Anmerkungen zu Kritikern bügelte Matthes scharf ab. Und in der Sache argumentieren? Das war mir nicht gegeben. Ich bin eher prosaischer Natur. Daran hatten die vielen Gedichtlesungen nichts geändert.

Monate vergingen. Matthes kümmerte sich etwas um die Bildung seines jüngsten Bruders, half manchmal bei seinem Vater aus. Abends spielten sie eine Partie Schach, musizierten oder lasen gemeinsam in der Bibel. Was man halt so machte zur Unterhaltung. Zaghafte Versuche, eine neue Anstellung zu finden, verliefen im Sande. Und Matthes schrieb keine einzige Zeile.

Mir wollte das nicht in den Kopf. Auch wenn ich wenig davon verstand, schien mir doch, dass die Gedichte immer besser wurden. Und dann: schwups, kein Wort mehr. Obwohl er Leser gefunden hatte. Anscheinend waren es ihm die falschen.

Schließlich ergab sich eine Gelegenheit, ernsthaft mit ihm zu reden. Das Unvermeidliche war eingetreten: Ich musste den Hut abnehmen.

Matthes spazierte am Herrenteich entlang. Ausnahmsweise ohne seinen kleinen Bruder. Weit und breit war niemand zu sehen. Er zuckte kurz zusammen, als ich plötzlich vor ihm stand.

„Freund Hain! Lange nicht mehr ... "

Er starrte den Hut an, bekam nur noch ein Flüstern heraus.

„Warum hast du den Hut in der Hand, Freund Hain?"

„Matthes, ich war gerade bei deiner Schwester."

„Thea? Sie ist ..."

Ich nickte.

„Wie kann das sein? Wir haben nichts gehört, dass sie krank wäre oder dergleichen. Das ist doch nicht ..."

Mein Blick ließ ihn verstummen.

„Thea! Mein Gott! ... Wie ist sie gestorben?"

„Als ich zu ihr kam, war sie schon im Fieberschlaf. Sie hat sich aus dem Leben geträumt. Wenn dir das ein Trost sein kann."

„Und die Kinder? Was ist mit den Kindern?"

„Alle wohlauf. Es scheint nichts Ansteckendes gewesen zu sein. Vier Kinder in vier Jahren. Sie war schon etwas schwächlich."

„Warum hast du nichts gesagt?"

„Was hätte das geändert? Die Kraft war auch nicht besonders ausgeprägt. Es muss sehr rasch gegangen sein."

Matthes setzte sich auf einen Baumstumpf. Schaute blicklos um sich.

„Wann ...?"

„Gerade eben."

Das brachte den Durchbruch. Tränen flossen zunächst unbemerkt. Dann verkrampfte sich seine Mimik, es schüttelte ihn, er schlug beide Hände vors Gesicht und weinte schluchzend.

Ich stand nur da, fühlte mich hilflos. Diesmal wagte ich nicht, mich zu nähern. Sonst war ich schon immer weg, wenn die Trauer ausbrach. Mir ging eines auf: Sollte diese Freundschaft anhalten, würde ich noch häufiger derartiges erleben. Das war der Preis. Ehrlich gesagt: In jenem Moment war ich nicht scharf darauf, diesen Preis zu zahlen.

Es schien eine halbe Ewigkeit zu dauern. Dann beruhigte er sich zunehmend, wischte endlich die Tränen ab und stand auf.

„Ich werde es den Eltern sagen müssen."

„Nein, Matthes, das geht nicht."

„Warum soll das nicht gehen?"

„Du kannst es noch gar nicht wissen. Wenn sie fragen, wer es dir gesagt hat, was dann?"

„Es könnte doch jemand nach Reinfeld hereingekommen sein, der es wusste."

„Matthes, selbst ihr Mann weiß es noch nicht."

„Er war nicht bei ihr?"

„Nein, ich sagte doch, es muss sehr schnell gegangen sein. Pastor Müller ist zu einer anderen Kranken, die bald sterben wird."

„Wie soll ich dann meinen Eltern unter die Augen treten?"

„Nun warte halt. Mach einen Rundgang um den Teich. Komponier ein Gedicht für sie."

Das war mir so herausgerutscht. Weil ich es so verdammt gern gesehen hätte, wenn er wieder etwas schrieb.

„Meine kleine Schwester ist gerade gestorben im Alter

von ganzen 22 Jahren, vier kleine Kinder haben keine Mutter mehr und du denkst ans Gedichteschreiben? Was bist du nur für ein Mensch!"

„Ich bin kein Mensch, Matthes."

Er guckte verblüfft.

„Das mag sein. Trotzdem sollten Sie einsehen können, dass jetzt nicht der rechte Zeitpunkt ist, sich mit Gedichten zu beschäftigen."

„Warum nicht? Hätte sie es nicht verdient? Könnte es nicht ein Trost sein? Für den Mann, der seine Frau so früh verlor? Für ihre Kinder, die sich später kaum an sie erinnern werden?"

„Das ist alles zugegeben und schön und gut, aber hat er nicht vergessen, dass ich keine Gedichte schreiben kann, nur ein Nachahmer-Äffchen bin?"

„Ja und? Du schreibst dieses Gedicht nicht für die Herren Kritikusse. Nicht für die hehre Literaturwelt. Sondern für einen Menschen, der seine Liebste verlor. Was ist es ihm, wenn du nur nachahmst, solange du sein Herz erreichst?"

Mit einem Male wich der Zorn aus seinem Gesicht. Er schaute mich fast zärtlich an.

„Mein lieber Freund Hain, du bist schon ein sehr eigener Mann. Also sei es. Hat er Vorschläge zu machen?"

„Was gefällt dem Pastor Müller?"

„Klopstock würde ich sagen. Zu Weihnachten bekam er von mir eine Ausgabe mit den ersten Gesängen des Messias und Ostern fragte er nach weiteren Stücken."

„Klopstock? Der Dichter, der sich nicht reimt?"

Matthes schmunzelte.

„So ist es. Der Herr wünscht also etwas Ungereimtes.

Sein Wunsch sei mir Befehl. Noch weitere Wünsche?"

„Nein, das ist alles."

„Dann empfehle ich mich. Ich muss ‚komponieren'. Guten Tag."

Und er machte kehrt. Ließ mich einfach stehen. Ein Dichter eben.

An – als ihm die – starb

Der Säemann säet den Samen,
Die Erd empfängt ihn, und über ein kleines
Keimet die Blume herauf –

Du liebtest sie. Was auch dies Leben
Sonst für Gewinn hat, war klein Dir geachtet,
Und sie entschlummerte Dir!

Was weinest Du neben dem Grabe
Und hebst die Hände zur Wolke des Todes
Und der Verwesung empor?

Wie Gras auf dem Felde sind Menschen
Dahin, wie Blätter! Nur wenige Tage
Gehn wir verkleidet einher!

Der Adler besuchet die Erde,
Doch säumt nicht, schüttelt vom Flügel den Staub, und
Kehret zur Sonne zurück!

Matthes setzte das Gedicht Jahre später in den Wandsbecker Boten. Wie hier mit ausgelassenen Namen im Titel und ohne Verfasserangabe. Beim Boten waren fast alle Texte anonym. Und jetzt die Pointe: So ein Schlaumeier requirierte dieses Gedicht für einen Lyrikband. Und was hat er oben drüber geschrieben? Genau: Friedrich Gottlieb Klopstock.

Was die Leute immer unterschätzt haben bei Matthes: Er wollte die Dinge so schreiben, wie er sie schrieb. Er hätte auch alles in Klopstock-Manier schreiben können. Aber er entschied sich für einen Ton, der oft naiv klang. Das machte er so gut, dass viele darauf hereingefallen sind. Doch ein Dichter, der naiv schreibt, muss nicht naiv sein. Man sollte niemals Schauspieler und Rolle verwechseln.

Ich lag aber auch daneben. Ich dachte: Lass ihn wieder ans Schreiben kommen, dann geht es weiter. Nichts ging. Matthes legte sich ins Bett. Erst schien er krank. Dann hieß es, der Tod seiner Schwester ... ach ja. Und dann wusste keiner mehr weiter.

Ich wartete. Zwei Wochen, drei Wochen. Als die Familie einen Sonntag zum Gottesdienst war, bin ich hin.

„Da liegst du also wieder.“

Matthes beschattete die Augen mit der Hand. Ich stand vor dem offenen Fenster.

„Ah, Freund Hain ist gekommen mit dem Hut auf dem Haupt. Keine neuen Todesfälle? Nicht mal mein eigener?“

„Wünschst du dir das?“

„Nein, das wäre gegen Gottes Gebote. Aber ich wünsche mir auch nicht das Leben.“

„Das sehe ich. Aber warum?“

„Wenn ich es dir erklärte, du würdest es nicht verstehen.“

„Dann was Anderes: Was ist aus dem Gedicht für Pastor Müller geworden?“

„Ha! Wer hätte das gedacht, Freund Hain ist ein Mann der Poesie. Ja, was ist aus dem Gedicht für Pastor Müller geworden? Ich habe es überreicht, der Pastor las es und hat geweint wie ein Kind. So viel ich hörte, hat er es drucken und rahmen lassen und es hängt jetzt an der Wand seines Schreibzimmers. Ist das nicht wunderbar?"

„Anscheinend nicht."

„Ja, Freund Hain, nichts ist wunderbar. Du hattest recht, ihm war es egal, wem ich nachgesprungen bin, denn es hat ihn im Innersten getroffen. Aber mir! Mir ist es nicht egal. Ich weiß, ich kann etwas, ich kann etwas Großes leisten, doch niemanden interessiert es. Niemand merkt, was ich anders mache. Stattdessen werde ich verhöhnt und verrissen. Niemand glaubt an mich. Warum lebe ich und nicht Jos? Was ist das für ein grausamer Scherz, Freund Hain? Sag mir das."

Matthes hatte sich im Bett aufgerichtet, funkelte mich an. Es war wieder Leben in ihm. Aber ein falsches.

„Wieso sagst du, niemand glaubt an dich? Was ist mit deinem Schwager, deinen Eltern, mit mir?"

„Sicher Hain, das ist schön und gut, aber auch zu erwarten. Wenn schon nicht Familie und Freunde an einen glauben ... Aber was zählt das dort draußen? Dort draußen zählt nur, was Wissende zu deinen Werken sagen. Wenn sie sagen, sie sind nichts wert, dann sind sie nichts wert."

„So ist das?"

„Ja, Hain, so ist das."

„Hm."

Jetzt musste etwas kommen. Improvisieren war gefragt.

„Könnte es nicht sein, dass sie die Konkurrenz fürchten? Dass jemand, der etwas anders schreibt, gefährlich ist? Könnte es nicht sein, dass sie sich davor ängstigen, auf einmal könnte jeder kommen und Gedichte schreiben?"

Sein Blick wurde unsicher: Etwas war zu ihm durchgedrungen. Doch dann ließ er sich zurückfallen.

„Lass gut sein, Freund Hain, ich kann nicht mehr. Ich

wünschte so sehr, dass Jos noch lebte. Jede Nacht sehe ich im Traum seine Hand, die mich greifen will."

„Das wundert mich nicht. Er kann nur durch dich leben und du weigerst dich."

„Ich will nichts mehr hören, Hain. Lass mich in Ruhe."

Er wandte sich von mir ab, zog die Decke über die Schulter. In mir brodelte es. Mein Blick fiel auf das Schachspiel, das ihm mit seinem Vater anregende Abende beschert hatte. Die Figuren standen in der Ausgangsstellung. Was nützt ein Schachspiel, wenn man keinen Zug macht? Es brodelte mehr und mehr. Sicher, mit jedem Zug muss man etwas aufgeben, um etwas Anderes zu gewinnen. Und wer nicht spielt, kann nicht verlieren. Aber er lebt auch nicht. Und es brodelte, wie es noch nie in mir gebrodelt hatte. Ich warf den Hut auf den Boden und schrie meinen Zorn hinaus.

„Hör mir gut zu! Matthias! Claudius!"

Erschrocken drehte sich Matthes zu mir um.

„Mir reicht es! Du willst nicht mehr leben? Gut! Du sollst deine Chance haben. Sieh das Schachspiel auf dem Tisch. Wir werden spielen. Heute in einer Woche. Gewinnst du, wird dein Wunsch erfüllt. Verlierst du, hast du zu leben und zu arbeiten, an dir und deiner Kunst, wie du noch nie zuvor daran gearbeitet hast."

„Ich dachte, du hast keinen Einfluss auf Leben und Tod."

„Nun, wenn ich als Mensch erscheinen kann, dann kann ich auch als Mensch handeln."

„Du würdest mich töten?"

„Warum nicht? Ich beende jede Sekunde zig Leben."

„Und wenn ich nicht spielen will?"

„Was glaubst du, mit wem du es hier zu tun hast? Was glaubst du, in wessen Auftrag ich handle? Glaubst du wirklich, du könntest dich dieser Macht widersetzen? Du wirst spielen! Glaube mir! Du wirst ganz bestimmt spielen!"

Und ich hob den Hut auf und verschwand.

Es war schon seltsam. Oft genug hatte ich das gesehen: Die Frau erschlagen, der Mann erstochen. Wildeste Gewalt zwischen Menschen, die sich eigentlich liebten. Dass Gefühle so weit hin und her ausschlagen können. Nun hatte ich es zum ersten Mal selbst erlebt, war völlig aus dem Gleichgewicht geraten.

Der Zorn verflog so rasch, wie er gekommen war. Fast wäre ich umgekehrt. Auch mein Bluff war mir unangenehm. Was wusste ich schon über meinen Auftraggeber? Unter Freunden sollte so etwas auch im Ernstfall nicht vorkommen. Doch es war eine Entscheidung gefallen, eine weitere würde folgen.

Ich machte mir keine Sorgen, dass ich verlieren könnte. Ich hatte bei mehr Schachpartien zugeschaut, als Matthes in seinem Leben spielen würde. Manchmal hatte ich es gewagt, gegen die Großen ihrer Zeit in Menschengestalt zu spielen. Greco, Ruy López und zuletzt Philidor. Dabei verlor ich regelmäßig, aber lernte daraus. Einmal hatte ich mir mit einem recht guten portugiesischen Meister einen Wettkampf über 64 Partien geliefert. Knapp gewonnen. Aber das ist eine andere Geschichte. Was ich bei Matthes bisher gesehen hatte, machte mir nicht Bange.

Ich beobachtete ihn die ganze Woche nicht. Wollte keinen Vorteil aus meinen Möglichkeiten ziehen, falls er sich vorbereitete. Am Sonntag wartete ich ungeduldig. Zuerst verließ Pastor Claudius das Haus, um den Gottesdienst vorzubereiten. Dann folgten die Mutter und ihre verbliebenen Söhne. Ohne Matthes.

Ich nahm den Hut ab. Wollte keinen Zweifel daran lassen, dass es auf Leben und Tod ging. Matthes saß bereits am Brett.

„Sieh an, Freund Hain, hast du Lust auf eine Partie Schach?“

Er klang gelassen, fast fröhlich. Ich hatte etwas mehr Ernst erwartet.

„Gut, du bist vorbereitet“, sagte ich grimmig.

Ich setzte mich. Matthes sah mich fragend an. Dann zuckte er mit den Schultern, nahm einen weißen und einen schwarzen Bauern vom Brett. Hinter seinem Rücken wechselte er die beiden Figuren zwischen den Händen hin und her. Dann streckte er sie mir geschlossen entgegen. Ich tippte auf seine linke Faust. Matthes öffnete sie:

„Schwarz. Das war zu erwarten, Freund Hain, oder?“

„Vielleicht“, erwiderte ich abweisend.

Er stellte die Bauern zurück aufs Brett. Die weißen Figuren standen bereits auf seiner Seite.

„Ich merke, du bist heute nicht sehr gesprächig. Lass uns beginnen. Du bist bereit?“

Ich nickte.

„Na dann: auf in die Schlacht.“

Matthes ließ seinen Königsbauern zwei Felder vorschnellen. Das hatte ich erwartet. Er machte das immer. Ich tat es ihm gleich. Im zweiten Zug setze er seinen Damenspringer nach innen vor die Bauernreihe. Ich brachte als Antwort meinen Königsläufer ins Spiel. Zog ihn drei Felder diagonal auf das italienische Feld.

Der nächste Zug überraschte mich. Der Springer zog an den Rand und attackierte meinen Läufer. Ich schaute Matthes fragend an.

„Ja, ja. Damit hast du nicht gerechnet. Das ist die Holsteiner Variante. Gibst du auf?“

Ich schüttelte bloß den Kopf. Was war mit ihm los?

Nahm er dieses Duell nicht ernst?

Meinen Läufer wollte ich auf jeden Fall behalten, zog ihn bis vor den König zurück. Matthes ließ darauf seinen Springer wieder zurückgehen. Ein klarer Zeitverlust. Wollte er verlieren? Nun wurde ich neugierig. Was würde passieren, wenn ich meinerseits den Läufer wieder auf das italienische Feld stellte? Gedacht, getan.

Und Matthes ging wieder mit dem Springer zum Rand. Da wurde mir plötzlich klar: Für den Remisfall hatten wir keine Vereinbarung getroffen. Aber nein, Remis würde es heute nicht geben. Nur was sollte ich mit dem Läufer tun?

Auf einmal zwickte mich eine Idee. War das die rechte Art den Springerzug zu bestrafen? Einfach in die Bauernreihe einschlagen? Mit Schach. Der König müsste den Läufer nehmen. Die Dame erschiene groß und mächtig am Spielfeldrand. Schach. Der König ginge zur Seite. Der Königsbauer fiele, und dann wäre es aus mit dem vorwitzigen Springer!

Triumphierend schlug ich mit dem Läufer ein. Matthes zuckte kurz zurück, nahm ihn mit dem König. Meine Dame zog auf der Diagonalen durch bis zum Rand.

„Schach", sagte ich.

„Nicht zu übersehen, Freund Hain. Er hat wahrlich Pfefferwasser heut getrunken. Dann schauen wir mal."

Und dann zog er seinen König – nach vorne! Hinter den Königsbauern! Verflucht! Daran hatte ich nicht gedacht. Der Bauer war nun verteidigt. Ich wollte mir nichts anmerken lassen, gab schnell noch mal Schach mit der Dame, die ich neben den weißen Königsbauern stellte. Der König wich ein Feld zur Seite. Verflucht!

Gerade noch hatten meine Figuren wohlgeordnet in der

Ausgangsstellung gestanden, warteten darauf ihre Kräfte zu entfalten. Und nun? Chaos und Verderben. Meinen schönen Läufer für einen dummen Bauern hergegeben und nichts gewonnen dabei. Was für eine blöde Idee, eine Schachpartie um Leben und Tod auszutragen.

„Probleme?", fragte Matthes.

„Nein, alles bestens. Ich plane nur gerne langfristig voraus."

„Gut, plane er. Wir haben Zeit."

Und dieser verdammte fröhliche Gleichmut. Na, das würde ihm noch vergehen. Immerhin stand der König exponiert. Nun hieß es, möglichst schnell Figuren aufs offene Brett zu schicken. Sollte ich den Damenbauern ins Zentrum stellen, um den anderen Läufer ins Spiel zu bringen? Ja! Der weiße Königsbauer durfte nicht schlagen. Das würde die Bahn zum Springer öffnen.

Ich zog den Damenbauern zwei Felder vor. Die Antwort kam prompt. Der König gab den Königsbauern auf und wich zur Seite. Also verspeiste ich mit der Dame den weißen Bauern. Matthes zog den König noch mal zur Seite. Damit war dieser döselige Randspringer verteidigt.

Mir fiel Graf Ruska wieder ein mit seiner merkwürdigen Theorie. Er hätte Spaß gehabt an dieser Partie, in der ein König die ganze Laufarbeit übernahm. Ich fühlte mich schon etwas wohler. Zwei Bauern hatten für den Läufer abtreten müssen. Die Dame stand mächtig im Zentrum des Brettes. Meine Figuren warteten darauf, die Verfolgung des Königs aufzunehmen. Als erstes zog ich den Damenspringer an den Rand. Es drohte Matt.

„Oho, der Herr Hain mag es einfach und brutal, aber einfach mag ich es auch."

Er zog den Randbauern ein Feld vor. Unangenehm. Der König drohte durch das Hintertürchen in Sicherheit zu verschwinden. Wie weiter? Viele Möglichkeiten, aber nichts Klares. Ich spürte, die Partie war am Wendepunkt. Jetzt musste etwas Entscheidendes passieren. Sonst drohte Krampf und Geschiebe. Aber was?

Ich ging noch mal die Möglichkeiten durch. Läufer hinausbringen, Königsspringer heranführen, den Damenbauern noch ein Feld vorziehen. Nichts führte irgendwo hin.

„Wieder langfristige Pläne?"

„Sehr langfristig."

„Gut, gut, stopf ich mir ein Pfeifchen. Wenn's gestattet ist?"

„Bitte."

„Danke."

Dieses Grinsen. Diese Leichtigkeit. Als ob ihn das alles nichts anginge. Während ich brütete, um ihn zu retten! Ich, der Tod, spielte, um ein Leben zu retten? Verdammt! Verdammt! Verdammt!

Doch plötzlich schlug bei mir ein Blitz ein. Ich guckte ganz genau hin. War das möglich? Wenn ich die Dame für den Springer opferte und dann Schach mit meinem Randspringer, Schach mit dem Bauern, der andere Springer käme hinaus. Großartig. Keine Macht der Welt würde den weißen König aus dem Mattnetz befreien können.

Ich schlug den Springer mit der Dame. Matthes ließ verdattert die Pfeife sinken.

„Was ... ?"

Er legte die Pfeife auf den Tisch.

„Was machst du da, Freund Hain?"

„Nichts Besonderes, Matthes. Nur langfristige Planung."

Vergnügt sah ich, wie Matthes vergeblich versuchte herauszubekommen, was ihm drohte. Schließlich zuckte er die Achseln, schlug meine Dame mit dem König.

Mein Springer warf sein Schach aus. Der König ging zur Seite und voller Genugtuung schepperte ich mit dem Randbauern das tödliche Schach hinterher. Matthes fraß das Pferdchen und wollte wieder zur Pfeife greifen. Schnell setzte ich den verbliebenen Springer vor den König. Matthes stutzte, ließ Pfeife Pfeife sein und dachte nach.

Stolz schaute ich neben das Brett. Der schwarze Läufer: geopfert! Der schwarze Springer: geopfert! Die schwarze Dame: geopfert! Was für eine Partie!

Matthes gab mit dem Läufer Schach. Kein Problem. Ich wich mit dem König zur Seite auf das Feld der Dame. Matthes dachte wieder nach. Der Läuferzug war nutzlos, hatte dem König das letzte Fluchtfeld geraubt. Nun drohte bereits einzügig Matt. Ich konnte es mir nicht verkneifen, nun zurück zu sticheln.

„Langfristige Pläne?"

Matthes schaute hoch zu mir und lächelte. Er lächelte!

„Freund Hain, du hast vergessen, dass ich hier spiele, um jede Langfristigkeit zu beenden. Lass mich also kurzfristig nachdenken."

„Bitte."

„Danke."

Er dachte nach. Plötzlich ruckte sein Oberkörper ein Stück zurück. Dann lehnte er sich wieder vor. Voller Konzentration. Was sollte das? Ich schaute aufs Brett. Da war nichts mehr zu machen. Zöge er den Läufer zurück, folgte Bauernschach und dann Läuferschach gleich Matt.

Matthes schaute kurz zu mir hoch. Dann langte er über das Brett. Seine Hand schwebte über dem Läufer. Er griff zu und schob die Figur ein Feld in Richtung meines Königs.

„Matthes!"

Geschockt sah ich aufs Brett. Der Läufer bot sich zum Schlagen an. Aber dann waren alle Mattpläne zunichte. Und das Schach mit dem Bauern war jetzt nutzlos. Der König würde sich einfach hinter dem Läufer verstecken. Ich schaute auf die Figuren, die neben dem Brett standen. Es war völlig aussichtslos mit so viel Rückstand zu gewinnen.

Doch es musste einen Weg geben. Es musste! Ich feuerte mich selbst an. Denk nach! Konzentrier dich! Ich betrachtete noch mal das Schach mit dem Bauern. Wenn ich anschließend mit dem Springer den störenden Läufer schlüge, drohte wieder ein Mattnetz. Was wäre jedoch, wenn der König den Springer sofort einkassierte? Ich könnte mit dem Läufer Schach geben, aber welches? Und dann sah ich es: Der König konnte sich durchfressen bis in mein eigenes Lager, aber dann gäbe es kein Entkommen mehr vor dem Matt. Phantastisch!

Ich gab das Schach mit dem Bauern. Der König ging zur Seite. Ich schlug den Läufer mit dem Springer. Ohne Nachzudenken schlug Matthes mit dem König zurück. Ich zog den Läufer mit Schach einen schrägen Schritt nach rechts in die Fianchettoposition. Matthes dachte nach. Ich sortierte noch mal meine Gedanken.

Schlüge er den Läufer mit dem König, ginge ich einfach

mit meinem König einen Schritt vor und machte die Bahn für den Königsturm frei. Was für ein Matt! Mit den letzten beiden Figuren. Nein! Was wäre, wenn der König nicht schlüge? Noch ein Schach mit dem Läufer von rechts. Der König würde an den Rand gequetscht und ... Und? Ja! Der Läufer ginge zwei Felder vor. Alle Fluchtwege wären versperrt. Das Matt durch den Bauern unausweichlich.

Matthes zog den König zurück. Ich gab das Läuferschach am Brettrand. Und er zog den König einfach wieder schräg nach vorn. Denkste Matt. Das war's dann wohl. Ewiges Schach. Remis. Ich zog den Läufer wieder herunter. Er ging mit dem König hoch. Ich gab Läuferschach. Er nahm den König, zögerte und stellte ihn an den Rand.

Ich schaute Matthes überrascht an. Er lächelte.

„Du hast gewonnen, Freund Hain."

„Aber du musst doch nicht an den Rand. Es ist Remis."

„Nein, du hattest schon gewonnen als du zur Partie erschienen bist. Doch du kamst mit dem Hut in der Hand und so ernst, dass ich nichts gesagt habe."

Ich setzte den Hut auf.

„Aber es hätte doch auch anders ausgehen können."

„Ach, weißt du, Freund Hain, dein Gebieter ist auch mein Gebieter. Was soll ich mir Sorgen machen über die Wege des Herrn? Immerhin hab ich nun gesehen zu welchen Opfern du bereit bist."

Er deutete auf die gelichteten schwarzen Reihen.

„Ich verspreche, dass ich ab jetzt vernünftig sein werde."

„Du und die Vernunft werden ein Paar?"

„Gut, sage ich es anders. Ich werde das Instrument wechseln und nicht mehr Trübsal blasen, sondern Funken schlagen. Hast du eine Idee, was ich zuerst auf meinem Instrument spielen soll?"

Ich schaute aufs Brett.

„Eine Etüde über Schwarz und Weiß?"

Matthes lachte.

„Ja. Das wäre wohl angemessen. Die Hand drauf, Freund Hain, die Hand drauf."

Ich ergriff seine ausgestreckte Hand, und es war gut.

Der Schwarze in der Zuckerplantage

Weit von meinem Vaterlande
   Muss ich hier verschmachten und vergehn,
Ohne Trost, in Müh und Schande;
   Ohhh die weißen Männer!! klug und schön!

Und ich hab den Männern ohn Erbarmen
   Nichts getan.
Du im Himmel! hilf mir armen
   Schwarzen Mann!

Obwohl so schön passend, hat Matthes dieses Gedicht nicht direkt nach der Partie geschrieben. Er veröffentlichte es einige Jahre später im Wandsbecker Boten. Da dieser Bote so wichtig wurde für Matthes' Leben, will ich ein paar Takte dazu sagen. Wer weiß, ob später noch genug Zeit dafür ist.

Der Wandsbecker Bote war zuallererst eine Tageszeitung. Erschien dienstags, mittwochs, freitags und samstags. Ein Bogen billiges Papier gefaltet: Das ergab vier Seiten nicht größer als das, was man heute DIN A4 nennt. Der Bote war jedoch kein Lokalblättchen. Was im Dorf passierte, wussten alle, die es wissen wollten. Die Nachrichten stammten aus Paris oder Versailles, aus London und Madrid, aus Petersburg und Konstantinopel, aus Kopenhagen, Den Haag, Rom, Lissabon usw. Selbst aus Nord-Virginia gab es Meldungen.

Aber fast nichts aus Hamburg. Das hing mit der Entstehungsgeschichte des Wandsbecker Boten zusammen.

Matthes hat sie mir erzählt, als ich ihn nach der Hamburger Lücke fragte:

„Nein, Freund Hain, wir berichten nicht aus Hamburg. Die Städter dürfen in ihrem eigenen Saft schmoren. Ob das gut ist für die Hamburger, kann ich nicht sagen, aber sie haben es sich so gewünscht. Der Wandsbecker Bote hatte einen Vorgänger, geheißen der Wandsbeckische Mercur, was ein rechtes Schmutzblatt war, das an die niederen Instinkte der kleinen Leute in Hamburg und Umgebung appellierte. Alle Lüge war diesem Blatt Wahrheit und man produzierte Skandale und Skandälchen. Möge Gott Hamburg auf alle Zeit vor solch windigen Gestalten bewahren, die mit einem derartigen Schund ihr täglich Brot zu verdienen wünschen.“

„Warum haben die Behörden das Blatt nicht verboten? Das geht doch sonst sehr flott.“

„Das mag sein, Freund Hain, doch den Hamburgern fehlten die rechtlichen Mittel, den Schmier-Mercur zu verbieten. Das Privileg, ihn drucken zu lassen, stammte, wie der Name sagt, aus Wandsbeck. Entweder musste der dänische König eingreifen, alldieweil Wandsbeck zur dänischen Krone gehört, oder unser Freiherr von Schimmelmann. Die Dänen kümmerten die Hamburger Tränen nicht. Also hat unser Freiherr das Blatt schließen lassen, als es ihm zu bunt wurde. Er sorgte sich jedoch, ob es seinen Wandsbeckern nicht an Nachricht und Bildung mangelte. Also beauftragte er wen, eine neue Zeitung nach seinem Sinne ins Leben zu rufen?“

„Dich nicht.“

„Richtig, Freund Hain: Pastor Hahn. Dieser hatte keine Druckerei zur Hand, ging daher nach Hamburg und beauftragte unseren dicken Freund Bode, der darauf besteht, eine fabelhafte Figur zu haben, die neue Zeitung zu drucken. Unser fabelhafter Freund brauchte nun jemanden, der willig war, von Wandsbeck aus die große weite Welt zu beleuchten. Denn das Zeitungsprivileg galt wieder nur für dieses wunderbare kleine Dorf mit seiner wunderbaren ... na, du weißt schon.

Und wen beauftragte der Herr Bode, in wohlgesetzten Worten aus den Reichen der Politik und der Wissenschaft zu berichten? Sag nichts, du sagst es doch falsch. Der Herr Dickmann sollte es sein. Und was wurde aus Herrn Dickmann? Ich sehe dir an, du weißt es, Freund Hain. Herr Dickmann ging vom Alkohol benebelt durch die Nacht und wurde von einem Fass Pomade überrollt, das bei geschwinder Fahrt von einem Fuhrwerk fiel. Derart durcheinandergeschüttelt, kam er vom rechten Wege ab, fiel in die Alster und ward nicht mehr gesehen."

So kam Matthes nach Wandsbeck. Zumindest hat er es so erzählt. Seine Aufgaben: Er sichtete die Briefe der Korrespondenten aus aller Welt und brachte sie auf eine einheitliche Tonlage. Zusätzlich wertete er englische und französische Zeitungen aus. Und mit ein bisschen Glück blieb eine von den vier Seiten übrig. Für die gelehrten Sachen. Das heißt, wenn nicht aktuelle Wechselkurse oder Lotterieankündigungen Vorrang hatten.

Meist brachte die gelehrte Seite Rezensionen. Das Themenspektrum war breit: Lyriksammlungen, Romane, Theaterstücke, Reisebücher, Medizinisches, Bücher für den schulischen Unterricht, philosophische Werke, religiöse Literatur und manch kurioses Werk: „Anweisung, wie man ohne Früchte mit geringen Kosten sich dennoch ernähren könne" zum Beispiel. Matthes schrieb nicht alles selbst. Auch die Gedichte, die zwischendurch platziert wurden, stammten nicht alle von ihm.

Das Gedicht von den schwarzen Sklaven, die unter den weißen Herren zu leiden hatten, aber schon. Wie kam er auf dieses weit entfernte Thema?

„Das ist doch ein offenes Geheimnis, Freund Hain. Unser Grundherr und Zeitungspatron Freiherr von Schimmelmann besitzt Plantagen in der Karibik und beutet schwarze Männer als Sklaven aus. Wusstest du das nicht?"

„Aber wie kannst du dann ein solches Gedicht in die Zeitung setzen?"

„Warum nicht? Auch der schwarze Mann bittet den einen Gott um Hilfe, den auch wir um Hilfe angehen. Was soll daran falsch sein?"

„So betrachtet: nichts."

„Siehst du, Freund Hain. Das sage ich mir auch, und unser Freiherr wird kaum anderer Meinung sein."

Matthes behielt recht. Geschadet hat es ihm nicht. Doch wahrscheinlich hat der Freiherr sein eigenes Blatt nicht gelesen. Die Zahl der Leser blieb überschaubar. Etwa 400 sollen es gewesen sein.

So viel zum Wandsbecker Boten. Jetzt muss ich noch eine Lücke füllen: Wie kam Matthes zum Zeitungsgewerbe? Ich konnte nichts dafür. Mein Beitrag war nur die eine Partie Schach – und ein paar Bücher.

Nach der Partie schauten wir uns die Alternativen für Weiß und Schwarz an. Post-Mortem-Analyse heißt das beim Schach. Wir kamen vom Hundertsten ins Tausendste und zu keinem Ergebnis. Die Zahl der möglichen Spielverläufe ist einfach zu groß. Theoretisch eine 10 mit über 100 Nullen dran. Trotzdem kommt es immer wieder vor, dass Partien exakt gleich sind.

Exakt gleich war sie nicht, die Partie, die ich viele Jahre später in einem aufgeschlagenen Schachbuch fand. Es lag auf der Brust eines russischen Emigranten im portugiesischen Estoril. Im Schlaf gestorben. Die Partie Hamppe gegen Meitner, gespielt in Wien, war verblüffend ähnlich. Es fehlte die Zugwiederholung zu Beginn, und Weiß ließ sich natürlich nicht matt setzen. Aber sonst war alles da: alle Opfer, alle Winkelzüge. Das Brett auf dem Nachttischchen des Russen zeigte die Schlussstellung. Er ist glücklich gestorben.

Als die Familie Claudius vom Gottesdienst zurückkehrte, vereinbarten wir noch schnell, einen Kriegsrat zu halten. Matthes setzte ein erstes Zeichen. Ab sofort wolle er stets früh raus aus den Federn. So dass wir uns leise, aber ungestört austauschen könnten. Tatsächlich entwickelte er sich zu einem legendären Frühaufsteher: Putzmunter zu Zeiten, in denen kein geistiges Leben zu existieren pflegte.

Unsere Strategie war dreiteilig. Teil eins: Matthes wollte noch mal Freunde, Verwandte und Bekannte anschreiben. Ziel: Eine Stelle im Staatsdienst, die ihm Zeit zum Schreiben ließ. Teil zwei: Bis es so weit wäre, sollte er die Zeit nutzen, um sich als Dichter weiterzuentwickeln. Teil drei: Matthes wollte seine Nachahmerqualitäten nutzen, um vielleicht auf dem Gebiet der Übersetzung etwas hinzu zu verdienen. Dazu musste er seine Sprachkenntnisse erweitern.

Beim letzten Punkt hatte Matthes zuerst Bedenken:

„Ich bräuchte Bücher, Freund Hain. Die Bibliothek meines Vaters ist für ein derartiges Projekt nicht ausgestattet. Und ihn um Geld angehen, ohne feste Aussicht auf Erfolg, möchte ich auch nicht."

„Was bräuchtest du?"

„Wörterbücher, Grammatiken und natürlich Originalwerke."

„Hm, ich komme viel herum. Es sterben in aller Herren Länder Menschen mit großen Bibliotheken."

„Du willst die Bücher doch nicht stehlen?"

„Nein, natürlich nicht. Ich nehme nur, worauf niemand Anspruch erhebt. Du weißt doch, Matthes, die Erben sind oft gierig, aber nicht wissbegierig. Bücher sind für sie nur wertloser Plunder. Wie häufig habe ich das gesehen: Bücher, die in Schuppen vermodern oder gar als Brennmaterial dienen. Es wäre eine gute Tat, sie vor einem solchen Schicksal zu bewahren."

Matthes guckte etwas misstrauisch. Aber gegen meinen dienstbeflissenen Opa Nikolaus-Blick kam er nicht an.

Die Sache gestaltete sich allerdings nicht so einfach, wie ich gedacht hatte. Mein Premierenauftrag lautete, die beiden ersten Bände von „The Life and Opinions of Tristram Shandy, Gentleman" zu besorgen.

Zuerst schien es, als hätte ich das große Los gezogen. Sir Toby Winterbottom war offensichtlich ein Büchernarr. Das Schlafzimmer sah aus wie eine Bibliothek, die wegen Überfüllung schließen musste. Seine Frau Sophie hatte sich ein Plätzchen freigemacht, sie strickte an einem Socken oder Pullover. Und jedes Mal, wenn die Uhr ein Viertelstündchen schlug, fragte sie:

„Are you already dead, Sir Toby?"

„No, I'm not", krächzte Sir Toby dann aus den Kissen.

„Oh, I'm sorry", schloss Mrs. Sophie die Prozedur.

Kurz bevor es Zeit wurde, den Schnitt zu setzen, fand ich Tristram Shandy. Ich erschien Sir Toby als sein niederkartätschter Lieblingsadjutant Willy Wadman. Nur ohne die Löcher. Der gewünschte Effekt trat ein. Lächelnd spulte Sir Toby sein Leben ab.

Dann zog ich die Tristram Shandy-Bände vorsichtig aus dem Regal, als ein markerschütternder Schrei mich – normalerweise würde man sagen zu Tode – erschreckte. Offenbar hatte Mrs. Sophie Winterbottom entdeckt, dass sie nun Witwe war. Ich schaute mich um. Nichts dergleichen. Sie zeigte mit dem Finger auf mich. Wie konnte sie ...? Da wurde die Tür von einem Diener aufgerissen.

„The books", sagte zitternd Mrs. Winterbottom, „the books!"

Der Diener schaute in meine Richtung, erbleichte. Ich ließ die Bücher fallen und verschwand.

Was war schief gelaufen? Sie konnten mich doch nicht sehen. Und genau das war das Problem: Die Bücher hatten in der Luft geschwebt. Ein Anfängerfehler, der sich nicht wiederholen sollte. Die Tristram Shandy-Bände fand ich schließlich bei einem Admiral von Schneider. Die hohen Militärs hatten damals anscheinend viel Zeit zum Lesen.

Matthes hat nie gefragt, woher die Bücher kamen, wenn ich prompt lieferte. Sobald er eins durch hatte, drückte er es mir in die Hand:

„Hier, Freund Hain, vielleicht weißt du jemanden, der es gebrauchen kann."

Ich schätze, das war seine Art zu sagen: Bring bitt'schön das Buch wieder dahin, wo es hingehört. Die Geschichte von den Waisenbüchern hat er wohl nicht ganz geschluckt.

Letztlich brachte Klopstock Matthes in die Zeitungsbranche. Er war einer derjenigen, die Matthes wegen Übersetzungsarbeiten angeschrieben hatte. Klopstocks Vetter in Hamburg namens Polykarp August Leisching war Herr über zwei Zeitungen: die Hamburgische Neue Zeitung und die Adreß-Comptoir-Nachrichten. Und gerade brauchte er jemanden, der Artikel aus englischen Blättern weiterverwerten konnte. Matthes wurde Journalist. Nach zwei Jahren Studium in der Freund-Hain-Leihbücherei zu Reinfeld trat er seine neue Stelle in Hamburg an.

Matthes hatte in den zwei Jahren Wort gehalten. Er arbeitete hart an seiner Lyrik, um eine eigene Stimme zu finden. Vieles landete im Feuer. Doch einige Texte blieben. Sie bildeten die Basis für spätere Gedichte. Matthes hörte eigentlich nie auf, an einem Gedicht zu arbeiten, selbst wenn es veröffentlicht war. Vor der nächsten Veröffentlichung hat er es noch mal verfeinert.

Für Übungszwecke entwickelte Matthes eine eigene Methode. Er nahm anderer Leute Gedichte, formte sie so lange um, bis sie seine eigene Stimme hatten. Sein berühmtestes Gedicht ist das beste Beispiel dafür. Die Vorlage lieferte Paul Gerhardt:

> *Der Tag ist nun vergangen,*
> *Die güldnen Sterne prangen*
> *Am blauen Himmelssaal;*

Bei Matthes klingt das bekannterweise besser:

> *Der Mond ist aufgegangen,*
> *Die goldnen Sternlein prangen*
> *Am Himmel hell und klar;*

Auch am Schluss ist die Verwandtschaft klar zu erkennen. Matthes hat jedoch zwei Strophen zusammengefasst.

Paul Gerhardt:

> *Nun geht, ihr matten Glieder,*
> *Geht hin und legt euch nieder,*
> *Der Betten ihr begehrt;*
> *Es kommen Stund und Zeiten,*
> *Da man euch wird bereiten*
> *Zur Ruh ein Bettlein in der Erd.*
> *Auch euch, ihr meine Lieben,*
> *Soll heute nicht betrüben*
> *Ein Unfall noch Gefahr.*
> *Gott lass euch selig schlafen,*
> *Stell euch die güldnen Waffen*
> *Ums Bett und seiner Engel Schar.*

Matthes:

> *So legt euch denn, ihr Brüder,*
> *In Gottes Namen nieder;*
> *Kalt ist der Abendhauch.*
> *Verschon uns, Gott! mit Strafen,*
> *Und lass uns ruhig schlafen!*
> *Und unsern kranken Nachbar auch!*

Wie Matthes das gemacht hat, dass seine Version so viel besser klingt, weiß ich nicht. Nur eins weiß ich sicher: Dieses Herunterholen von Gott und seinen Strafen zum kranken Nachbarn in der allerletzten Zeile. Das konnte nur er.

Nach der ersten Begeisterung für die neue Aufgabe in Hamburg wurde Matthes selbst etwas heruntergeholt. Das Schreiben von Schiffsmeldungen, Wetterdaten, Börsenberichten, Lotterieankündigungen, lokalen Anekdoten und Unglücksfällen war nach einer Eingewöhnungsphase nicht sehr fordernd. Für literarische Kostproben gab es kaum einmal Platz. Klopstock-Vetter Leisching hatte auch nicht viel dafür übrig.

Etwas entschädigt wurde Matthes durch die Begegnungen mit interessanten Leuten: Lessing, Herder, der Hamburger Bach. Klopstock stieß aus Kopenhagen hinzu. Auch sein alter Freund Gerstenberg ließ sich mal blicken. Und mit einem gewissen Herrn Bode, Drucker und Verleger, wurde er ebenfalls bekannt. Das war natürlich ein Fortschritt gegenüber dem Reinfelder Kreis aus Vater, Mutter, Brüder und Freund Hain.

Wieder hielt Matthes zwei Jahre eisern durch. Doch dann war es genug als Adreß-Comptoir-Nachrichten-Schreiber. Es war so viel genug, dass er kündigte, ohne etwas Neues in Aussicht zu haben.

Zum Glück suchte bald darauf der dicke Herr Bode einen Mann, der ihm eine Zeitung zusammenschreiben konnte. Der Wandsbecker Bote sollte zu Neujahr das erste Mal erscheinen. Zu welchem Neujahr? Ich habe nachgeforscht: Neujahr 1771 war's. Kurz vor Weihnachten zog Matthes nach Wandsbeck um.

Zuerst war er ganz entflammt für das Projekt. Bode ließ ihm freie Hand, so dass er hoffen konnte, seine eigenen Ideen zu verwirklichen. Ihm schwebte ein launig-naiver Kommentarstil vor. Doch dann raubte ihm ein kleines großes Problem den Verstand. Ein Problem, mit dem weder er noch ich gerechnet hatten. Es hatte einen Namen: Rebekka.

Wandsbecker Bote 1774, Nr. 169:

Die Leiden des jungen Werthers. Erster und zweiter Teil. Leipzig, in der Weygandschen Buchhandlung. 1774.

Weiß nicht, ob's 'n Geschicht oder 'n Gedicht ist; aber ganz natürlich geht's her, und weiß einem die Tränen recht aus'm Kopf herauszuholen. Ja, die Lieb ist 'n eigen Ding; lässt sich's nicht mit ihr spielen, wie mit einem Vogel. Ich kenne sie, wie sie durch Leib und Leben geht, und in jeder Ader zuckt und stört, und mit'm Kopf und der Vernunft kurzweilt. Der arme Werther! Er hat sonst so feine Einfälle und Gedanken. Wenn er doch eine Reise nach Pareis oder Peking getan hätte! So aber wollt er nicht weg von Feuer und Bratspieß, und wendet sich so lange dran herum, bis er kaputt ist. Und das ist eben das Unglück, dass einer bei so viel Geschick und Gaben so schwach sein kann, und darum sollen sie unter der Linde an der Kirchhofmauer neben seinem Grabhügel eine Grasbank machen, dass man sich drauf hinsetze, und den Kopf in die Hand lege, und über die menschliche Schwachheit weine. – Aber, wenn du ausgeweinet hast, sanfter guter Jüngling! wenn du ausgeweinet hast; so hebe den Kopf fröhlich auf, und stemme die Hand in die Seite! denn es gibt Tugend, die, wie die Liebe, auch durch Leib und Leben geht, und in jeder Ader zuckt und stört. Sie soll, dem Vernehmen nach, nur mit viel Ernst und Streben errungen werden, und deswegen nicht sehr bekannt und beliebt sein; aber wer sie hat, dem soll sie auch dafür reichlich lohnen, bei Sonnenschein und Frost und Regen, und wenn *Freund Hain* mit der Hippe kommt.

Ein paar Tage nach Weihnachten schaute ich bei Matthes vorbei. Erwartet hatte ich einen emsig arbeitenden Redakteur. Die erste Nummer sollte doch etwas Besonderes sein. Zu sehen bekam ich ein traumversunkenes Häufchen Elend, das aus dem Fenster starrte – ohne etwas zu sehen.

„Was machst du da?"

Er schreckte nicht mal auf, als ich ihn von hinten ansprach.

„Ach, Rebekka", hauchte Matthes hervor.

„Was?"

Keine Antwort.

Ich schaute mich um: Auf dem Tisch lagen Blätter mit Notizen, Briefe, einige ungeöffnet, Zeitungen aus Deutschland, Dänemark, England und Frankreich ohne erkennbares System gestapelt.

„Wie weit bist du mit dem Boten?"

„Ach, Rebekka."

„Wer ist Rebekka?"

„Ach, ..."

„Ja, schon gut. Versuch es doch mal mit Details. In ganzen Sätzen bitte."

Folgende Geschichte operierte ich Stückchen für Stückchen aus ihm heraus:

Es war beim Umzug passiert. Der Schlüssel für sein Häuschen am Steindamm sollte bei Zimmermann Behn hinterlegt sein. Erst hatte Matthes am Behn-Haus angeklopft. Niemand antwortete. Er ging zur angebauten Wirtschaft, die der Zimmermann nebenbei betrieb. Klopfte dort. Von innen rief jemand „Geschlossen". Er klopfte noch mal. Schritte. Die Tür ging auf: Rebekka.

Nachdem er sich vom ersten Schock erholt hatte („Ein Blitzschlag ging durch mein Herz. Ich dachte, ich würde ohnmächtig."), brachte er sein Anliegen vor. Stotternd vermutlich. Rebekka war die Tochter des Zimmermanns. Die Eltern waren außer Haus, aber sie wusste, wo sich der Schlüssel befand.

Das Kästchen mit dem Schlüssel war dummerweise verschlossen. Matthes wollte schon den Rückzug antreten. Doch Rebekka ließ ihn nicht. Besorgte sich aus Vaters Werkstatt passendes Werkzeug und stemmte das Kästchen auf.

Ich glaube, dieses resolute Alle-Hebel-in-Bewegung-setzen für einen Fremden weichte sein Herz vollends auf. Und sein Hirn erstarb, als sie ihm mit einem Lächeln den Schlüssel überreichte.

„Willkommen in Wandsbeck", soll sie dazu gesagt haben.

„Diese Augen, dieses Lächeln. Himmel!", sagte Matthes mindestens dreimal zu mir.

„Was ist mit dem Boten?", warf ich ein.

„Der Bote?"

„Ja, der Wandsbecker Bote. Zeitung, Matthes, Beruf, Lebensunterhalt. Ohne Bote kein Wandsbeck, ohne Wandsbeck keine Rebekka."

„Ach, ... der Bote."

„Ja, Matthes, wann musst du abgeben?"

„Heute Abend."

„Heute Abend?"

Zweifelnd schaute ich das Gewirr auf dem Tisch an.

„Und wie weit bist du?"

„Ach, Re..."

„Mach mich nicht wahnsinnig. Wenn Bode dich gleich wieder hinausschmeißt, kannst du Rebekka vergessen. Los, Matthes, an die Arbeit. Rebekka ist ein Ding von morgen. Heute ist der Bote dran. Ich helfe dir so gut ich kann. Aber wir müssen jetzt anfangen. Was ist das hier?"

Es sah aus wie ein Gedicht:

> *Ich bin ein Bote und nichts mehr,*
> *Was man mir gibt, das bring ich her,*
> *Gelehrte und polit'sche Mär;*
> *Von Aly Bey und seinem Heer,*
> *Vom Tartar Chan, der wie ein Bär*
> *Die Menschen frisst am Schwarzen Meer*
> *(Das ist kein angenehmer Herr),*
> *Von Persien wo mit seinem Speer*
> *Der Prinz Heraklius wütet sehr.*

Und so weiter und so weiter.

„Ein Gedicht, um die Leser zu begrüßen."

„Das ist nicht dein Ernst."

„Doch, doch, es ist auch schon halb fertig."

„Halb?"

„Ja, etwa 20 Zeilen brauche ich noch."

„Nun, du bist der Dichter. Du musst wissen, was du tust. Wo sind die Meldungen?"

„Irgendwo ... da."

Er deutete ungefähr auf den Zeitungsstapel und die herumliegenden Briefe.

„Du hast noch nichts herausgesucht?"

„Ja, ich ... es war nicht viel Zeit. Weihnachten war ich in Reinfeld. Und äh ..."

„Ja, schon gut. Ich weiß: Rebekka. Und die gelehrten Sachen?"

„Ich habe alle Freunde angeschrieben, aber niemand hat etwas eingeschickt."

„Und selber ...?"

Er guckte mich hilflos an.

„Also gut. Lass mich überlegen ... Hier ist der Plan: Schreib dein Gedicht fertig. Ich kümmere mich um die Meldungen. Und für die gelehrten Sachen ... Schreib halt was über die Gelehrten, die so unzuverlässig sind."

Und so geschah es. Matthes schrieb sein ellenlanges Gedicht, das den Ton setzte. Ich füllte knapp zwei Seiten mit Meldungen: Triviales vom Kopenhagener Hof. Streitigkeiten zwischen Parlament und König in Frankreich. Eine zwei Monate alte Nachricht vom türkisch-russischen Krieg. Diplomatische Verwicklungen zwischen Spanien und England.

Die Arbeit an der ersten Botenausgabe schaffte es, Matthes für kurze Zeit von seinem Herzeleid abzulenken. Zum Schluss ging es sogar recht flott mit den Gelehrten:

Wandsbecker Bote Nr. 1, 1771
Gelehrte Sachen

Aber ich habe heute keine. Die Gelehrten sind nachlässige Leute, ich habe seit dem letzten Kriege viel Verkehr unter ihnen gehabt, und ich habe auch heute etwas mithaben sollen, aber es hat mir keiner nichts gegeben ...

So wurden wir rechtzeitig fertig. Der Herr Bode soll etwas komisch geguckt haben wegen des Gedichts und des Lückenfüllers. Aber die Nummer eins konnte pünktlich erscheinen. Das war das Wichtigste.

Im Rückblick erscheint es kurios. Matthes stand vor dem entscheidenden Schritt seiner Karriere als Literat. Der Wandsbecker Bote sollte ihn ein Leben lang begleiten. Und doch wäre er fast am Start auf den Bauch gefallen.

Weil ihm etwas wichtiger war als sein Beruf, als die Literatur oder ganz pathetisch als sein eigenes Leben: Rebekka.

Übrigens: In der Werther-Rezension erwähnte mich Matthes zum ersten Mal öffentlich. Nun ja, viel Öffentlichkeit hatte der Wandsbecker Bote auch nach drei Jahren nicht. Aber ein paar kluge Köpfe haben ihn schon gelesen. Ich nahm es als späten Dank, dass ich ihn vor der ersten Ausgabe vom Spieß geholt hatte.

Noch ein Übrigens: Ist jemandem aufgefallen, dass bei der Rezension der Autor des Buches fehlt? Der Werther ist tatsächlich in der ersten Auflage ohne Angabe des Verfassers veröffentlicht worden. Ich schätze, Goethe wird etwas seltsam geguckt haben bei dieser Rezension.

Am Tag nach der Operation Bote war ich wieder bei ihm. Es war ein sonniger Tag. Klar und kalt. Gemeinsam starrten wir aus dem Fenster. Warteten, um einen Blick auf die sagenumwobene Rebekka zu erhaschen.

„Heute kein Bote?"

„Nein, heute wird gedruckt. Bode wollte für die erste Ausgabe besonders viel Vorlauf haben. Die nächste muss erst Montagmittag fertig sein."

„Du schaffst das?"

„Ja, Freund Hain. Ich will und werde das schaffen. Es gibt in Wandsbeck jemanden, den ich nicht missen möchte, wie du weißt."

„Und du meinst, sie kommt hier vorbei?"

„Bis jetzt ist sie noch jeden Tag vorbeigekommen. Wandsbeck ist nicht sehr groß."

„Hast du mit ihr noch mal gesprochen?"

„Nein, habe ich nicht. Was soll ich tun? Aus dem Haus rennen und ihr meine Liebe gestehen?"

„Das wäre ein Anfang."

Für ein Sekündchen wandte er den Blick vom Fenster ab mir zu.

„Freund Hain, du bist ein lieber Kamerad, aber ich glaube, von Liebesdingen verstehst du nicht allzu viel. Ich kann ihr nicht einfach an den Hals springen, obwohl ihr Hals so wunderschön schlank und weiß ist, zum Liebkosen, Freund Hain, zum Liebkosen."

„Gut, Freund Matthes, zugegeben, das ist nicht mein Spezialgebiet. Aber aus dem Fenster starren, bringt dich das weiter?"

Wieder bekam ich ein Blicksekündchen ab. Diesmal deutlich defensiver.

„Ich weiß nicht wie anfangen. Will es nicht verderben."

„Geh hinaus und wünsch ihr was. Wie man das so macht. Gesundheit, Liebe, einen würdigen Tod oder Ähnliches."

Matthes zog die Augenbrauen hoch.

„Vielen Dank für Eure Hilfe, Freund Hain. Das ist nicht die Zeit für Scherze."

„Ich scherze nicht."

„Genau das habe ich befürchtet."

Wir schwiegen eine Weile.

„Da kommt ein Mädchen die Straße herauf, Matthes. Ist sie das?"

„Wo? Wo?"

„Warte noch."

„Wie kannst du sie sehen?"

„Matthes. Ich sehe vieles und bin an vielen Orten. Ich muss dich nicht erinnern, wer ich bin."

Das dämpfte ihn ein wenig bis ...

„Da ist sie. Los, weg vom Fenster."

„Warum? Jetzt, wo sie ..."

Er zerrte mich vom Fenster.

„Manchmal, Freund Hain, manchmal weiß ich wirklich nicht. Deucht es ihm nicht schlechter Stil zu sein, wenn wir unsere Nasen an der Scheibe platt drücken, während die Holde vorübergeht, damit sie auf jeden Fall bemerkt, dass sie beobachtet wird? Soll sie von uns denken, wir seien Plattnasenäffchen? Von hier aus können wir sie sehen, ohne dass sie uns sieht. Glaube mir, das ist besser so."

„Hm, die Liebe ist komplizierter, als ich dachte."

„Da sagst du was, Freund Hain."

Und dann war ich vergessen. Wie hypnotisiert folgte er der Gestalt draußen auf dem Weg. Nicht, dass von der Stube aus viel zu sehen gewesen wäre: Ein Mädchen mit Kopftuch dick eingepackt gegen die Kälte mit einem Korb in der Hand.

Doch ich konnte näher ran. So nah wie Matthes gern gekonnt hätte. Sie war ein junges Ding. Ein hübsches Gesicht. Vornehme Blässe mit einem leichten rosa Ton. Ihre Augen, ja, ihre Augen: ein wunderbares Blau. Sie schien innerlich zu lächeln, gleichzeitig etwas angespannt. Im Korb war nichts drin.

„Ist sie nicht ein wenig jung?"

„Ach. Was spielt das für eine Rolle. Achtzehn ist sie bestimmt. Und glaube mir, sie verhält sich reifer als ihr Alter."

Später stellte sich raus, dass sie erst 16 war. Aber mit der Reife, das stimmte. Würde trifft es noch besser. Auch wenn sie gern scherzte, wie ich noch merken sollte.

Sie verschwand aus unserem Stuben-Blickfeld. Matthes traute sich wieder näher ans Fenster. Folgte ihr mit einem Blick so sehnsüchtig, wie manch alter Mensch sich nach mir sehnt.

„Ich gehe hinterher, Matthes. Mal schauen, wo sie hin will."

„Nein, nein, nein, das halte ich für keine gute Idee."

„Warum? Sie sieht mich doch nicht, ich folge ihr schon."

„Du folgst ihr schon?"

„Ja."

Einen Augenblick verwirrte ihn meine Anwesenheit.

„Ach, ja, dann sei es. ... Und?"

„Sie biegt rechts ab. ... Hinter der Mühle biegt sie noch mal rechts ab. ... Ist das die Behnsche Wirtschaft, auf die sie nun zugeht?"

„Woher soll ich das wissen? Ich sehe nicht, was du siehst."

„Ja! Da kommt ein Mann heraus. Etwas wackelig auf den Beinen. Hebt den Hut. Sie bleiben stehen, sprechen miteinander. Matthes! Weißt du was?"

„Was ist?"

„Der Korb."

„Was ist mit dem Korb?"

„Er war leer, als sie hier vorbeiging. Er ist immer noch leer, obwohl sie gleich zu Haus ist."

„Ja, und?"

„Matthes! Verstehst du denn nicht? Der Korb ist nur Tarnung. Sie wollte nirgendwo etwas holen. Sie wollte hier vorbeigehen."

„Du meinst ...?"

„Genau das meine ich. Die Liebe ist einfacher, als man denken sollte. Hör zu, ich habe eine Idee. Sie braucht einen Vorwand, um hier anzuklopfen."

„Was willst du tun?"

„Ich schick sie vorbei."

„Nein, du ..."

Weg war ich.

Die Mutter bei der Wiege

Schlaf, süßer Knabe, süß und mild!
   Du deines Vaters Ebenbild!
Das bist du; zwar dein Vater spricht,
   Du habest seine Nase nicht.

Nur eben itzo war er hier
   Und sah dir ins Gesicht,
Und sprach: »Viel hat er zwar von mir,
   Doch meine Nase nicht.«

Mich dünkt es selbst, sie ist zu klein,
   Doch muss es seine Nase sein;
Denn wenn's nicht seine Nase wär,
   Wo hättst du denn die Nase her?

Schlaf, Knabe, was dein Vater spricht,
   Spricht er wohl nur im Scherz;
Hab immer seine Nase nicht,
   Und habe nur sein Herz!

Es musste schnell gehen. Improvisieren. Der Angesäuselte hob bereits den Hut zum Abschied. Rebekka war schon fast bei der Tür. Opa Nikolaus sollte es richten.

„Entschuldigung, Fräulein.“

Sie drehte sich um.

„Bitte, mein Herr.“

„Ich suche den berühmten Dichter Matthias Claudius.“

„Den Redakteur Claudius?“

„Genau. Redakteur des sicher auch bald berühmten

Wandsbecker Boten.“

Sie schmunzelte.

„Nun, der berühmte Dichter Claudius des bald berühmten Wandsbecker Boten wohnt am Steindamm.“

„Höre ich etwas Skepsis, mein Fräulein?“

Sie lachte.

„Nein, mein Herr. Ich bin etwas überrascht, dass der Herr Claudius ein berühmter Dichter sein soll. Als er vor einigen Tagen hier den Schlüssel abholte, war er etwas wortkarg und schien nervöser Natur.“

„So sind die Dichter. Sehr empfindsam und verschlossen, wenn sie fremd sind. Aber ich kann Ihnen versichern: Taut er auf, können Sie sich keinen besseren Gesellschafter vorstellen. Wie komme ich denn nun zu Claudius?“

„Folgen Sie einfach dem Weg, es ist nur ein kleines Stück zu gehen. Ich bin gerade selbst noch vorbeigegangen. Aus dem Kamin steigt Rauch, also sollte er zu Hause sein. Ich bin einmal rund gegangen, weil ich das Päckchen für Bauer Hansen vergessen habe.“

„Sie gehen noch mal?“

„Ja, wir brauchen noch etwas Fleisch. Eigentlich gehe ich jeden Tag zu Bauer Hansen. Wenn ich das Päckchen morgen mitnähme, wäre auch nicht schlimm, aber ich hatte es versprochen. Ich weiß nicht, wie ich das vergessen konnte. Ich könnte über mich lachen und mich ärgern zugleich.“

„Ah, mein Fräulein, machen Sie sich wegen so einer Kleinigkeit keine Gedanken. Nehmen wir es als Wink des Schicksals. Ich muss nämlich dringend nach Hamburg. Wenn ich nun bei Claudius vorbeischaue, komme ich nicht mehr rechtzeitig weg. Ich sagte ja, er ist ein toller

Gesellschafter. Könnten Sie ihm ausrichten, dass ich morgen auf dem Rückweg hereinkomme?"

„Ich weiß nicht. Störe ich den berühmten Dichter nicht bei der Arbeit?"

„Das glaube ich kaum. Claudius ist ein Früharbeiter. Morgens munter wie ein Frühlingsbach. Jetzt wird er ein gemütliches Pfeifchen rauchen nach dem getanen Werke."

So recht wollte sie nicht. Aber einem alten Herrn etwas abschlagen?

„Nun gut, ich muss ja sowieso vorbei. Von wem soll ich ausrichten?"

„Oh. Hain äh ... Schneider, ja, Schneider."

„Hein Ä. Schneiderjaschneider? Für was steht das Ä, wenn ich fragen darf, Herr Schneiderjaschneider?"

„Nein, ich meine ja, ich meine, ich heiße nicht Schneiderjaschneider, ich heiße einfach Schneider. Wie der Schneider halt ... Und nein, nicht Ä. Das Ä ist mir so herausgerutscht. Ich bin etwas verwirrt gewesen. Vergesslich, Sie verstehen?"

„Oh, so schlimm. Sie vergessen Ihren eigenen Namen?"

„Was heißt vergessen. Ich war überrascht von ... nun ja, ich hatte nicht damit gerechnet, ein so schönes Mädchen hier im Dorf anzutreffen."

Das saß. Zumindest kurzzeitig.

„Dieser Herr Claudius scheint gefährliche Freunde zu haben, Herr Schneider", sagte sie lächelnd. „Vielen Dank für das Kompliment. Ich werde ihm also ausrichten, dass Sie erst morgen kommen. Wann?"

„Ich denke, am Nachmittag. Da passt es ihm am besten."

„Dann wünsche ich einen guten Tag. Ich hole noch eben das Päckchen für Bauer Hansen und mache mich gleich auf den Weg."

„Vielen Dank, mein Fräulein. Sie haben mir sehr geholfen. Guten Tag."

Sie ging in die Wirtschaft hinein. Ich wandte mich um und stand unschlüssig auf der Straße. In welcher Richtung lag Hamburg? Egal. Es war niemand zu sehen. Ich nahm die Abkürzung.

„Sie kommt gleich, Matthes."

Matthes drehte sich ruckartig vom Fenster weg.

„Hain! Hast du mich erschreckt. Sie kommt zu mir? Was hast du angestellt?"

„Oh, nichts. Ich habe geworben für dich, wie es Freundespflicht ist."

Zweifelnd schaute er mich an. Da musste noch ein Scheit aufs Feuer.

„Stell dir vor, Matthes, sie hat einen glänzenden Eindruck von dir."

„Wirklich? Mir schien sie nicht vom Kamel gefallen."

„Von welchem Kamel?"

„Ach, eine Bibelgeschichte. Als Rebekka ihren zukünftigen Mann Isaak, den Sohn Abrahams, zum ersten Mal sah, fiel sie vom Kamel."

„Wie dem auch sei. Kamele hab ich keine bei Behn gesehen. Doch als sie hörte, dass du Dichter bist, war sie gleich Feuer und Flamme."

„Oh, oh, warum hast du das erwähnt?"

„Ich sagte doch, ich habe für dich geworben. Warum darf sie nicht gleich wissen, mit wem sie es zu tun hat? Aber nun ist keine Zeit mehr. Zieh dir was über. Du gehst zu Bauer Hansen."

„Warum soll ich in Gottes Namen jetzt zu Bauer Hansen gehen? Ich denke, Rebekka kommt gleich."

„Nein, nicht jetzt. Wenn sie anklopft. Tu so, als ob du gerade zu Bauer Hansen gehen wolltest, etwas fürs Abendessen besorgen oder so. Sie will nämlich auch dahin. Kannst du sie begleiten und kommst ins Gespräch."

„Mein lieber Freund Hain! Wer hätte dir das zugetraut? Nur, was soll ich mit ihr reden?"

„Ist doch egal. Sie wird an deinen Lippen hängen. Du bist Redakteur des Boten. Neuigkeiten interessieren Frauen immer. Nun mach schon, sie kommt."

Matthes hatte kaum Mantel und Schal übergestreift, als es klopfte.

„Pst, Matthes", flüsterte ich, „mein Name ist Schneider. Hein Schneider."

„Was soll ...?"

Es klopfte noch mal. Matthes eilte zur Tür. Ich sorgte, dass ich außerhalb ihres Sichtbereichs kam. Er riss die Tür mit Schwung auf.

„Huch, haben Sie mich erschreckt, Herr Claudius."

„Oh, ich bitte vielmals um Entschuldigung. Das war meine Absicht nicht, Fräulein Rebekka. Eigentlich wollte ich gerade losgehen, als Sie klopften."

„Ich komme auch nur, um auszurichten, dass Herr Hein Schneider heute nicht kommt. Er will sie morgen Nachmittag auf dem Rückweg von Hamburg besuchen."

Matthes schwieg, versuchte die Nachricht einzusortieren.

„Sie kennen doch einen Herrn Schneider, oder?"

„Ja, ja. Ich hatte nur gar nicht ihm gerechnet. Aber gut.

Vielen Dank, dass Sie sich die Mühe gemacht haben, mir seine Nachricht auszurichten."

„Das war keine Mühe, Herr Claudius. Ihr Haus liegt auf dem Weg zu Bauer Hansen."

„Ja, dann ... nochmals danke und auf Wiedersehen."

Ich schrie innerlich: „Matthes!"

„Ah, Moment, Sie gehen zu Bauer Hansen?"

„Ja, so sagte ich."

„Welch ein Zufall. Ich war gerade im Begriff mich aufzumachen zum Bauern. Darf ich Sie begleiten?"

„Ja", kam es etwas zurückhaltend, „gut, dann lassen Sie uns zusammen gehen."

Matthes schloss die Tür. Ich ging zum Fenster. Gerade als ich hinausblicken wollte, schaute sich Rebekka um. Ich zuckte zurück. Bei der ganzen Aufregung hatte ich vergessen, meine Gestalt aufzulösen. Ich ließ etwas Zeit vergehen und guckte noch mal hinaus. Sie waren auf dem Weg. Ich schaute ihnen hinterher. Matthes gestikulierte. Rebekka sah ihn lächelnd an.

Wer hätte das gedacht? Ich, ein Kuppler in Liebesdingen. Unglaublich. Niemand würde mir so etwas zutrauen. Ich auch nicht. Und doch war es geschehen. Vielleicht ist es mit dem Leben wie mit dem Schachspiel: Was man kann, weiß man erst, wenn man spielt.

Doch plötzlich durchzog mich ein merkwürdiges Gefühl. Die Aufregung war vorbei, das Paar außer Sicht. Ich wandte den Blick vom Fenster ab. Sah die Papiere auf dem Tisch. Es war still im Haus. Auch von draußen drang kein Geräusch herein. Das war ein neues Gefühl. Ich fühlte mich – einsam?

Wenn es nach den alten Griechen ginge, ja dann ... dann könnten keine Einsamkeitsgefühle bei mir aufkommen. Schon allein wegen meiner großen Familie. Bei den Griechen hieß ich Thanatos und war nichts weniger als ein Gott. Obwohl das nichts heißt. An Göttern hatten sie keinen Mangel. Bekannt ist mein Bruder: Hypnos, der Schlaf. Und dass Nyx, die Nacht, unsere Mutter ist, hat seine Logik.

Doch wer mein Vater war und wie viele Geschwister ich hatte, da wird es schon schwer. Die einen sagen: Erobos, der Finstere, war's. Die andern meinen, die Nacht hätte mich allein gemacht. Und Geschwister? Oijoi: Aither, Hemera, Ker (der angeblich für den gewaltsamen Tod zuständig ist, schön wär's), Moros, Momos, die drei Schicksalsgöttinnen Klotho, Lachesis und Atropos, die zornige Nemesis, die liebevolle Philotes, Apate, Eris und der Mann fürs hohe Alter: Geras. Und das ist sicher keine vollständige Liste.

Ich habe mich nie einsam gefühlt. Auch ohne die verrückten Götter der Griechen. Jetzt hatte ich einen Freund, und? Fühlte mich einsam. Das war wie der Zorn damals, als Matthes teilnahmslos dahinvegetierte. Durch bloßes Zuschauen hätte ich nie gelernt, was diese Gefühle wirklich bedeuten.

Sein Gang mit Rebekka zu Bauer Hansen wurde ein beinahe tägliches Ritual. Natürlich schnackten die Wandsbecker. War ich bei Matthes, gab es nur ein Gesprächsthema: Rebekka. Ich ließ es ihm durchgehen, denn er glühte förmlich vor Liebe. Doch die Arbeit als Bote ging rasch von der Hand.

Nach einigen Monaten war es soweit. Sie sagte „Ja" zur

Hochzeit. Ihr Vater grummelte ein bisschen. Matthes war nicht, was er sich für seine Tochter vorgestellt hatte. Abschlagen konnte er Rebekka ihren Herzenswunsch aber nicht.

Matthes war klar, dass die Botenstelle auf Dauer keine Familie ernähren konnte. Er mobilisierte wieder Freunde und Bekannte. Die sollten ihm eine besser ausgestattete Stelle verschaffen. Aber mein Eindruck war: So richtig ernsthaft wollte er das Botendasein nicht aufgeben.

Matthes hatte sich nicht nur in Rebekka verliebt, auch in seine Rolle als Bote. Asmus nannte er sich. Erfand dazu noch einen Vetter Andres. Der bekam Briefe von Asmus, die im Blatt veröffentlicht wurden. Es war nichts Neues, dass der Zeitungstitel zur Person wurde. Neu war, wie er seinen Lesern gegenübertrat.

Oft genug las Matthes mir aus anderen Zeitungen vor. Wenn sie durften, teilten die Herren Journalisten gnadenlos aus. Sie erweckten den Anschein, als ob sie den Durchblick hätten. Dabei konnte sich jeder Trottel Journalist nennen. Nur welcher Journalist war bereit, sich einen Trottel zu nennen? Oder zumindest so zu tun, als ob er kein Wässerchen trüben könnte? Und das war Matthes' Masche: das harmlose Landei von nebenan.

Wandsbecker Bote Nr. 1, 1772
Spekulations am Neujahrstage

'n fröhlichs Neujahr, 'n fröhliches Neujahr für mein liebes Vaterland, das Land der alten Redlichkeit und Treue! 'n fröhlichs Neujahr, für Freunde und Feinde, Christen und Türken, Hottentotten und Kannibalen! für alle Menschen

über die Gott seine Sonne aufgehen, und regnen lässet! und
für die armen Mohrensklaven, die den ganzen Tag in der
heißen Sonne arbeiten müssen! 's ist ein gar herrlicher Tag,
der Neujahrstag! ich kann's sonst wohl leiden, dass einer 'n
bisschen patriotisch ist, und andern Nationen nicht hofiert.
Bös muss man freilich von keiner Nation sprechen; die Klu-
gen halten sich allenthalben stille, und wer wollte um der
lauten Herren willen 'n ganzes Volk lästern? wie gesagt, ich
kann's sonst wohl leiden, dass einer so 'n bisschen patriotisch
ist, aber Neujahrstag ist mein Patriotismus mausetot, und 's
ist mir an dem Tage, als wenn wir alle Brüder wären und
Einer unser Vater der im Himmel ist, als wären alle Güter
der Welt Wasser, das Gott für alle geschaffen hat, wie ich
mal habe sagen hören usw.

Ich pflege mich denn wohl alle Neujahrsmorgen auf einen Stein am Weg hinzusetzen, mit meinem Stab vor mir
im Sand zu scharren und an dies und jens zu denken. Nicht
an meine Leser; sie sind mir aller Ehren wert, aber Neujahrsmorgen auf dem Stein am Wege denk ich nicht an sie,
sondern ich sitze da und denke dran, dass ich in dem ver-
gangnen Jahr die Sonne so oft hab aufgehn sehen, und den
Mond, dass ich so viele Blumen und Regenbogen gesehn,
und so oft aus der Luft Odem geschöpft und aus dem Bach
getrunken habe; und denn mag ich nicht aufsehn, und nehm
mit beiden Händen meine Mütz ab, und kuck h'nein.

So denk ich auch an meine Bekannte die in dem Jahr
starben, und dass sie nun mit Sokrates, Numa, und andern
Männern sprechen können, von denen ich so viel Gutes gehört habe, und mit Johann Huß; und denn ist's als wenn
sich rund um mich Gräber auftun, und Schatten mit kahlen
Glatzen und langen grauen Bärten heraussteigen, und 'n

Staub aus'm Bart schütteln. Das muss nun wohl der *ewige Jäger* tun, der übern *Zwölften* sein Tun so hat. Die alten frommen Langbärte wollen wohl schlafen, aber eurem Andenken und der Asch in euren Gräbern ein fröhlichs fröhlichs Neujahr!!!!

Erst ließen Matthes und Rebekka sich lange Zeit, dann heirateten sie plötzlich im Frühjahr. Die besondere Geschichte der Hochzeit erfuhr ich jedoch erst bei meinem Antrittsbesuch im Haus des vermählten Claudius.

Seitdem die beiden sich offiziell im Vorehestand befanden, waren meine Besuche selten geworden. Mit Matthes war nicht ernsthaft zu reden. Er schwebte in Höhen, die ich nicht kannte. Ich wusste nicht, wie mit der Situation umgehen. Schließlich blieb ich ganz fort. Schaute nur ab und an, was sich tat, ohne mich zu zeigen. Er schien mich nicht zu vermissen, war einfach nur glücklich.

Einen kleinen Stich gab mir das schon. Ach! Ja, sogar mehr als das. Trotzig stellte ich meine Beobachtungen ein. Sollte er doch sehen, wie er klar kam ohne mich. Meine Zeit würde kommen. Sie kommt immer.

Mein Grimm verflog. Doch ich strafte mich für mein kindisches Verhalten. Ich gab meiner Neugier nicht gleich nach, zu sehen, wie es ihm ginge.

So war es bereits Spätsommer, als ich doch wieder nach ihm schaute. Und glücklicherweise traf ich ihn alleine an. Matthes spazierte durchs Wandsbecker Gehölz.

„Freund Hain! Lange nicht mehr gesehen. Erst heute Morgen habe ich mich gefragt, wo du steckst."

„Nun, hier bin ich. An mir hat es nicht gelegen. Ich störe ungern ein Paar in Liebeswonnen."

„Aber Freund Hain, solange du den Hut aufbehältst, bist du ein gern gesehener Gast. Auch Rebekka frug letztens noch nach dem Herrn ... wie hast du dich genannt? ... Schneider? Hein Schneider, nicht wahr? Hübscher Name. Du weißt, dass wir verheiratet sind?"

„Ja, ich weiß. Kam etwas überraschend. War nicht die

Rede davon, erst eine besser bezahlte Stelle zu finden?"

„Nicht nur du bist überrascht worden. Die Geschichte müssen wir dir erzählen. Komm doch mit in unsere gute Stube. Rebekka würde sich freuen, dich zu sehen. Ich erinnere mich, dass du einen feschen Eindruck auf sie gemacht hast."

„Ich weiß nicht, Matthes. Hältst du es für klug, dass ich meine Bekanntschaft mit ihr vertiefe?"

„Ach, Papperlapapp. Du bist Herr Schneider, ein alter Freund, der stets willkommen ist im Hause Claudius und sonst nichts."

Ich zögerte. Die Versuchung war groß. Dann gab mir Matthes einen Klaps auf die Schulter.

„Komm, alter Freund, gehen wir."

Und ich setzte mich in Bewegung. Was bei alten Gäulen geht, geht scheint's auch bei mir.

Unterwegs erzählte mir Matthes vom Scheitern seiner Stellenpläne. Gerstenberg war willig gewesen zu helfen. Ebenso Herder, ein Freund aus Hamburger Tagen. Aber vergeblich. Bei einer Rektorstelle am Gymnasium in Oldenburg hatte Graf Holstein abgewunken. Ein Posten beim Kopenhagener Lotto löste sich in Luft auf. Und sonst: viele Fantastereien, doch nichts Reales. Ein bescheidener Bote sei eben schwer vermittelbar.

Kaum hatte Matthes das Gartentor aufgestoßen, als er lauthals rief:

„Betty, erhebe dich. Wir haben hohen Besuch."

Und ganz nebenbei sagte er zu mir mit schlecht verheimlichtem Stolz:

„Sie ist schwanger, weißt du."

„Oh, meinen Glückwunsch. Geburten mag ich."

Er guckte etwas irritiert. Da ging die Tür auf.

„Betty, mein Liebes, schau wer hier ist: Freund Hain."

Ich schaute ihn entsetzt an.

„Matz! Damit macht man keine Späße. Bitte, Herr Schneider, treten Sie doch ein."

Rebekka lächelte mich an. Ich fasste mich. Da kam der nächste Schlag. Sie hatte die Kraft in sich! Zum Glück missverstand sie auch dies.

„Ja, Herr Schneider, hat Matz nichts gesagt? Ich trage einen kleinen Matthias unter dem Herzen."

Ich kam näher.

„Meinen Glückwunsch, Frau Claudius."

„Sagen Sie doch Rebekka. Wir sind hier nicht so förmlich."

„Gerne, Frau ... Rebekka."

„Nun aber hinein in die gute Stube", fuhr Matthes in unser Geplänkel.

Rebekka trat zurück. War es das Kind oder sie oder gar beide? Ich konnte es nicht eindeutig bestimmen. Vorbei an ihr ging ich ins Haus.

Der Unterschied zur Junggesellenwirtschaft war unübersehbar. Auf dem Tisch eine Decke statt Papierstapel. Am Fenster eine Vase mit Blumenstrauß. An den Wänden Bilder und Stickereien.

„Einen Kaffee, Herr Schneider?"

„Sicher nimmt der Herr Schneider einen Coffee mit uns, Betty."

Ich nickte nur. War zu beschäftigt, die Kraft zu orten. Rebekka ging in die Küche.

„Nimm Platz, Freund Hain, nimm Platz."

„Matthes!"

„Schon gut, Herr Schneider, keine Scherze mehr über Ihren Namen."

Das war nicht, was ich meinte. Doch Rebekka kam schon zurück, stellte zwei Tassen auf den Tisch.

„Sie bleiben nicht bei uns?"

Ich deutete auf die zwei Tassen.

„Doch, aber ich fürchte, ich kann nur schwarzen Kaffee anbieten. Den vertrage ich im Moment nicht. Milch und Zucker muss ich erst wieder einholen."

Sie lächelte entschuldigend.

„Schwarzer Kaffee ist genau richtig. Ich trinke ihn gar nicht anders. Matthes sagte, eure Hochzeit wäre eine besondere Überraschung gewesen?"

Wieder ging Matthes dazwischen.

„Ja, setz dich zu uns, Betty. Nein, hol erst den Coffee. Wir müssen unserem Freund von der Hochzeit erzählen."

„Ach, Matz. So eine große Geschichte ist das nicht, Herr Schneider. Wir haben ..."

„Nanananein. Nichts verraten, Betty."

„Sehen Sie sich das an: wie ein kleiner Junge, der etwas weiß. Besser ich hole den Kaffee."

Rebekka ging zurück in die Küche.

„Ist sie nicht ein Traum, mein Bauernmädchen?"

„Ja, zweifellos."

Nur wie lange noch? Ich musste herausfühlen, wo die Kraft war. Ich verfluchte mich, dass ich die beiden so lange aus den Augen gelassen hatte. Nur: Was hätte das geändert?

Rebekka kam mit der Kaffeekanne, schenkte ein und setzte sich mir gegenüber an die Längsseite des Tisches. Der Hausherr saß am Kopfende.

Ich nippte am Kaffee und betrachtete Rebekka. Sie war ein schönes Menschenkind. Die Schwangerschaft hatte sie etwas abgerundet. Ihre Augen leuchteten. Mit ihren 17 Jahren führte sie den nicht sehr reichen Haushalt und erwartete bald Mutter zu sein. Anscheinend war sie glücklich mit ihrem Leben. Doch die Kraft war in ihr. Verdammt und verflucht!

„Alles in Ordnung, Herr Schneider?", fragte sie.

„Ja, ja, der Kaffee ist sehr gut. Danke. Was ist nun die besondere Geschichte der Hochzeit?"

„Fängst du an oder ich?", fragte Matthes.

„Fang du an, Matz, du hast die Vorbereitungen getroffen."

„Nun denn. Es begab sich zu Wandsbeck anno domini 1772, dass ..."

„Matz! Erzähl richtig."

„Hach, siehst du, mein Freund. Kaum bin ich verheiratet, wird mir schon vorgeschrieben, wie ich eine Geschichte zu erzählen habe."

Rebekka gab Matthes einen Klaps auf den Arm.

„Au! Sieh dich vor, Bauernmädchen. Ich bin ein zarter Dichter. Wenn ich zerbreche, musst du die Scherben ganz allein auflesen."

„Matz! Nun fang endlich an."

„Also gut. Herr Schneider, wissen Sie ob der Eigenheiten eines Königsbriefes bei einer untertänigsten Heirat?"

Ich verneinte.

„Sehr schön. Einen solchen Königsbrief habe ich mir über den Korrespondenten des Wandsbecker Boten am Kopenhagener Hof bei zuständiger Stelle verschafft. Dann lud ich zum gemütlichen Beisammensein meine Eltern, die Eltern dieser wunderschönen Elfe, meinen Brotgeber, den dicken Herrn Bode, den hoch angesehenen Dichter Klopstock und einige andere Herren ein. Und da saßen wir beisammen bei Trank und Speis und ...“

„Jetzt darf ich?“

„Ja, Bebelmus. Jetzt darfst du.“

„Stellen Sie sich vor, Herr Schneider. Da sitzt die Gesellschaft zusammen. Da kommt der Pastor Hahn wie zufällig dazu. Ich hatte ihn eingeweiht. Ich kenne ihn ja mein Leben lang. Und dann bringt Matz das Gespräch aufs Heiraten, und ein Herr fragt, wann es denn bei uns so weit sei und da sagt Matz ...“

„Jetzt! Und ich ziehe den Königsbrief aus der Schublade, der mir erlaubt, jedes schöne Bauernmädchen unter dänischer Flagge zu ehelichen ohne ein öffentliches Aufgebot. Zufälligerweise ist Wandsbeck dänisch und noch zufälligerweisiger hatte ich mich schon für ein anwesendes entschieden und ...“

„Dann haben wir geheiratet. Einfach so. Meine Eltern wussten auch Bescheid. Die anderen haben erst protestiert. Es war ja niemand in feinen Sachen gekommen. Keine Geschenke waren mitgebracht. Das hatte Matz nicht bedacht. Dass wir durchaus ein paar Dinge brauchten.“

„Na, na. Es ist noch reichlich gekommen. Keiner der Anwesenden hat sich nachträglich gedrückt.“

„Es wäre mehr gewesen, hätte jeder seines offen neben die der anderen legen müssen.“

„Siehst du, mein Freund. Das hat mir gefehlt. Der Sinn fürs Praktische.“

„Da hast du wahrlich recht, Matthes. Ich bin wirklich froh, dass dir nun ab und an der Kopf gewaschen wird.

Rebekka, eine bessere Frau kann ich mir für meinen Freund hier gar nicht vorstellen."

„Danke ... Au."

Sie drückte die Hände auf den Bauch.

„Was ist, mein Schatz?"

„Er zwickt wieder. Ich glaube, ich lege mich besser wieder hin. Tut mir leid, Herr Schneider, dass ich nicht ... Au."

„Keine Ursache. Legen Sie sich nur hin. Ich wollte sowieso aufbrechen. Eigentlich sollte ich schon in Hamburg sein."

„Auf Wiedersehen, Herr Schneider."

Sie gab mir die Hand. Wir schauten uns in die Augen.

„Kommen Sie doch recht bald wieder vorbei."

Es war das Kind. Ich war mir sicher.

„Gerne."

Vorsichtig von Matthes gestützt ging sie Richtung Schlafkammer. Ich wandte mich zur Tür. Sollte ich es ihm jetzt sagen? Matthes kam zurück.

„Nun, mein Freund. Willst du wirklich schon gehen? Wir haben uns lange nicht mehr gesehen. Du könntest mir auch ..."

„Ja, ich sollte gehen. Es gibt viel zu tun."

Ich senkte meine Stimme.

„Wann kann ich dich allein sprechen?"

„Ich habe keine Geheimnisse vor ..."

„Nein, Matthes, bitte. Es gibt Dinge, die müssen unter uns bleiben."

„Schön, wenn du meinst. Komm einfach recht früh. Ich stehe immer noch sehr früh auf. Rebekka ist ein Langschläfer. Solange der Sommer sich hält, spaziere ich durch den Garten. Da können wir ungestört sprechen. Wie in alten Zeiten.“

„Dann sehen wir uns demnächst. Achte mir gut auf Rebekka.“

„Darauf kannst du dich verlassen. Es gibt keinen Schatz, den ich sorgfältiger hüte.“

Ich ging hinaus. Als ich zurückblickte, stand Matthes am Fenster. Wir hoben beide grüßend die Hand. Dann wandte er sich ab.

Ich hatte es nicht fertig gebracht.

Wollte erst darüber nachdenken.

Wie sage ich es ihm?

Damals mit Josias, das war etwas anderes gewesen. Die Verbindung mit Matthes war noch sehr lose. Ich hatte schlicht keinen Gedanken daran verschwendet, was die Nachricht auslösen könnte. Glaubte, ich tue ein gutes Werk.

Wie sollte ich ihm schonend beibringen, dass sein Erstgeborenes nicht leben würde? Kann man das überhaupt? Oder war das vergeblich? So vergeblich wie plötzlich zu erscheinen und zu sagen „Nicht erschrecken, ich bin Freund Hain". Das hat noch nie funktioniert.

Sollte ich erst einen langen Vortrag halten? Über das Leben und Sterben? Darüber, dass man sich besser nicht zu sehr an die Dinge dieser Welt klammert? Matthes war zu schlau dafür. Das würde erst recht Alarm auslösen.

Oder der alte Trick von der guten und der schlechten Nachricht?

Alles Unsinn! Wir hatten doch diese Vereinbarung: Ich würde den Hut in der Hand haben. Matthes wüsste gleich, was los ist.

Ich musste es einfach so schnell wie möglich anbringen. Meine einzige Hoffnung war, dass die Nachricht nur langsam in ihm durchsickern würde. Vielleicht konnte ich ihn dann mit viel Gequatsche und Gerede ruhig stellen. Wo sollte ich das hernehmen? Keine Ahnung. Aber vielleicht war ich auch dazu fähig.

Wie versprochen, spazierte Matthes zu früher Stunde im Garten. Noch im Nachtgewand mit der Schlafmütze auf dem Kopf. Ich nahm den Hut in die Hand und wartete am

Ende des Weges.

Als er mich erblickte, hielt er kurze inne. Er sah den Hut und – verzog keine Miene! Matthes kam näher. Und näher. Wir schauten uns in die Augen. Und dann sagte er schließlich leise:

„Freund Hain, da bist du also. Lass dich anschauen."

„Matthes, ich muss ..."

„Nein, nein, lass dich anschauen, ich möchte wissen, ob Rebekka recht hat.

„Was meinst du?"

„Pst, nicht reden, anschauen lassen. Dreh dich einmal zur Seite, damit ich dein Profil sehe."

Völlig perplex tat ich wie gewünscht.

„Tatsächlich. Es ist wahr."

„Was ist wahr?"

„Du siehst aus wie eine ältere Ausgabe von mir. Rebekka fragte, ob wir verwandt seien. Werde ich so aussehen, wenn ich sterbe? Ist das deine Gestalt?"

„Nein, ich weiß nicht, wie du aussiehst, wenn du stirbst. Aber die Familienähnlichkeit ist kein Zufall. Ich erscheine dir in Gestalt deines Großvaters Nikolaus."

„Mein Großvater ist der Tod?"

„Nein, Matthes. Ich bin dir so bei der Geburt erschienen. Nach meiner Erfahrung wirkt Familienähnlichkeit beruhigend."

„Was hast du bei meiner Geburt gemacht? Es ist doch niemand gestorben."

„Ich bin bei jeder Geburt dabei."

„Als Vorsichtsmaßnahme, falls es etwas zu tun gibt?"

„Nein, weil ich am Anfang des Kreises dabei sein will, so wie ich am Ende dabei bin."

„Aha, so ist das."

Es entstand eine Pause. Nun schien der rechte Moment gekommen zu sein.

„Matthes, es tut mir ..."

„Nein, warte. Was bist du von Beruf?"

„Bitte?"

„Rebekka hat mich auch das gefragt."

„Du weißt doch, wer ich bin."

„Natürlich weiß ich das. Aber das kann ich ihr schlecht sagen, oder? Das musst du ihr schon selbst eröffnen. Ich sagte, du bist im Transportgewerbe, was nicht ganz unpassend ist. Wenn man den alten Griechen glauben darf, transportierst du die Toten zum Flusse Styx, wo Charon der Fährmann sie übernimmt."

„Was redest du da?"

„Ach, nichts Wichtiges. Ist das in Ordnung, dass du im Transportgewerbe bist?"

„Sicher, Matthes, aber ich muss ..."

„Ich weiß. Warte. Eins hab ich noch. Weißt du ..."

Er schluckte. Versuchte die Tränen zu unterdrücken.

„Weißt du, dass Rebekka sehr scharfsinnig ist? Sie sagte: ‚Das ist seltsam. Wenn Herr Schneider im Transportgewerbe ist, warum geht er dann immer zu Fuß?'"

Die letzten Worte kamen nur noch sehr undeutlich. Tränen flossen seine Wangen hinab. Er lächelte bitter.

„So scharfsinnig ist sie. Ich wusste ... keine Antwort."

Er fiel weinend auf die Knie, schlug die Hände vor Gesicht. Ich fasste ihn bei den Schultern.

„Hör zu Matthes. Sie wird nicht sterben."

Er hörte mich nicht. Weinte schluchzend. Ich schaute mich um. Niemand war zu sehen. Ich konnte nur hoffen, dass Rebekka einen festen Schlaf hatte.

„Matthes. Bitte, Matthes, hör mich an."

Ich schüttelte ihn. Es war zwecklos. Ich ging in die Knie, umarmte ihn. Wartete bis der heftigste Tränensturm vorbei war. Dann sagte ich ganz nah an seinem Ohr:

„Matthes, hör mich doch an. Sie wird nicht sterben."

Er fuhr zurück.

„Nicht?"

„Nein, Matthes. Sie wird leben. Sie wird noch lange leben. Das Kind ..."

„Oh, Gott. Ich dachte ..."

„Nein, Matthes, nur weil ich den Hut in der Hand hab, heißt das doch nicht ..."

„Nicht wegen des Hutes."

„Warum dann?"

Er trocknete sich mit den Ärmeln des Schlafrocks die Tränen. Wir standen auf.

„Komm, Freund Hain, lass uns dort drüben auf der Bank sitzen. Ich bin völlig hinüber."

Wir gingen zu der kleinen Bank, auf der wir gerade so nebeneinander Platz nehmen konnten.

„Ich hatte dich erwartet."

Ich wollte nachhaken.

„Nein, sag jetzt nichts. Lass es mich Stück für Stück erzählen. Als du gestern bei ihrem Anblick überrascht warst, konnte es nicht wegen der Schwangerschaft sein. Das hatte ich dir gesagt. Auch hast du sie die ganze Zeit so bohrend angesehen. Rebekka fragte nachher, ob du erst vor kurzem eine Tochter verloren hättest, weil du sie so angestarrt hast. Ich dachte, du hättest die Zeichen erkannt, die Kraft, wie du immer sagst. Und als du so hastig aufgebrochen bist, war für mich endgültig klar, dass du mir etwas sehr Gravierendes zu sagen hättest, aber nach Schachspielerart erst mal über deinen Zug nachdenken wolltest.

Rebekka schlief recht bald, aber ich konnte nicht. Ich dachte, wer weiß, wie lange ich sie noch haben würde und setzte mich neben das Bett, versuchte selbst Anzeichen zu entdecken, doch ich sah nichts. Mir fiel eine alte Sünde wieder ein. Als junger Mann, wenn ich mich verliebte, hatte ich mir immer ausgemalt, wie es wäre, die Liebste zu verlieren. Hatte mich in meinem scheinbaren Unglück gesuhlt, bis mein Verliebtsein erloschen war. Ach, ich hatte ja keine Ahnung.

Dann griff ich zur Bibel und schlug wahllos eine Seite auf. Weißt du, die Bibel ist ein erstaunliches Werk, noch viel erstaunlicher, als man gemeinhin annimmt, denn sie enthält alle Antworten, wenn man nur fragt. Ich fand mich im zweiten Buch Mose wieder, das ich lange nicht mehr studiert hatte. Es enthält viele Vorschriften des Herrn für sein jüdisches Volk, und dort stand im 23. Kapitel der Satz, der mich dieses Mal ganz sonderlich rührte: ‚Du sollst nicht Geschenke nehmen, denn Geschenke machen die Sehenden blind und verkehren die Sache der Gerechten.' Rebekkas Liebe war ein wunderbares Geschenk und es hatte mich blind gemacht für die Gefahren. Obwohl es mir nicht so vorkommt, ist sie doch so jung, und Gebären ist ein gefährliches Geschäft. Für mich stand fest, dass Gott meine Blindheit strafen würde und sein Geschenk zurücknahm. Es war eine gerechte Strafe, nur warum musste Rebekka darunter leiden? Nun scheint es, ich war doppelt blind und habe gesehen, was gar nicht da war. Und du bist ganz sicher?"

„Ja, Matthes. Die Kraft geht von dem Wesen in ihr aus, nicht von ihr selbst. Da bin ich ganz sicher. Ob es eine Totgeburt wird oder das Kind kurze Zeit lebt, kann ich nicht sagen. Aber sein Schicksal ist besiegelt."

Eine ganze Weile schwieg er.

„Und was passiert dann mit ihm?"

„Du meinst, wenn es gestorben ist?"

Er nickte.

„Ich weiß es nicht. Auf dieser Seite bin ich blind. Erinnerst du dich nicht, dass ich dir das schon gesagt habe?"

„Möglich, aber es fällt mir schwer zu glauben, dass du völlig ahnungslos von Gottes Reich bist."

„Warum? Wenn niemand mich sehen kann, den ich nicht sehen lasse, ist es dann nicht naheliegend, dass mir Gleiches geschieht?"

„Hm. Das ist ein Punkt, der bedacht sein will. Wie auch immer, ich muss Rebekka darauf vorbereiten, dass unser Sohn nicht leben wird."

„Du willst es ihr doch nicht sagen?"

„Nein, natürlich nicht. Was soll Rebekka von mir und vor allem von dir denken, wenn ich Gewissheiten über Leben und Tod verkünde? Ich weiß noch nicht, was zu tun ist. Mit Gottes Hilfe werde ich einen Weg finden, ihr den Verlust zu erleichtern."

Matthes stand auf, ging als ob er eine schwere Last trüge. Er drehte sich noch mal zu mir um.

„Danke, Freund Hain, deine Nachricht ist keine gute, doch mehr ist dir nicht möglich zu tun, nicht wahr?"

„Nein, Matthes, wie du weißt, bin ich nur der Bote."

„Ja, wir Boten haben es nicht leicht."

Matthes lächelte gequält und wandte sich wieder um. Kurz vor der Tür streifte er die gebeugte Haltung ab, richtete sich auf. Dann betrat er das Haus und schloss die Tür leise hinter sich.

Er hatte sich nicht noch mal zu mir umgeblickt. Ich saß auf der kleinen Gartenbank, schaute zum stillen Haus. Natürlich hatte er sich noch mal zu mir umgeblickt. Ich bin der Tod.

Zwei Wochen später setzte die Geburt viel zu früh ein. Ich zeigte mich nicht, blieb nur so lange wie nötig. Das Neugeborene schrie einmal auf und verstummte für immer.

Wie die beiden damit fertig wurden, kann ich nicht sagen. In der Zeit danach hielt ich mich fern. Wollte keine Wunden aufreißen. Weder ihre noch meine. Auch mir hatte der Schnitt wehgetan. Matthes hatte die Nachricht letztlich gefasst aufgenommen, aber nur weil er von Schlimmerem ausgegangen war. Was sollte beim nächsten Mal werden?

Nach ein paar Monaten wagte ich einen Versuch. Ich fing Matthes auf dem Rückweg vom Drucker Bode ab. Er lud mich nachdrücklich ein, wieder vorbeizuschauen. Auch von Rebekka wurde ich freudig empfangen. Sogar die alte Frage, warum ich immer zu Fuß unterwegs wäre, weckte keine bösen Erinnerungen bei Matthes.

Auf die Frage selbst war ich vorbereitet. Ich erklärte, als Transporteur müsse ich Sorge tragen, dass alle Fuhrwerke Geld brächten. Da könnte ich nicht mit einem Gefährt spazieren fahren. Diese Erklärung wurde mit großem „O-ho!" akzeptiert. Rebekka kam es recht, mich als leuchtendes Beispiel in Gelddingen parat zu haben. Matthes ging ihr zu freihändig mit dem knappen Geld um. Zumal es nicht gut stand um den Wandsbecker Boten. Er zog zu wenig Leser an, um sorglos in die Zukunft zu schauen.

Ich wagte weitere Besuche. Versuchte Gewohnheit einkehren zu lassen. Dabei immer auf der Hut, ob nicht Matthes irgendeinen Groll erkennen ließ. Doch anscheinend fanden er und Rebekka Trost in der Religion. Die Familienbibel lag fast immer auf dem Tisch, Bibelzitate würzten die Gespräche. Was mir allerdings erst später klar wurde.

Ich suchte mich nützlich zu machen, indem ich Lebensmittel organisierte. Das ersparte Rebekka, bei den Eltern fragen zu müssen, wenn das Geld mal wieder nicht reichte. Matthes ließ es geschehen. Forschte nicht nach, woher die Sachen kamen. Er wird es sich gedacht haben. Oder er hat es verdrängt. Von den Toten zu nehmen, um den Lebenden zu geben: Sicher gab es auch dafür ein passendes Bibelzitat.

Endgültig sicher fühlte ich mich, nachdem ich Matthes den Tod seines Vaters mitgeteilt hatte. Ich schlüpfte in die Rolle des Fuhrunternehmers. Klopfte an die Tür, den Hut in der Hand.

Der Hausherr öffnete persönlich. Seine Begrüßung erstarb, als er den Hut sah. Rebekka kam hinzu, legte die Hand auf Matthes Schulter und schaute mich ängstlich an. Meine Geschichte war, dass eins meiner Fuhrwerke durch Reinfeld gefahren sei. Dort hätte der Fuhrmann vom Tod des Pastor Claudius erfahren. Es hieß, am Sonntagmorgen hätte er noch gepredigt, am Nachmittag sei er verstorben.

Matthes nahm die Meldung stumm zur Kenntnis. Musste sich erstmal setzen. Tränen flossen, aber es gab keinen Zusammenbruch. Rebekka suchte ihn nach Kräften zu trösten. Ich verabschiedete mich recht bald, versprach wiederzukommen.

Als Rebekka erneut schwanger wurde, rief das natürlich Erinnerungen wach. Doch der Tenor war: Es kommt, wie Gott will, dass es kommt. Trotzdem warf Matthes mir immer mal wieder einen fragenden Blick zu. Den ich aber stets beruhigend beantworten konnte. Die Kraft zeigte sich nicht.

Bald überwog die Freude auf das erste Kind. Es gab weiter keine Anzeichen, dass etwas drohte. Weder dem Kind noch der Mutter noch mir. Und so schien es, dass mein Tun keinen Schatten auf die Freundschaft zu Matthes und seiner Rebekka werfen konnte. Ja, so schien es.

Bei dem Grabe meines Vaters

Friede sei um diesen Grabstein her!
    Sanfter Friede Gottes! Ach, sie haben
Einen guten Mann begraben,
    Und mir war er mehr;

Träufte mir von Segen, dieser Mann,
    Wie ein milder Stern aus bessern Welten!
Und ich kann's ihm nicht vergelten,
    Was er mir getan.

Er entschlief; sie gruben ihn hier ein.
    Leiser, süßer Trost, von Gott gegeben,
Und ein Ahnden von dem ew'gen Leben
    Düft um sein Gebein!

Bis ihn Jesus Christus, groß und hehr!
    Freundlich wird erwecken – ach, sie haben
Einen guten Mann begraben,
    Und mir war er mehr.

Matthes wollte mich unbedingt bei der Geburt dabei haben. Offenkundig war ihm wohler, wenn er mich in den kritischen Momenten im Blick haben konnte. Meine Beteuerungen, es würde nichts passieren, halfen nicht. Also behielt ich die Claudiusse im Auge.

Es geschah an einem Tag grau in grau. Gegen Mittag sprang die Fruchtblase. Matthes brachte Rebekka zu Bett und lief zu ihrem Elternhaus hinüber. Ich wartete am Gartentor auf seine Rückkehr. Zurück ging es nicht so schnell. Er schleppte sich mit dem Geburtsstuhl ab.

„Freund Hain! Schön Sie zu sehen. Noch schöner wäre es freilich gewesen, wenn der Transporteur Schneider mir eines seiner Fuhrwerke zur Verfügung gestellt hätte."

„Einen guten Tag, Freund Claudius. Hat er vergessen, dass das Transportgewerbe seine Erfindung ist? Für meine Transporte brauche ich keine Fuhrwerke."

„Wahr gesprochen, der Herr. Würde er mir trotzdem das Gartentörchen öffnen?"

„Das lässt sich machen. Im Öffnen von Türen zum Garten habe ich Erfahrung."

„Aha."

„Nichts aha. Das ist eine menschliche Vorstellung vom Jenseits. Ich kann dazu nichts sagen."

„Nun denn, dann lass uns den Garten Boten betreten, bevor ich auf der Stelle zusammenbreche."

Ich öffnete ihm das Törchen.

„Du scheinst gut gelaunt, Matthes. So ist's recht. Alles wird gutgehen."

„Das ist keine Kunst. Dich zu sehen bereitet mir Freude, denn nun weiß ich Rebekka sicher."

Er stellte den Geburtsstuhl ab, öffnete die Tür.

„Betty! Ich bin zurück. Bist du züchtig gekleidet? Freund Schneider ist hier."

Rebekka kam etwas unsicheren Schrittes aus der Schlafkammer. Die Wangen erblüht, stützte sie sich gleich an der Kommode ab. Sie atmete hörbar, und dennoch lächelte sie mich an.

„Willkommen, Herr Schneider. Da haben Sie sich einen schönen Tag ausgesucht. Der Kleine will wohl heute noch die Welt sehen."

„So sagte Matthes. Komme ich besser an einem anderen Tag?"

„Nein, bleiben Sie ruhig. Es ist noch viel Zeit. Die Wehen haben nachgelassen, Matz."

„Wunderbar. Dein Vater ist unterwegs die Hebamme holen. Dann wird sie rechtzeitig kommen und unser Freund Schneider mag derweil als Glücksbringer dienen."

„Kann ich Ihnen ...oh."

Sie schloss die Augen, hielt sich den Bauch.

„Nein, ich lege mich besser wieder hin. Die Wehen gehen weiter."

„Wir kommen schon klar, Liebes. Warte, ich stelle noch den Stuhl neben das Bett. Dann kannst du schnell wechseln, sobald unser Sohn sich entschließt, die Welt zu erkunden."

Matthes hob ächzend den Stuhl und trug ihn in die Schlafkammer.

„Bleiben Sie auf jeden Fall noch, Herr Schneider. Matz kann etwas Ablenkung brauchen."

„Das mag wohl sein. Männer haben es auch nicht leicht bei einer Geburt. Sonst sind sie immer die Herren der Situation. Aber hier bleibt nichts, als zu warten und zu hoffen. Ich denke, ich werde Matthes noch ein bisschen Gesellschaft leisten. Und du fühlst dich gut?"

„Ja, diesmal hat alles seinen richtigen Lauf genommen, meine Mutter war sehr zufrieden. Sie sagte auch, die zweite Geburt wird leichter. Das hoffe ich sehr."

Matthes kam zurück.

„So, Liebes, alles steht bereit. Unser Sohn kann aus dem Ei schlüpfen."

„Danke, Matz. Auf Wiedersehen, Herr Schneider. Besuchen Sie die Familie Claudius recht bald wieder."

„Das werde ich tun."

Sie wandte sich zum Gehen, Matthes wollte sie stützen.

„Es geht schon, Matz. Bleib bei unserem Freund hier. Biete ihm doch einen Coffee an."

Und behutsam einen Fuß vor den anderen setzend ging sie in die Schlafkammer zurück.

„Einen Coffee, der Herr?"

„Nein, lass gut sein, Matthes. Das ist eh Perlen vor die Säue werfen. Du wirst ihn wahrscheinlich noch brauchen."

„Aber es ist doch alles in Ordnung?"

„Ja, ja. Keine Änderung. Wenn uns nicht das Dach auf den Kopf fällt, sieht es gut aus."

Matthes schaute zum Dach hoch, rümpfte die Nase.

„Mein Freund, ich weiß nicht, ob ich derart absonderlichen Witz im Moment zu schätzen weiß."

Wir hörten Rebekka stöhnen, schauten uns an.

„Sie kommen schneller", stellte Matthes fest. „Hoffentlich ist die Hebamme bald da."

„Ist sie hier aus dem Ort?"

„Ja, die alte Reschke."

„Ah ja."

„Du kennst sie?"

„Nicht richtig. Du weißt doch, Matthes, ich bin gern beim Anfang dabei. Mir ist nicht aufgefallen, dass sie Probleme produziert."

„Nein, das wohl nicht. Sie hat nur diese Grille mit dem Händewaschen."

Matthes imitierte die hohe Stimme der alten Dame:

„Ein Eimer heißes Wasser muss bereit stehen, junger Mann. Und saubere Tücher, sehr saubere Tücher! Ich will das Kind mit reinen Händen empfangen."

Dann fuhr er mit seiner eigenen Stimme fort:

„Mag der Herr wissen, was das für ein Hebammenaberglaube ist, doch es scheint nicht zu schaden. Wenn ich es mir leisten könnte, würde ich trotzdem gern einen Accoucheur aus Hamburg holen lassen. Aber das ist auch unsicher. Wer weiß, ob der gerade frei ist."

„Tja, und nun? Wie vertreiben wir uns die Wartezeit? Was macht der Bote?"

„Ich weiß nicht. Ich kann jetzt nichts Anderes tun, als zu warten."

„Ich meine die Zeitung."

„Ach so. Da sieht es weiter nicht so lecker aus. Ich habe Zweifel, dass es noch lange geht. Bode verliert Geld beim Boten und es ist nicht zu sehen, wie sich das bessern soll. Für die kleinen Leute sind wir nicht blutrünstig genug, was wir auch gar nicht sein dürfen, da ist Baron Schimmelmann vor, und ich würde bei einer solchen Zeitung nicht mittun, selbst wenn die Not bei uns dadurch größer würde, müsste halt etwas Anderes her. Ich vertraue ganz darauf, dass Gott mich in seinem Sinne leiten würde."

„Musst du dich nicht sowieso umsehen, mit dem Kind dazu?"

„Ah, unterschätze den alten Claudius nicht. Ich habe bereits einen Plan."

„Und der wäre?"

Rebekka stöhnte wieder auf.

„Wo bleibt bloß Vater Behn mit der alten Reschke? Warte mal, ich schau kurz nach dem Rechten."

Er ging hinüber in die Schlafkammer. Ich ließ derweil meinen Blick draußen schweifen. Nichts rührte sich in Wandsbeck. Doch: Ein Fuhrwerk mit einem Mann fuhr in unsere Richtung.

Matthes kam zurück, die Miene etwas besorgt.

„Die Wehen werden heftiger."

„Ein Fuhrwerk kommt, aber nur mit einem Mann besetzt."

„Ach Gott. Es kann doch nicht ausgerechnet heute schon bei den Sörensens begonnen haben."

Jetzt hörten wir das Fuhrwerk näherrumpeln. Wir gingen zur Tür.

„Matz!"

Matthes war hin und her gerissen.

„Kannst du eben schnell zu Rebekka? Ich muss hören, was Vater Behn sagt. Wir dürfen keine Zeit verlieren."

Er lief hinaus. So blieb mir nichts Anderes übrig, als zu Rebekka zu gehen. Ich klopfte an die Schlafkammertür.

„Rebekka?"

„Kommen Sie ruhig herein. Wo ist mein Mann?"

Ich betrat die schummrige Kammer.

„Er läuft Ihrem Vater entgegen."

„Was soll das nützen?"

Ich zuckte mit den Schultern. Wollte nicht der Überbringer der schlechten Nachricht sein.

„Ist es bald so weit?"

„Nun, die Wehen kommen schneller, werden heftiger. Bald kann ich auf den Stuhl."

Da stürmte Matthes hinein.

„Wie geht es? Hältst du noch durch?"

„Ja, Matz, wo ist ...?"

Sie sah die Antwort auf seinem Gesicht.

„Es tut mir schrecklich leid, Liebes. Die alte Reschke wurde zu den Sörensens gerufen. Sie weiß jedoch, dass wir sie nun dringlich brauchen und kommt sofort zu uns, wenn es bei Sörensens geschafft ist. Dein Vater versucht es zusätzlich in Hamburg. Vielleicht haben wir dann gleich zwei Geburtshelfer hier."

„Hamburg? So lange kann ich nicht warten."

Darauf wusste Matthes nichts mehr zu sagen. Mir fiel nur etwas Unoriginelles ein:

„Was ist mit deiner Mutter. Kann sie nicht ...?"

„Nein, Mutter ist seit einer Woche auf Krankenbesuch in Lübeck bei Tante Gerda. Oh, Matz, ich kann doch nicht alleine ..."

Matthes sah sie hilflos an.

„Es wird schon gutgehen, Bebelmus. Wir sind ja bei dir. Und Gott hat auch noch ein Wörtchen mitzureden. Alles wird gut."

Rebekka schaute etwas zweifelnd. Dann hielt sie sich den Unterbauch und stöhnte. Sie schloss die Augen. Als sie ihre Augen wieder öffnete, sprach sie energisch. So als ob sie eine Entscheidung getroffen hätte.

„Matz, mach doch wenigstens schon mal Wasser heiß

für die Hebamme. Herr Schneider kann ja eine Minute auf mich aufpassen."

„Gut, Liebes, wird sofort erledigt."

Schnell lief er aus der Kammer. Rebekka sah mich an.

„Wird es gutgehen, Herr Schneider?"

„Ich glaube schon."

„Sie glauben?"

Sie sah mich ängstlich an.

„Ja, ich habe ein gutes Gefühl. Alles wird sich in Wohlgefallen auflösen."

Sie lächelte.

„Dann bin ich beruhigt. Wenn Sie ein gutes Gefühl haben, dann muss es zu einem guten Ende kommen."

Ich lächelte verwirrt zurück. Da platzte Matthes wieder hinein.

„Wasser ist in Vorbereitung. Geht es noch, mein Schatz?"

„Ja, Matz. Unser Freund ist guten Mutes, also bin ich es auch."

„Ich sagte doch, Freund Schneider ist unser Glücksbringer. Kann ich ihn einen Moment entführen? Er kann mir beim Tragen helfen."

„Ja, natürlich. Geht ihr nur."

Wir verließen die Schlafkammer, gingen hinüber zur Küche.

„Freund Hain", flüsterte Matthes, „ich habe mir etwas überlegt. Wenn es kritisch wird, können wir auf deine Hilfe rechnen?"

„Sicher, aber ich kann nichts tun. Das weißt du."

„Vielleicht doch."

Er sah mich an wie jemand, der eine Idee im Kopf hatte

und es kaum erwarten konnte, sie auszuspucken.

„Was?"

„Du hast gesagt, du warst schon bei vielen Geburten dabei."

„Und?"

„Dann musst du doch wissen, was zu tun ist."

„Ich soll ...?"

Matthes nickte energisch.

„Nein, nein, nein. Ich bin nur da, wenn das Kind schon geboren ist."

„Aber du bist doch sicher schon zu früh gekommen und hast gesehen, wie die Dinge laufen, oder?"

„Hm, das kam vielleicht auch schon vor. So genau habe ich auf den Ablauf nicht geachtet, dass ich eine Hilfe sein könnte."

Matthes schwieg. Stocherte im Feuer. Legte etwas Holz nach.

„Freund Hain, ich weiß, ich verlange sehr viel von dir. Und du hast schon viel für mich getan, und wenn es nicht um Rebekka ginge, dann würde ich auch nicht ... Aber sieh: Sie weiß nicht, dass du keine praktische Erfahrung hast. Wenn wir sagen, du warst früher mal Arzt oder Heiler oder sonst was, dann wird sie sich nicht so allein gelassen fühlen. Sie hat Vertrauen zu dir. Irgendwie wirst du ihr helfen können, selbst wenn du ..."

„MATZ! Der Stuhl!"

„Oh Gott, es geht los. Hilfst du nun, Freund Hain?"

„Ach, Matthes ..."

„Bitte."

„MATZ!"

„Gut, ich komme mit."

Wir liefen zurück in die Schlafkammer.

„Wo bleibst du denn? Die Wehen werden ärger. Hilf mir auf den Stuhl."

Rebekka war verschwitzt. Die Haare hingen in wilden Strähnen herab.

„Tut mir leid, Betty. Ich konnte nicht sofort loslaufen. Hier stütz dich auf mich."

Er hievte sie in den Geburtsstuhl.

„Ich habe gute Neuigkeiten, mein Liebes."

Da klopfte es ganz wild an der Haustür.

„Die Hebamme!", riefen wir im Chor.

Matthes und ich stürmten hinaus. Ich hörte noch wie Rebekka „Herr ..." rief. Matthes riss die Tür auf.

„Frau Reschke. Sie sind ein Geschenk des Himmels."

„Reden Sie nicht, junger Mann. Wie weit ist Rebekka?"

„Sie sitzt schon. Es ist allerhöchste Zeit."

Die alte Frau Reschke wirbelte in die Schlafkammer, rief „Heißes Wasser!" über die Schulter. Matthes eilte in die Küche. Kam mit einem Eimer zurück und sah mich glücklich an.

„Sie hat dich nicht gesehen?", flüsterte er.

„Nein."

„Der Kelch ist noch mal an dir vorbei gegangen, was?"

„Herr Claudius! Das Wasser!"

„Ich gehe dann besser, Matthes."

„Ja, ich auch, sonst zerreißt mich die gute Frau."

Wir nickten uns noch einmal zu. Matthes lief in die Geburtskammer und ich verschwand.

Der Tod und das Mädchen

Das Mädchen
Vorüber! Ach, vorüber!
Geh wilder Knochenmann!
Ich bin noch jung, geh Lieber!
Und rühre mich nicht an.

Der Tod
Gib deine Hand, du schön und zart Gebild!
Bin Freund, und komme nicht, zu strafen.
Sei gutes Muts! ich bin nicht wild,
Sollst sanft in meinen Armen schlafen!

Der erwartete Sohn wurde eine Tochter: Maria Caroline Elisabeth. Später Line geheißen. Und noch später Frau Perthes. Sie heiratete Friedrich Christoph Perthes, einen Hamburger Verleger und Buchhändler. Der war nicht ganz unschuldig daran, dass der Name Matthias Claudius nicht vergessen wurde. Selbst solch ganz private Herzensangelegenheiten können entscheidend sein, wenn es um den Nachruhm eines Dichters geht. Doch zuerst müssen Gedichte her, die es wert sind.

Einen Monat nach der Entbindung drückte Matthes mir etwas in die Hand: ein mehrfach gefaltetes Blatt Papier. Ich sah ihn fragend an. Er sagte: „Lies es in einer ruhigen Stunde."

Ich setzte mich weit entfernt von Wandsbeck auf einen Baumstumpf am Wegesrand. Die Sonne schien. Vögel zwitscherten den Frühling herbei. Und ich las.

Schmunzelte beim Knochenmann. Diese Zeiten hatte ich hinter mir. War gerührt von den Worten, die Matthes mir erdacht hatte.

Ja, es war die Zeit des schönen Todes. Man starb im Kreise der Familie, verabschiedete sich im Glauben, alle liebgewonnenen Verwandten und Freunde im Jenseits wiederzusehen.

Ich wurde von den hellsten Köpfen verteidigt: Lessing, Herder und andere. Sie ließen das alte Bild der Griechen von mir und meinem Bruder Hypnos wieder aufleben. Wir als schlummernde Jünglinge Seite an Seite. Niemand musste sich mehr fürchten vor dem Tod. Und Matthes wollte noch eins draufsetzen.

Er musste sowieso etwas unternehmen, um das Familieneinkommen zu steigern. Sein Plan: Eine Zusammenstellung seiner gesammelten Werke selbst herausgeben. Die neueren Sachen waren nur verstreut in den Zeitungsausgaben erschienen, meist anonym oder als Bote. Und er kündigte an: Die Sammlung sollte mir gewidmet sein.

Ich fühlte mich reich belohnt. Viele Jahre schon suchte ich, die letzten Augenblicke den Menschen so angenehm wie möglich zu machen. Das war meine Entscheidung gewesen. Ich hatte es einfach satt gehabt. Diese Schreie. Diese schreckgeweiteten Augen. Die Wehr gegen das Unvermeidliche. Und auch das Geducke. Das Verstecken. Die Schauer.

Sicher, es gab Ausnahmen. Wenn ich einen schlechten Tag hatte, konnte ich auch mal als Sensenmann erscheinen. Und mancher Todesfall war gewalttätig, manche Krankheit endete schmerzhaft. Doch das Bild des Todes hatte sich über die Jahrhunderte gewandelt: Ich kam nicht mehr zu strafen.

Es war bereits Herbst, als im Wandsbecker Boten die Ankündigung für das Werk erschien. „Asmus omnia sua secum portans, oder Sämtliche Werke des Wandsbecker Boten, I. und II. Teil" sollte es heißen. So umständlich und pompös der Titel („Asmus all das Seinige tragend"), so umständlich warb Matthes für sein Projekt. Selbst eine alte Tante musste als Argument herhalten:

Subskriptionsanzeige

Ich will meine Werke auch sammlen und h'rausgeben. Es hat mich zwar, wie sonst wohl zu geschehen pflegt, kein Mensch drum gebeten, und ich weiß besser als irgendein geneigter Leser, wie wenig dran verloren wäre wenn meine Werke so unbekannt blieben als ich selbst bin, aber 's ist doch so artig mit dem Subskribieren und H'rausgeben, und so eine Freud und Ehre für mich und meine alte Muhme; ist auch ja 's Menschen sein freier Wille, ob er subskribieren will oder nicht. ...

Die Werbetexterei hat seit jener Zeit einige Fortschritte gemacht. Allerdings nicht nur zum Besseren. Matthes war auch nicht der rechte Mann für eine schmissige Werbebotschaft.

Seltsamerweise kam diese Art der Werbung an. Stolz zählte Matthes mir auf, wer wo Vorbestellungen sammelte. Die Asmus-Landkarte reichte von Kopenhagen bis Lissabon, von Hamburg bis Königsberg. Selbst Goethe und Lessing haben Exemplare bestellt.

Gedruckt wurde bei Bode. Verdiente der auch noch ein bisschen was an seinem Redakteur. Erscheinen sollte das

Buch zu Ostern. Mir gewidmet und enthüllend, dass der Wandsbecker Bote Asmus eigentlich ein Herr Matthias Claudius war. Eine Tatsache, die bisher nur im engen Zirkel der Literaten kursierte. Später wurden sie eins: Matthias Claudius war Asmus, Asmus war der Wandsbecker Bote, der Wandsbecker Bote war Matthias Claudius. Denn Matthes blieb bei dem Titel für die weiteren Bände seiner gesammelten Werke. Die Zeitung gab es da längst nicht mehr.

Um die Widmung machte Matthes ein Geheimnis. Hoch und heilig versprach er mir eins der ersten Exemplare. Nur vorab wollte er mit nichts herausrücken. Das hatte seine Gründe.

Dieser Sauhund.

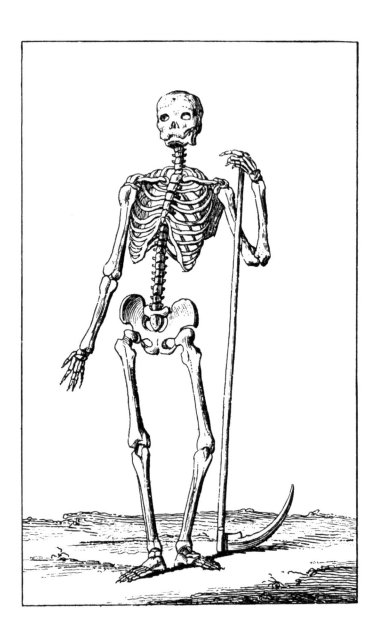

Asmus omnia sua secum portans, oder Sämtliche Werke des Wandsbecker Boten, I. und II. Teil

Das *erste* Kupfer ist *Freund Hain.* Ihm dedizier ich mein Buch, und *er* soll als Schutzheiliger und Hausgott vorn an der Haustüre des Buchs stehen.

Dedikation

Ich habe die Ehr Ihren Herrn Bruder zu kennen, und er ist mein guter Freund und Gönner. Hätt auch wohl noch a n d r e Adresse an Sie; ich denk aber, man geht am besten gradezu. Sie sind nicht für Adressen, und pflegen ja nicht viele Komplimente zu machen.

's soll Leute geben, heißen starke Geister, die sich in ihrem Leben den Hain nichts anfechten lassen, und hinter seinem Rücken wohl gar über ihn und seine dünnen Beine spotten. Bin nicht starker Geist; 's läuft mir, die Wahrheit zu sagen, jedesmal kalt übern Rücken wenn ich Sie ansehe. Und doch will ich glauben, dass Sie 'n g u t e r Mann sind wenn man Sie genug kennt; und doch ist's mir als hätt ich eine Art Heimweh und Mut zu dir, du alter Ruprecht Pförtner! dass du auch einmal kommen wirst, meinen S c h m a c h t - r i e m e n a u f z u l ö s e n, und mich auf bessre Zeiten sicher an Ort und Stelle zur Ruhe hinzulegen.

Ich hab da 'n Büchel geschrieben, und bring's Ihnen her. Sind Gedichte und Prosa. Weiß nicht, ob Sie 'n Liebhaber von Gedichten sind; sollt's aber kaum denken, da Sie überhaupt keinen Spaß verstehen, und die Zeiten vorbei sein sollen wo Gedichte mehr waren. Einiges im Büchel soll Ihnen, hoff ich, nicht ganz missfallen; das meiste ist Einfassung und kleines Spielewerk: machen Sie 'mit was Sie wollen.

Die Hand, lieber *Hain!* und, wenn Ihr 'nmal kommt, fallt mir und meinen Freunden nicht hart.

Die Alten solln ihn anders gebildet haben: als 'n Jäger im Mantel der Nacht, und die Griechen; als 'n „Jüngling der in ruhiger Stellung mit gesenktem trüben Blicke die Fackel des Lebens neben dem Leichname auslöscht". Ist 'n schönes Bild, und erinnert einen so tröstlich an *Hain* seine Familie und namentlich an seinen Bruder: wenn man sich da so den Tag über müde und matt gelaufen hat und kommt nun den Abend endlich so weit dass man's Licht auslöschen will — hat man doch nun die Nacht vor sich wo man ausruhen kann! und wenn's denn gar den andern Morgen Feiertag ist!! 's ist das wirklich ein gutes Bild vom *Hain;* bin aber doch lieber beim Knochenmann geblieben. So steht er in unsrer Kirch, und so hab ich 'n mir immer von klein auf vorgestellt, dass er auf'm Kirchhof über die Gräber hinschreite, wenn eins von uns Kindern 's Abends zusammenschauern tat, und die Mutter denn sagte: der Tod sei übers Grab gangen. Er ist auch so, dünkt mich, recht schön, und wenn man ihn lange ansieht wird er zuletzt ganz freundlich aussehen.

So war er halt. Die großen Geister des Landes kamen überein, die alten Schreckensbilder vom Tod zu vergessen. Das langjährige Feilen an meinem Auftritt hatte sich ausgezahlt. Aber Matthes spielte seine eigenen verschnörkelten Melodien. Und ich sollte dazu mit den Knochen klappern.

Recht hatte er ja: Besser ist es, wenn nicht jeder die Melodien des Tages mitsummt. Auch gebe ich zu, dass Matthes auf seine eigene Art wusste, wie man Aufmerksamkeit erregt. War doch die Widmung meist irgendeinem adeligen Wohltäter zugeeignet. Die mochten so etwas, auch wenn sie nicht viel vom Lesen hielten. Aber meine Reaktion damals? Ooooh! Mir wurde sozusagen das Blut rot.

Listig hatte er mir ein gut verpacktes Büchel zum Abschied in die Hand gedrückt. Wohl wissend, dass ich nicht einfach zurückkommen konnte, um meine Humorlosigkeit zu demonstrieren. Da war Rebekka vor. Also musste ich warten.

Und ich wartete. Malte mir in allen Details aus, wie ich ihn zu Tode erschrecken würde. Überraschungseffekt! Das war's! Ein Bild vor Augen, das er seinen Lebtag nicht mehr vergessen würde. Rache konnte so schön sein.

Fast war ich ihm dankbar, dass ich die Sense wieder schwingen durfte. Wie in alten Zeiten Angst und Horror verbreiten. Ich musste ihn nur allein erwischen, fernab von anderen Menschen. Wollte keine Gerüchte in die Welt setzen. Matthes hatte eh schon die alten Bilder heraufbeschworen.

An einem schönen Sommerabend konnte Matthes nicht widerstehen. Machte einen Waldspaziergang. Allein. Niemand sonst war in der Nähe. Die Bauersleute waren froh, die Füße hoch zu legen. Keiner von ihnen wäre auf die Idee gekommen, im Wald spazieren zu gehen.

Ich war bereit.

Matthes rauchte sein Abendpfeifchen. Vielleicht ließ er sich ein paar Verse durch den Kopf gehen. Ich saß auf einem Ast, ganz Knochenmann mit Sense. Beobachtete, wie er näher kam.

30 Meter. 20 Meter. 10 Meter.

Mit einem gewaltigen Schrei ließ ich mich auf die knochigen Füße fallen. Ich richtete mich zur vollen Größe auf, lief brüllend auf ihn zu, schwang die Sense über den Kopf, als ob ich ihn damit erschlagen wollte, verfing mich Astwerk, hob ab und knallte auf den Rücken.

Das nächste, was ich hörte, war Gelächter. Ich übernahm die Gestalt von Opa Nikolaus und setzte mich auf. Matthes kniete am Boden, schlug sich auf die Schenkel und lachte. Er zeigte mit dem Finger auf mich und lachte und lachte. Tränen flossen, er schlug mit der Hand auf den Boden und lachte. Und dann passierte es.

Erst ein Zucken der Mundwinkel, dann ein Schnaufer, und dann hielt ich es nicht mehr aus: Ich lachte mit. Es war unglaublich:

Ich

konnte

über

mich

lachen.

Mir war, als ob ich mich aufgelöst hätte. Für eine kurze Zeit war ich nicht mehr da. Ich kann mich nicht erinnern: Habe ich jemanden geschnitten, während ich lachte? Es erscheint mir unvorstellbar: Sollten wirklich Minuten verstrichen sein, ohne dass jemand auf dieser Welt starb?

Als die erste Welle verebbte, fing Matthes wieder an, zeigte auf mich und ließ sich mit Schwung auf den Rücken fallen. Ich musste, ich musste mitlachen. Dann hätten wir es fast geschafft, doch Matthes giggelte und wieder brachen wir in Gelächter aus.

Schließlich hatte es doch ein Ende. Wir erhoben uns

umständlich, klopften uns den Staub aus den Kleidern. Ich merkte, ich fühlte mich anders. Aller Grimm, alles Schwere, alles Dunkle, alles Harte war verflogen. Worüber hatte ich mich aufgeregt? Ich wusste es nicht mehr. Rache? Ein nie gekanntes Gefühl.

Wieder hatte ich etwas erfahren, was mir sonst für immer fremd geblieben wäre: Diese alles auslöschende Wirkung, wenn man sich ganz dem Lachen hingab. Später stellte ich mir vor: So muss es für einen Menschen in dem Moment sein, in dem er stirbt. Alles Schwere wird von ihm genommen, er vergisst sich selbst, und der Rest ist leicht.

Nachdem er seine Pfeife aufgelesen und abgewischt hatte, fand Matthes als erstes die Sprache wieder.

„Ihr ward lange fort, Freund Hain. Mich dünkt, etwas an dem Büchel hat Euch missfallen."

„Matthes ..."

„Nein, nein, sagt jetzt nichts. Lasst mich meine bescheidenen Geisteskräfte nutzen, um es zu erraten. Ja! Das ist es. Die Erwähnung Ihres Namens in der Werther-Rezension war nicht nach Ihrem Gusto. Seit bekannt wurde, dass der große Goethe Auteur dieses Werkes ist, möchten Sie nicht in einen Topf mit ihm geworfen werden. Dafür habe ich ..."

„Matthes!"

„Ah, das war es nicht? Hmmmm, nun, dann muss es ... Ja. Als treuer Freund macht er sich Sorgen um meine poetische Reputation, weil ich dieses alte Gedicht ‚An eine Quelle' aus den verblichenen Tändeleyen gebracht habe."

„Matthes! Nun lass ..."

„Einen Versuch noch! Bitte, werter Freund. Lass mich

nachdenken. Die Andres-Briefe! Sie sind nicht nach deinem Geschmack?"

„Matthes!"

„Bitte, sag er was."

„Ich wollte sagen: Danke."

Matthes wartete.

„Das ist alles, Freund Hain? Erst unterbrichst du mich ständig und jetzt sagst du ... danke?"

„Das ist es, was ich sagen wollte."

„Gut. Nichts zu danken. Dafür sind Freunde da, gerade dafür. Und nun komm alter Knabe. Rebekka wird sich freuen dich zu sehen. Es gibt Neuigkeiten."

Gemächlich gingen wir Richtung Claudius-Haus. Wieder mal war alles anders gekommen als geplant. Leben eben.

„Was gibt es für Neuigkeiten?"

„Zum Beispiel das: Eine Frucht wie Ananas, die man auf Königstafeln zum Nachtisch setzen könnte."

„Ich bin nicht gut in Rätseln ... Granatapfel?"

„Nein! Asmus Band 1 und 2. Ich zitiere aus der Rezension der Deutschen Chronik."

„Es hat ihnen nicht missfallen?"

„Ah, Freund Hain, ich glaube, wir müssen eine Berichtigung an alle Leser schicken. Du hast doch Humor. Sie sind begeistert. Man ist bereit, mir einen eigenen Platz in der zeitgenössischen Literatur zuzugestehen. Noch ein Zitat: Unversiegend ist sein Erfindungsquell, seine Laune, seine Phantasie, die eine gewöhnliche Sache so lang dreht, bis sie neu und interessant wird."

„Das klingt nicht schlecht. Hast du es geschrieben?"

„Oh, oh, mit dir ist anscheinend heute nur gut Hühnchen rupfen. Aber ich muss gestehen, der Schreiber dieser Zeilen ist mir wohlgesinnt, hat sogar Subskriptionen übernommen. Doch andere stehen mit im Chor. Ich kann dir die Ausschnitte zeigen."

Wir kamen an den Waldrand. Noch immer war es hell.

„Warte", sagte Matthes. Er stützte sich mit der Handfläche an den letzten Baum. Schloss die Augen.

„So, jetzt kann es weiter gehen."

„Was war das?"

„Ich habe mich verabschiedet und wollte hören, ob Herr Baum mir noch etwas mitzugeben wünschte."

„Und hat er?"

„Außer dass die Bäume jemanden suchen, der einen der

ihren geschädigt hat – es geht das Gerücht, mit einer Sense – hatte er nichts mitzuteilen."

„Matthes, du weißt gar nicht, welch unverschämtes Glück du heute hattest."

„Glück, Freund Hain? Und ob ich im finsteren Walde wandere, fürchte ich kein Unglück. Der Herr, den du nicht kennst, ist mein Hirte. Was könnte mir da Schlimmes passieren?"

„Schon gut. Wie geht's Rebekka und dem Linchen?"

„Beide wohlauf und Rebekka hat eine Neuigkeit für dich."

„Für mich?"

„Ganz allein für dich."

„Du machst es spannend, Matthes."

„Das ist mein Metier. Nie darfst du sicher sein vor einer Überraschung. Unversiegend ist mein Erfindungsquell ..."

„Du hast das wirklich nicht selbst geschrieben? Wo du es so sicher rezitierst."

„Halt die Sense still, Freund Hain. Gönne einem armen Dichterling ein paar Worte, an denen er sich in den kalten Nächten der Verzweiflung beim Grübeln über den nächsten Vers wärmen kann."

„Sie seien dir gegönnt."

„Danke."

Froh gestimmt gingen wir Seite an Seite schweigend weiter. Das Band war wieder fest zwischen uns. Kaum waren wir am Gartentörchen, wandte sich Matthes mir zu:

„Schön leise. Wer weiß, ob Line schläft. Den Fehler, Betty von draußen zu rufen, habe ich nur ein einziges Mal gemacht."

„Dann war Sense?"

„Du sagst es, lieber Freund, du sagst es."

Vorsichtig öffnete er die Haustür, rief leise „Betty?". Wie Diebe schlichen wir uns hinein. Rebekka kam aus der Schlafkammer.

„Herr Schneider! Schön, Sie wieder mal bei uns zu haben."

„Danke. Leider musste ich etwas warten auf eine Gelegenheit in Wandsbeck vorbeizuschauen."

Matthes mischte sich flüsternd ein: „Schläft sie?"

„Ja", antwortet Rebekka in normaler Lautstärke, „tief und fest. Du musst deine Rücksichtnahme nicht übertreiben. Wissen Sie, Herr Schneider, seitdem ich einmal ein wenig darauf aufmerksam gemacht habe, dass er nicht mehr so hereinpoltern kann, tut er so, als ob alles jenseits des Flüstertons Sünde wäre."

„Ein wenig, Betty? Freund Schneider sei mein Zeuge, wenn das ein wenig war, dann möchte ich ein bisschen mehr nur aus der sicheren Entfernung von einigen Meilen erleben."

„Übertreiben alle Männer so, Herr Schneider?"

„Alle sicher nicht. Einen Dichter zu heiraten erhöht allerdings erheblich die Gefahren."

„Da haben Sie wohl recht. Kann ich Ihnen etwas anbieten?"

„Oh, danke, ich bleibe nicht lang. Es dämmert bald. Matthes hat mich mit Neuigkeiten geködert. Sonst wäre ich nach Hamburg durchgegangen."

„Genau", mischte sich Matthes wieder ein, „Rebekka, du hast das Wort. Ich hole derweil die Ausschnitte."

Ich schaute sie fragend an. Sie legte lächelnd die Hand auf den Bauch.

„Unser Sohn kommt."

„Das ist eine Neuigkeit. Meinen Glückwunsch. Wann?"

„Oktober oder November sollte er so weit sein."

„Und wer sagt, dass es diesmal ein Junge wird? Matthes oder dein Gefühl?"

„Unter uns gesagt", flüsterte sie, „darf es ruhig noch ein Mädchen sein, aber Matz ist natürlich ganz sicher, dass es ein Junge wird."

„Ah, was flüstert ihr da? Freund Schneider, ich bin enttäuscht. Kaum wende ich dir den Rücken zu, schon beginnst du heimliche Verhandlungen mit meiner Allerliebsten."

„Wann sollte ich sie sonst beginnen?"

„Auch wieder wahr. Betty, dieser Brief lag auf dem Sekretär."

„Ja, Frau Bode hat vorhin den Brief vorbeigebracht. Sie wollte nicht bleiben, um auf dich zu warten."

Rebekka sah Matthes herausfordernd an. Ihr Blick sagte: „Du weißt, was in diesem Brief steht, und ich weiß es auch". Matthes wandte den Blick von ihr ab und mir zu.

„Komm, mein Freund, setzen wir uns. Ich zeige dir, was die Herren Kritikusse zu sagen haben. Den Brief kann ich später noch lesen. Der kann nicht so wichtig sein, wenn Frau Bode nicht mal warten wollte."

Die Stimmung hatte einen deutlichen Dämpfer bekommen. Daran konnte Matthes' Beiläufigkeit nichts ändern. Ich hätte mich gerne verdrückt, wollte ihn aber nicht um seinen Triumph bringen.

„So viel Zeit ist noch. Viel Gutes kann es ja doch nicht sein."

Wir setzten uns. Matthes legte den Brief zur Seite und

klappte die Mappe auf.

„Hier, hör dir das an: Er – damit meint der Schreiber den Boten – hat echten Humor, starken Witz und scharfe Satire. Sein Ausdruck, bis auf einzelne Worte – ein echter Kritiker findet immer etwas zu bemängeln –, ist fast immer drollig und launig, aber hohe Züge des Geistes und edle Wärme des Herzens strahlen überall hervor. Nicolai in der Allgemeinen deutschen Bibliothek. Hohe Züge des Geistes: Nicht schlecht für einen einfachen Boten, nicht wahr?“

„Wenn du mich fragst: Ich hatte nie Zweifel an deinen Talenten, bin aber freilich kein Kenner. Was mich wundert, ist deine Ausdauer, mit der du die lobenden Kritiker verfolgst. Musst du ihn auch so viel loben, Rebekka?“

„Natürlich, ein Mann möchte so oft gelobt wie ein Hund gestreichelt werden.“

Matthes war baff.

„Ja höre sich doch einer dieses Bauernmädchen an. Schüttelt so ganz nebenbei ein Bonmot aus dem Ärmel, da wird jeder Gelehrte neidisch.“

„Ach, Matz. Sag nicht immer solche Sachen. Du bist der Mann des Wortes. Was weiß ich schon.“

„Nein, nein. Das erkenne ich neidlos an. Du kannst, wenn du willst, oder vielleicht sogar noch besser, obwohl du es gar nicht willst, im Ausdruck mit großen Geistern mithalten, die allesamt jahrelang studiert haben. Sag was, Freund Schneider. Ist es nicht so?“

„Ich stimme zu, Rebekka. Du musst dich nicht verstecken, wenn es ums geschliffene Wort geht.“

„Danke die Herren. Mir ist aber ein Wort aus meines Kindes Mund mehr wert als alles Geschliffene.“

Matthes und ich schauten sie verdutzt an. Dann schauten wir uns an – und lachten.

„Was ist? Habe ich etwas Falsches gesagt?"

Matthes mühte sich, wieder ernsthaft zu werden.

„Nein, Liebes. Du hast nur bestätigt, was ich gerade gesagt habe. Das machte uns frohgelaunt."

Nun schien mir der rechte Augenblick zu gehen. Ich stand auf.

„Ich glaube, ich sollte nun los."

„Ach, Herr Schneider, bleiben Sie doch. Matz hat noch gar nicht den Brief gelesen. Vielleicht interessiert Sie der Inhalt auch."

Das ernüchterte Matthes wieder. Er nahm den Brief zur Hand und betrachtete ihn mit Abscheu.

„Ja, Freund Schneider. Lass uns den Brief lesen. Und dann mögest du in Frieden gehen."

Anscheinend hatten sie sich stillschweigend auf mich als Zeugen für diesen ominösen Brief geeinigt. Also blieb ich. Doch Matthes konnte sich nicht entschließen, den Brief zu öffnen.

„Nur noch fürs Protokoll: Ja, ich gestehe, dass ich Vergnügen an den schönen Kritiken habe, und doch: Würden Sie mich verdammen, änderte das nichts. Ich schreibe, was ich schreibe, ich kann nicht anders. So viel zum Protokoll und nun der Brief."

Er riss ihn umständlich auf. Entfaltete ihn. Räusperte sich. Las ihn. Und legte ihn wieder weg.

„Was ist?", fragte Rebekka.

„Er ist zu kurz zum Vorlesen."

„Aber was steht drin, Matz?"

Unter einem gequälten Lächeln sagte Matthes: „Bode

bedauert, ich bin kein Bote mehr."

„Aber das geht doch nicht. Herr Bode kann doch nicht von einen auf den anderen Tag Ersatz beschaffen", rief Rebekka erregt.

„Sicher kann er das nicht. Er wird vorbereitet gewesen sein. Meinst du nicht auch, Freund H... Schneider?"

„So wird es sein. Gut, dass du das Buch gemacht hast. Dein Name ist in der Welt. Es wird sich etwas finden."

„Meinen Sie, Herr Schneider?"

„Da bin ich ganz sicher. So einen Mann hätte mancher Verleger gerne im Hause."

„Dein Wort in Gottes Ohren, mein Freund."

„Macht euch keine Sorgen. Dieses Wort wird ankommen."

Ich sollte recht behalten und irren. Ja, es fand sich etwas. Nein, kein Verleger mühte sich um den Dichter-Redakteur. Herder war es, dessen Bemühungen schließlich Früchte trugen.

Die Landesregierung von Hessen-Darmstadt stellte eine Oberlandkommission zusammen. Und dank Herder wurde Matthes Oberlandcommisarius. Niemand wusste, was dort zu tun war, der Commisarius in spe eingeschlossen. Es kümmerte ihn auch nicht. Zunächst war der Sohn zu begrüßen und dann würde sich alles finden.

Im Herbst brachte Rebekka ein Mädchen zur Welt: Christiane Marie Auguste. Ich war nicht dabei. Mir schien es nicht mehr richtig, diese heimliche Marotte vertrug sich nicht mit unserer Freundschaft. Zum Glück musste ich auch nicht mehr zwangsweise bei einer Niederkunft Rebekkas anwesend sein.

Der Aufbruch nach Darmstadt sollte im Frühling erfolgen. Zur Überbrückung hatte Matthes sich eine Übersetzungsarbeit aus dem Englischen besorgt. Trotzdem war die Not nicht gering, bis endlich wieder ein regelmäßiges Einkommen fließen sollte. Das Plündern der Vorratskammern von frisch Verstorbenen wurde mir zu Gewohnheit. Mein Fluch galt allen Verwandten, die schon die Beute teilten, bevor der Schnitt vollzogen war.

Komisch, in allen Claudius-Biographien kann man lesen, Matthes wäre in der eigenen Kutsche nach Darmstadt umgezogen. Angeblich hätte er sich für diesen Zweck eine zugelegt. Wovon? Es stimmt, er hatte seine eigene Kutsche. Aber gekauft hat er sie nicht. Ich habe sie ihm besorgt. Das kann natürlich keiner der Biographen wissen. Sie waren nicht dabei. Ich schon. Und deshalb kann ich sagen, wie es wirklich war.

Reisen galt zu jener Zeit als nicht ungefährlich. Die Wege holprig. Manch Gegend nur dünn besiedelt. Ein Radbruch verursachte nicht nur einen längeren Aufenthalt. Auch ein mulmiges Gefühl schlich sich bei den Reisenden ein.

Der Sachsenwald ist nicht weit von Hamburg. Er hatte damals einen finsteren Ruf. Allerlei Gesindel solle dort sein Dasein fristen. Das war kein Märchen: Den Mann hatte ein selbst gebastelter Wurfspeer durchbohrt. Die Frau hatte schwer zu leiden, bevor ihr die Kehle durchgeschnitten wurde. Die beiden kleinen Mädchen ... Räuber mögen keine Zeugen.

Bei all dem konnte ich nichts tun, außer meiner Bestimmung folgen. Das war ich gewohnt. Und doch: Ein junges Paar mit zwei Mädchen unterwegs, etwas rührte sich bei mir. Ich gab die Bärennummer. Nicht irgendein Bär – ein weißer Bär. Ein derartiger nie gesehener Koloss aus dem Nichts schlug nicht nur die Bande in die Flucht. Er sollte auch für Erzählungen sorgen. Das Gesindel würde sich nicht mehr sicher fühlen. Vielleicht zogen sie dann lieber in die Stadt. Dort hatten sie jedoch ein größeres Risiko, erwischt zu werden.

Die Tragikomik dieses Überfalls war: Der Mann hatte die Reparatur des Radschadens beendet, als die Räuber zuschlugen. Wahrscheinlich hatten sie ihn machen lassen und auf die Kutsche spekuliert.

Die beiden Pferde schnaubten nervös. Sie konnten mich nicht sehen, sie spürten mich. Tiere sind feinfühliger als Menschen.

Ich betrachtete die Kutsche. Das Gerede vom Transporteur kam mir in den Sinn. Warum nicht? Hier würde die Kutsche niemandem mehr nutzen. Opa Nikolaus beruhigte die Pferde, schwang sich auf den Kutschbock und zog gen Wandsbeck.

Es war das erste Mal, dass ich über eine längere Strecke für jedermann sichtbar durchs Land zog. Doch niemand fühlte sich von einem alten Mann bedroht. Ich musste nur freundlich grüßend den Hut ziehen. Ob Mann, ob Frau, ob Kind, alle freuten sich, mich zu sehen. Mich!

Matthes machte sich im Garten zu schaffen, als ich vorfuhr. Er öffnete den Mund. Aber die Worte weigerten sich herauszukommen.

„Grüß Gott, Herr Claudius", rief ich vom Bock hinunter. „Gehe ich recht in der Annahme, dass Sie demnächst einen Umzug planen? Das Transportunternehmen Schneider und Sense möchte Ihnen hochachtungsvoll diese Kutsche zur Verfügung stellen."

Matthes setzte zu sprechen an. Aber die Worte kamen noch immer nicht.

„Entschuldigung. Ist er nicht Herr Claudius? Oder nur der stumme Diener?"

„Mein Gott, komm von der Straße herunter. Wenn dich jemand sieht. Wo hast du die Kutsche her?"

Ich ignorierte mein vorgebliches Alter und sprang vom Kutschbock. So wunderbar fühlte ich mich. Endlich hatte ich mal Matthes auf dem falschen Fuß erwischt.

„Matthes, hast du vergessen, dass ich Transporteur bin?"

„Komm, Freund Hain, lass das. Woher ist der Wagen?"

Schade, der Spaß war schon vorbei.

„Die Geschichte möchtest du nicht wissen. Sie ist nicht

schön. Niemand wird den Wagen vermissen. Darauf hast du mein Wort. Wo ist Rebekka?"

„Bei ihren Eltern ... zum Essen. Was für eine Geschichte, Freund Hain?"

„Matthes. Ich sagte: Niemand wird die Kutsche vermissen. Muss ich deutlicher werden?"

„Ein Unglücksfall?"

„Ja, sehr unglücklich."

Ich sah, wie er mit sich kämpfte.

„Es gab keine Überlebenden?"

„Nein, Matthes, keine. Die Kutsche wäre nur in beschmutzte Hände gefallen."

Er nickte gedankenverloren.

„Und wir könnten sie für Darmstadt ...?"

„Sie ist eure. Was soll ich mit einer Kutsche?"

„Hain!"

Er kam auf mich zu, umarmte mich. Ich ließ es geschehen. Er hielt mich bei den Schultern, lächelte, hatte Tränen in den Augen.

„Mensch, Hain!"

„Den Seinen gibt's der Herr im Schlaf, nicht wahr?"

„Ja, mein Freund, das ist wahr gesprochen. Doch will ich nun für die Unglücklichen beten. Fahr du die Kutsche nach hinten. Rebekka wird große Augen machen."

Das – war ausnahmsweise untertrieben.

Ein Lied vom Reifen,

Wandsbeck im Dezember

Sirach C. 43, V. 21: Er schüttet den Reifen auf die Erde wie Salz.

Seht meine lieben Bäume an,
  Wie sie so herrlich stehn,
Auf allen Zweigen angetan
  Mit Reifen wunderschön!

Von unten an bis oben 'naus
  Auf allen Zweigelein
Hängt's weiß und zierlich, zart und kraus,
  Und kann nicht schöner sein;

Und alle Bäume rundumher
  All alle weit und breit
Stehn da, geschmückt mit gleicher Ehr,
  In gleicher Herrlichkeit.

Und sie beäugeln und besehn
  Kann jeder Bauersmann,
Kann hin und her darunter gehn,
  Und freuen sich daran.

Auch holt er Weib und Kinderlein
  Vom kleinen Feuerherd,
Und marsch mit in den Wald hinein!
  Und das ist wohl was wert.

Einfältiger Naturgenuss
　　Ohn Alfanz drum und dran
Ist lieblich, wie ein Liebeskuss
　　Von einem frommen Mann.

Ihr Städter habt viel schönes Ding,
　　Viel Schönes überall,
Kredit und Geld und golden Ring,
　　Und Bank und Börsensaal;

Doch Erle, Eiche, Weid und Ficht
　　Im Reifen nah und fern –
So gut wird's euch nun einmal nicht,
　　Ihr lieben reichen Herrn!

Das hat Natur, nach ihrer Art
　　Gar eignen Gang zu gehn,
Uns Bauersleuten aufgespart
　　Die anders nichts verstehn.

Viel schön, viel schön ist unser Wald!
　　Dort Nebel überall,
Hier eine weiße Baumgestalt
　　Im vollen Sonnenstrahl

Lichthell, still, edel, rein und frei,
　　Und über alles fein! –
O aller Menschen Seele sei
　　So lichthell und so rein!

Wir sehn das an, und denken noch
 Einfältiglich dabei:
Woher der Reif, und wie er doch
 Zustande kommen sei?

Denn gestern Abend, Zweiglein rein!
 Kein Reifen in der Tat! –
Muss einer doch gewesen sein
 Der ihn gestreuet hat.

Ein Engel Gottes geht bei Nacht,
 Streut heimlich hier und dort,
Und wenn der Bauersmann erwacht,
 Ist er schon wieder fort.

Du Engel, der so gütig ist,
 Wir sagen Dank und Preis.
O mach uns doch zum heil'gen Christ
 Die Bäume wieder weiß!

„Darmstadt ist anders", sagte Matthes bei meinem ersten Besuch. Das war mir nicht entgangen. Ich hatte etwas gezögert. In Wandsbek war es kein Problem, unbemerkt zu erscheinen. In Darmstadt konnte ich nicht einfach vor der Tür Gestalt annehmen. Das Claudius-Haus stand direkt am Stadttor. Ständig ging wer vorbei: hinaus aus der Stadt, hinein in die Stadt.

Die Erinnerung an die Kutschfahrt gab den Ausschlag. Also spazierte ich am helllichten Tage nach Darmstadt hinein. Zog den Hut vor einem eleganten Herrn, grüßte

„Moin, moin". Seine Antwort blieb ihm zwischen den Augen stecken. Ich Dorftrottel. Darmstadt war nicht Holstein.

„Du hast doch in Städten gelebt, bist kein Wandsbecker Landei", entgegnete ich.

„Nein, mein Freund, Darmstadt ist anders anders. Du erinnerst dich an Jena? Dort regierten, und regieren so Gott will immer noch, die verstaubten Gelehrten. Das gibt der Stadt einen würdigen Anschein, doch wir beide wissen: Es sind die Studenten, die Jena leben lassen. In Kopenhagen regiert der dänische Hof, nur vertragen die Dänen kein Zeremoniell und sind neugierig auf alles, was von Süden kommt. Hamburg ist Kaufmanns Stadt, alles wird nach Geldwert betrachtet und doch: Kaufleute sind Männer der Tat, des Praktischen. In Darmstadt regiert das Protokoll. Ist etwas nützlich oder nicht? Ist es gut oder schlecht? Ganz egal, Hauptsache das Protokoll wird eingehalten. Wenn in Wandsbeck jemand mit Perücke ankam, lief das Dorf zusammen, denn es musste sich um eine wichtige Persönlichkeit handeln. Hier scharwenzelt jeder Hilfsbeamtenanwärter gepudert und perückiert herum. Und wenn man ihn etwas fragt, parliert er hesszösich."

„Apropos Perücke: Wo hat Monsieur Matthés die seine?"

„Ich höre, mon ami hat sich schon angesteckt. Die Perücke ist im Schrank. Hervorzuholen jeden Sonntag und zu hoffen, dass sie mir Line nicht vom Kopf reißt. Dass sie ihren Vater auslacht, ist sowieso selbstverständlich."

„Und nicht sehr protokollarisch, wie mir scheint."

„Nein, das auch nicht. Aber ich bin nicht hergekommen, gut auszusehen nach hessischen Maßstäben, sondern gut zu handeln nach meinen eigenen. Mir hat man beim Antritt erklärt, die Oberlandkommission diene dem Behufe, das Los der ländlichen Bevölkerung zu bessern, alldieweil es dortens zu eigenmächtigen Handlungen der Amtspersonen zum Nachteil der Bauern gekommen sei. Wunderbar, dachte ich, das ist genau der richtige Posten für einen Landliebhaber: hinaus zu den Bauern, fragen was Not tut, Abhilfe schaffen. Und was tue ich? Den ganzen lieben Tag sitze ich im Bureau, schreibe, ohne zu schreiben und bin von diesem Nichtschreiben am Abend so müde und abgestoßen, dass ich nichts mehr schreiben mag. Am Sonntag traue ich mich kaum mit der Familie aufs Land, weil ich fürchte, ein Bauer käme heran, mir zu sagen, ich tue nicht, was ich soll."

Ich musste kein Arzt sein, um zu erkennen, dass dieser Patient krank war. Ich verabreichte ein altbewährtes Mittel aus meiner eigenen Praxis: vom Schmerz ablenken.

„Und Rebekka? Wie hat sie sich eingelebt?"

„Oh, für Rebekka ist Darmstadt eine neue Welt, die es zu entdecken gilt. Die Frauen hier sind von einem anderen Schlag als die Wandsbecker Bauernfräuleins. Sie spannt uns ein Netz von Bekanntschaften, geht hier und dort vorbei. Deshalb hast du sie auch verpasst. Ich bewundere ehrlich, wie sie es schafft, sich einzufügen, ohne sich zu verbiegen. Ich halte kaum einen Darmstädter Besuch fünf Minuten durch, bevor ich unpassende Bemerkungen mache, weil ich mich langweile. Und natürlich genießt sie unseren bescheidenen Wohlstand, sie muss nicht mehr jeden Groschen umdrehen, bevor sie ihn ausgibt. Aber, und hier ist das große Aber: Sie träumt oft von Wandsbeck. Materiell geht es uns gut, doch tief drinnen steckt die Sehnsucht nach der Heimat. Und dann die Sache mit dem Garten. Hast du den Garten vor dem Haus gesehen?"

„Welchen Garten? Da ist kein Garten."

„Genau. Und nun komm mit: Ich zeig dir den Garten hinterm Haus."

Wir gingen durch den Flur. Matthes öffnete die Hintertür: Plattgestampfter trockener Boden, auf dem sich ein paar Gräser verirrt hatten.

„Auch kein Garten", stellte ich fest.

„Wieder ein Treffer. Du solltest im hiesigen Lotto spielen. Hast du sicher mehr Glück als ich."

„Du spielst Lotto?"

„Jetzt, wo ich es mir wieder leisten kann, warum nicht? Kennst du eine einfachere Möglichkeit, zu einem kleinen Vermögen zu kommen?"

„Wenn man gewinnt."

„Ja, wenn ... Doch um auf unseren schönen Garten zurückzukommen: Kannst du dir ein Bauernmädchen und einen alten Landumbuddler vorstellen ohne eigenen Garten und ohne ein Bänkchen zum Turteln?"

„Keine schöne Vorstellung."

„Du sagst es. Aber du kennst Rebekka: Sie beklagt sich nicht. Wohin ich gehe, geht sie auch, wo ich bleibe, bleibt sie ebenso. Mit so einem Prachtstück von Frau darf ich eigentlich nicht wettern und tue es auch nur heimlich. Kein Wort, Freund Hain, dein Wort drauf?"

„Bien sûr, mein Wort drauf."

Matthes kniff gepeinigt die Augenbrauen zusammen. Was konnte ich dafür? Ich bin international und im Französischen sogar weiblich: la morte.

Eigentlich ist es unfair und doch: Ich mag Darmstadt bis heute nicht. Zum Sterben kann ich den Ort nicht empfehlen. Ruft mich die Kraft dort hin, tue ich lustlos meine Pflicht: Schnitt und weg. Dabei haben sich die Darmstädter Mühe gegeben. Sie richteten eine Landzeitung ein, Matthes war wieder Redakteur. Trotzdem: Er wurde dort nicht glücklich. Und das trage ich den Darmstädtern bis zum heutigen Tage nach. Das mag unlogisch sein. Aber Logik hat mir bisher niemand nachgesagt. Was ich so höre, erwische ich meist die Falschen.

Wenn ich Matthes' Geschichten richtig verstanden habe, war nicht nur die Arbeit an sich das Problem. Es scheint zwischenmenschlich nicht gepasst zu haben. Sein Vorgesetzter war von der Sorte „Ich mache, was ich will, ich bin der Boss". Außer sich bei mir zu beklagen, standen Matthes keine Mittel zur Verfügung. Ränkespielchen hinter eines anderen Rücken waren seine Sache nicht. Der Boss hatte damit keine Probleme.

Matthes bekam ein Briefchen aus der oberen Chefetage: Entweder reiße er sich am Riemen oder kündige. Er kündigte. Alle Sicherheit, alles Geld galten ihm nichts, wenn es um seinen Seelenfrieden ging.

Rebekka hat es hart getroffen, das sichere Einkommen zu verlieren. Zumal: Der ersehnte Sohn sollte bald kommen. Doch es gab keine Vorwürfe. Sie kannte ihren „Matz" inzwischen zu gut, als dass sie sich Illusionen gemacht hätte. Sie hatte längst gewusst: Darmstadt würde nicht von Dauer sein.

Natürlich wollten sie zurück nach Wandsbeck. Nur war nicht genug Geld da. Nicht mal für die Reise in der eigenen Kutsche. Und dann wurde Matthes krank. Schwer krank. Die alte Geschichte: Eine Brustfellentzündung legte ihn flach. Er hatte hohes Fieber.

Es war schon Frühling, als es höchste Zeit für mich wurde vorbeizuschauen. Am Abend schlich ich nach Darmstadt hinein. Den Hut behielt ich zunächst auf. Ich klopfte an die Haustür.

Ein erstes Mal.

Ein zweites Mal.

Ein drittes Mal.

Nach einiger Zeit hörte ich Schritte. Die Tür öffnete sich einen Spalt. Rebekka spähte hinaus. Sie sah mich und zuckte zusammen. Anscheinend hatte ich sie überrascht. Sie fasste sich aber schnell und öffnete die Tür ganz.

„Herr Schneider, guten Abend, kommen Sie doch herein."

„Einen wunderschönen guten Abend, Rebekka."

Ich trat ein. Behutsam schloss sie die Tür. Etwas unsicher schaute sie mich an.

„Matz liegt zu Bette. Ihm geht es leider nicht sehr gut. Die Pleuritis ist wieder ausgebrochen."

„Schläft er?"

„Nein, ich denke nicht. Gerade habe ich ihm noch aus dem Buch vorgelesen."

„Na, dann wollen wir mal schauen."

Ich drehte mich Richtung Schlafraum. Doch Rebekka rührte sich nicht.

„Meinst du, ich sollte lieber nicht hineinschauen?"

Sie schaute mich an, schaute weg. Irgendetwas nagte an ihr.

„Ist es so schlimm?", hakte ich nach.

Sie biss sich auf die Lippe. Das war etwas, was ich noch

nie bei ihr gesehen hatte. Ihre Augen glitzerten im Schein der Kerze. Schließlich begann sie zögernd:

„Sie kommen viel herum, Herr Schneider. Haben Sie von Fällen gehört, bei denen eine Pleuritis plötzlich zum ... zum Ende geführt hat?"

Ich hätte vielleicht doch früher kommen sollen.

„So etwas mag es gegeben haben, aber bei Matthes glaube ich nicht dran."

„Nicht?"

„Nein! So ein Wandsbecker Landei ist härter als man denkt."

Sie lächelte.

„Wenn Sie es sagen, dann muss es so sein. Gehen Sie ruhig hinein. Ich schau mal eben nach den Kindern."

Matthes döste vor sich hin. Er sah abgemagert aus. Kein Wunder, dass Rebekka das Schlimmste befürchtete. Ich räusperte mich. Matthes öffnete träge die Augen.

„Oh, mein Freund ist da ... Willkommen an meinem Krankenlager."

„Unter uns gesagt: Du siehst nicht gut aus."

„Danke ... Dafür braucht man wohl Freunde ..."

Er hustete.

„Dass sie einem die Wahrheit quer übers Gesicht sagen."

„Du scheinst Gewicht verloren zu haben, aber nicht deinen Humor. Das ist gut, denn ..."

Ich nahm den Hut ab. Matthes Augen wurden groß und größer. Er flüsterte:

„Du bist hier, weil ..."

„Ja, Matthes, ich bin hier, weil ... ich dir etwas mitzuteilen habe."

Er starrte mich an, als ob es nichts Anderes auf der Welt gäbe. Ich lächelte.

„Die Kraft ist zu gering. Du wirst nicht sterben."

Rasselnd entwich ihm die Luft. Er schloss die Augen, musste wieder husten.

„Du Sauhund!"

Gerade in diesem Moment kam Rebekka herein. Erschrocken sah sie uns an. Ich setzte den Hut auf.

„Liebe Rebekka, du hörst, er ist auf dem Wege der Besserung."

„Aber warum ...?"

Sie war ganz entgeistert. So kannte sie Matthes nicht.

„Das ist nichts, Rebekka. Unter uns ist der Ton manchmal etwas deftiger."

Rebekka ging hinüber zu Matthes. Legte ihm die Hand auf den Kopf.

„Alles in Ordnung, Matz?"

„Ja, Liebes. Unser Freund hier wollte meine Lebensgeister etwas aufrütteln. Das ist ihm gelungen."

Er funkelte mich an. Ich lächelte ganz unschuldig zurück.

„Besser so, als dass dir jemand mit der Sense nachjagt."

Matthes schnaufte, wollte lachen und konnte doch nur wieder husten. Ich grinste breit. Rebekka schaut von einem zum anderen.

„Männer", sagte sie kopfschüttelnd.

Matthes kämpfte seinen Hustenanfall hinunter, sagte krächzend:

„Ja, mein Schatz, uns Männern bekommt die Luft in Darmstadt nicht. Es wird Zeit, dass wir gen Wandsbeck ziehen."

Nach der Krankheit 1777

Ich lag und schlief; da fiel ein böses Fieber
　　Im Schlaf auf mich daher,
Und stach mir in der Brust und nach dem Rücken über,
　　Und wütete fast sehr.

Es sprachen Trost, die um mein Bette saßen;
　　Lieb Weibel grämte sich,
Ging auf und ab, wollt sich nicht trösten lassen,
　　Und weinte bitterlich.

Da kam Freund Hain: »Lieb Weib, musst nicht so grämen,
　　Ich bring ihn sanft zur Ruh«:
Und trat ans Bett, mich in den Arm zu nehmen,
　　Und lächelte dazu.

Sei mir willkommen, sei gesegnet, Lieber!
　　Weil du so lächelst; doch
Doch, guter Hain, hör an, darfst du vorüber,
　　So geh und lass mich noch!

»Bist bange, Asmus? – Darf vorübergehen
　　Auf dein Gebet und Wort.
Leb also wohl, und bis auf Wiedersehen!«
　　Und damit ging er fort.

Und ich genas! Wie sollt ich Gott nicht loben!
　　Die Erde ist doch schön,
Ist herrlich doch wie seine Himmel oben,
　　Und lustig drauf zu gehn!

Will mich denn freun noch, wenn auch Lebensmühe
    Mein wartet, will mich freun!
Und wenn du wiederkömmst, spät oder frühe,
    So lächle wieder, Hain! ·

Wie so oft bei Matthes lösten sich die finanziellen Probleme in Wohlgefallen auf. Von der Familie mochte er nichts leihen, weder von der eigenen noch von Rebekkas. Lieber schrieb er den Schriftstellerkollegen Jacobi an. Der hatte ins Geld geheiratet. Die Verbindung bestand jedoch nur aus einer wohlwollenden Rezension, die im Wandsbecker Boten zu einem Jacobi-Buch erschienen war. Auch Herder mühte sich, Matthes aus dem Darmstädter Loch zu helfen. Letztlich bekam er gleich zwei Zusagen. Von Jacobi und einer Gräfin, die Herder aufgetan hatte. Matthes nahm das adelige Geld und machte sich mit der Familie auf die Reise.

Das Haus am Steindamm stand bereits wieder leer. Angeblich sollte es dort spuken. Behauptete die Familie, die nach den Claudiussen dort gewohnt hatte. Gegenstände wären durch die Luft geschwebt. Ein alter Mann soll trotz verschlossener Türen plötzlich im Haus erschienen sein. Der übliche Aberglauben halt.

Mein Meisterstück lieferte ich ab, indem ich das Haus ganz alleine möblierte. Wie damals üblich hatte Matthes den schweren Teil seiner Ausstattung vor dem Umzug verkauft. Der Ex-Oberlandcommissarius und seine Familie waren schon unterwegs, da fiel mir ein kleines Vermögen in die Hände.

Eigentlich hatte ich nur die Speisekammer bei einem frisch Geschnittenen untersucht. Wollte was Essbares nach Wandsbeck schaffen. Und dann spürte ich etwas Hartes im Mehlsack: ein Beutel mit Geldstücken, die golden glitzerten. Nehmen oder nicht? Die Frage war schnell entschieden. Die Geldstücke waren nicht das Einzige, was in diesem Haus glitzerte. Normalerweise kommt nur zu solchen Reichtümern, wer vergisst zu teilen. Das nachzuholen schien mir nur recht.

Mein größeres Problem war, dass ich den Wert der Münzen nicht kannte. Geld hat für mich keinen Wert. Das ist eine der wenigen positiven Dinge, die man mir nachsagt: Ob reich, ob arm, ich behandle alle gleich. Herauskaufen geht nicht.

Ich machte eine Probe. Opa Nikolaus kaufte einen Ballen Stoff für Rebekka. Ich gab eine Münze her, der Händler guckte sie etwas komisch an. Dann bat er um einen Moment Geduld und verzog sich ins Hinterstübchen. War ich einem Falschmünzer aufgesessen? Nein. Bald darauf kam der Händler mit neun kleineren Münzen zurück. Der Beutel schien ausreichend für Tische, Stühle, Betten und Schränke.

Dank Opa Nikolaus hatte ich auch kein Problem, mal hier, mal dort aufzutreten. Niemand spürte den Tod unter der Haut bis auf die Tiere. Die verkrochen sich vorsichtshalber, wenn ich auftauchte.

Matthes halber Ulk, ich sei Transportunternehmer, wurde Wirklichkeit. Ich lieh mir Pferd und Wagen (eine Goldmünze weg, sechs andere zurück), sammelte eine komplette Einrichtung ein und fuhr nach Wandsbeck bei Rebekkas Eltern vor.

Ich behauptete im Auftrag des Dichters Claudius zu handeln. Die Behns kannten sich besser mit Geldstücken aus. Sie betrachteten die Ladung und bauten unübersehbar im Geiste kleine Münztürmchen. Völlig zu Recht kamen sie zum falschen Schluss: Der Schwiegersohn musste in Darmstadt ein begüterter Mann geworden sein.

Mutter Behn überreichte mir lächelnd den Schlüssel.

Die Eltern waren derart übermannt vom Glück ihrer Tochter, dass sie nicht fragten, wie ich den Wagen zu entladen gedachte. Darüber hatte ich mir ebenfalls keine Gedanken gemacht. Das war auch nicht nötig. Solange niemand zuschaute, kam ich allein klar.

Familie Claudius ließ sich Zeit. Rebekka war inzwischen hochschwanger. Es durfte nichts riskiert werden; der Sohn sollte proper zur Welt kommen. Auch ließ sich viel Geld sparen, wenn man unterwegs bei Freunden oder Bekannten speiste und übernachtete. Obwohl der Reisekostenzuschuss der Gräfin üppig war. Sie hatte keine Ahnung, mit welchen Ausgaben das gemeine Volk rechnete. So gab sie lieber zu viel als zu knapp.

Rebekka hatte mittlerweile unwidersprochen das Finanzministerium im Hause Claudius übernommen. Sie sparte eisern. Wer wusste schon, wann wieder Geld hereinkommen würde. Das Volk – Matthes und die beiden Töchter – hütete sich, Forderungen zu stellen.

Nach einer wochenlangen Reise rumpelte die Kutsche in Wandsbeck ein. Den Schlüssel hatte ich eingesackt. Mutter Behn sollte kein Sterbenswörtchen verlauten lassen. Und so wartete ich auf meinen Auftritt am Gartentörchen.

Endlich kam die Kutsche den Steindamm herunter. Matthes auf dem Bock guckte etwas misstrauisch. Rebekka lugte aus der Kutsche und freute sich, ein bekanntes Gesicht zur Begrüßung zu sehen.

Matthes brachte die Pferde zum Stehen. Ich öffnete die Tür der Kutsche.

„Willkommen in Wandsbeck", sagte ich zu Rebekka und half ihr aussteigen.

„Das ist eine schöne Überraschung, Herr Schneider. Mutter wollte nicht sagen, wem sie den Schlüssel gegeben hat."

„Der Überraschungen sind noch mehr. Wo sind die Kinder?"

„Wir haben Sie bei Mutter Behn gelassen", brummelte Matthes und stieg schwerfällig vom Bock. „Wir wussten ja nicht, was uns hier erwartet."

„Das ist einfach: Euch erwartet euer neues, altes Zuhause. Die Damen und Herren mögen mir bitte folgen."

„Was um Himmels willen ..."

„Nun lass ihn doch, Matz. Wir sind wieder zu Hause. Unser Freund erwartet uns hier und du brummst nur."

Ich ging voran, schloss die Haustür auf und trat zur Seite.

„Tataa!"

Rebekka ging zuerst hinein. Matthes warf mir einen Blick zu, als wäre ich ein Räuber. Dann schrie Rebekka:

„Matz! Komm schnell. Sieh dir das an. Die Möbel."

Der Herr des Hauses stürzte hinein.

„Ja das darf doch wohl nicht ..."

Ich blieb draußen stehen. Genoss meinen Triumph. Lauschte den Schritten hierhin, dorthin, den Freudenausrufen Rebekkas. Plötzlich stand sie vor mir.

„Herr Schneider. Ich weiß nicht, wie ich Ihnen das jemals ... Ah, Sie haben etwas im Haar. Da hinter dem rechten Ohr."

Ich streifte durchs Haar.

„Nein, nein, beugen Sie sich mal vor."

Ich tat wie geheißen. Rebekka reichte ins Haar. Plötzlich hielt sie sich an meiner Schulter fest und küsste mich auf die Wange.

„Danke", sagte sie mit schalkhaft blitzenden Augen. „Vielen, vielen Dank."

Bevor ich etwas antworten konnte, drehte sie sich um und ging zurück ins Haus. Ich hätte eh keine Antwort gewusst: Eine Frau hatte mich geküsst!

Ich blieb an der Tür, diesen einen Gedanken wiederkäuend. Mit einem Mal stand Matthes vor mir.

„Freund Hain, lass mich raten: Auch diese Sachen vermisst niemand?"

Das weckte mich aus meinem Wiederkäuerdasein.

„Nein, nein, alles ehrlich erworben. Hier."

Ich holte den Geldbeutel aus der Innentasche meiner Jacke. Drückte ihn Matthes in die Hand. Ein paar Münzen waren noch drin.

„Was ist das?"

„Das ... vermisst keiner."

Sinnend wog Matthes den Beutel in der Hand. Bedachte mich mit einem langen, nachdenklichen Blick. Und dann kippte seine Stimmung um.

„Mensch, Hain. Wenn ich es nicht besser wüsste, würde ich sagen: Der Herr hat uns einen Engel geschickt."

„Wer sagt, dass ich kein Engel bin?"

„Niemand, Hain, niemand. Das ist alles eine Frage des Standpunkts. Von meinem und Rebekkas Standpunkt aus bist du unser persönlicher Schutzengel."

Das war mir dann doch ein bisschen peinlich.

„Wie geht es ihr?"

„Die Reise war anstrengend, doch es gab keinerlei Anzeichen, dass sie Rebekka und unserem Sohn geschadet hat. Ich habe ihr gesagt, sie solle sich gleich hinlegen.

Alldieweil die Kinder nicht da sind, hat sie etwas Ruhe. Du siehst auch nichts?"

„Nein. Weder die Kraft noch einen Sohn."

„Diesmal muss es einer werden. Kein Mädchen möchte Antonius Friedrich heißen."

Anselmuccio

Ist gar ein holder Knabe, er!
Als ob er 's Bild der Liebe wär.
Sieht freundlich aus, und weiß und rot,
Hat große Lust an Butterbrot,
Hat blaue Augen, gelbes Haar,
Und Schelm im Nacken immerdar,
Hat Arm' und Beine, rund und voll!
Und alles, wie man's haben soll.
Nur eines fehlt dir, lieber Knabe!
Eins nur: Dass ich dich noch nicht habe.

Ein paar Wochen nach der Ankunft in Wandsbeck brachte Rebekka ein weiteres Mädchen zur Welt: Anna Friederike. Da saß er nun der gute Matthes mit seinen drei Töchtern. Es mangelte nicht an Vaterliebe für Caroline, Christiane und Anna. Pummelchen Anna wurde gar seine Lieblingstochter. Er tollte mit ihnen im Garten, sang ihnen Schlaflieder. Wenn es Rebekka mal nicht gut ging, sorgte er Tag und Nacht für seine Töchter. Als sie älter wurden, gab er den Mädchen Schulunterricht. Und dennoch, ein Sohn ...

„Vielleicht solltest du ganz fest daran glauben, dass es ein Mädchen wird, Matthes."

„Und was soll dies bewirken, mein Herr Geburtsberater Hain?"

„Bisher hast du immer geglaubt, es wird ein Sohn. Doch es wurde eine Tochter. Wenn du jetzt ..."

„Aha, du willst den lieben Gott täuschen. Ich kann mir

nicht vorstellen, dass der Herr auf solche Scheinmanöver hereinfällt. Das wäre zu einfach: Ich stelle mir vor, es regnet, damit die Sonne scheint. Ich stelle mir vor, ich bin satt, damit Manna vom Himmel fällt. Nein, nein. Unser Freund Herder, der muss einen Schwank kennen, Söhne zu bekommen. Seine Frau hat ihm nun schon den zweiten geschenkt und noch kein Mädchen."

Wir beide saßen an einem lauen Abend im Garten. Die Geburt von Anna lag bereits einige Zeit zurück. Rebekka war mit den Mädchen bei ihrer Mutter.

„Außerdem, Freund Hain, könnte es sein, dass ich bald Söhne bekomme, ohne den Herrn beschwindeln zu müssen."

„Wie das?"

„Du erinnerst dich an den Düsseldorfer Herrn Jacobi, der mir das Reisegeld vorschießen wollte?"

Ich nickte.

„Jacobi hat ebenfalls zwei Söhne, vielleicht weiß auch er etwas, was ich nicht weiß. Er überlegt nun, wohin er die beiden für die Schulausbildung geben soll. Wir haben ein paar Briefe gewechselt und es zeigt sich, dass unsere Art, Gott und die Welt zu betrachten, sehr ähnlich ist. Daher sind wir übereingekommen, dass ich einen Plan zusammenstelle, was ich für Ausbildung und Erziehung der beiden Jünglinge als notwendig erachte. Wenn dieser zu seiner Zufriedenheit ausfällt, dann könnte ich den Unterricht hier bei mir im Hause veranstalten. Ein, zwei Jahre Kost und Logis und eine Schulvergütung für zwei Buben. Nicht schlecht, oder?"

„Ja, Jungens, die gleich Geld mitbringen: gar nicht übel. Und sonst? Wie sind deine weiteren Pläne bezüglich des klingenden Talers?"

„Herder ist schon wieder auf der Suche. Auch mein alter Freund Gerstenberg hört sich um. Dennoch will ich sehen, was ich aus eigener Kraft schaffen kann. Eine Übersetzungsarbeit aus dem Französischen habe ich so gut wie sicher. Das wäre die Geschichte des ägyptischen Prinzen Sethos von Abbé Terrasson, die mir der Buchhändler Löwe aus Breslau geben will. Wenn er mit meiner Arbeit zufrieden ist, könnten weitere Aufträge kommen. Auch eine zweite Auflage von Asmus eins und zwei wird so bald wie möglich erscheinen, und Band drei soll nächstes Jahr folgen."

„Gut, du hast dir viel vorgenommen."

„Es sind auch drei Schnäbelchen zu füllen. Ich tue, was meine Botenkräfte hergeben. Den Rest mag der Herr nach seinem Willen erledigen."

„Wenn er denn reiche Leute mit gut gefüllten Speisekammern sterben lässt, sollte das kein Problem sein."

Matthes warf mir einen Musst-du-mich-daran-erinnern-Blick zu. Zum Glück kam Rebekka mit den Mädchen gerade den Steindamm hinauf.

„Schau, Freund Hain: Wenn man von den Spätzlein spricht, dann kommen sie schon."

Gemächlich, sehr gemächlich kam Rebekka näher. Sie trug Anna auf dem Arm. Christiane schaute ihr über die Schulter. Sie war mit einem Kreuzgurt auf den Rücken geschnallt. Nur Caroline fehlte.

„Wo ist Linchen?", fragte ich Matthes.

„Ja, wo ist Line?", fragte er in einem rhetorischen Ton zurück und ließ dann seine Stimme lauter werden:

„Wo ist die kleine Line? Die bald ein großes Mädchen ist

und ihren dreieinhalbten Geburtstag hat. Ach, ich weiß: Linchen ist bestimmt bei Großmama und hält ein Schläfchen."

Ein glückliches Juchzen ließ sich hinter Rebekkas Rock hören.

„Was war das, Herr Schneider? Ein Juchzfisch in Wandsbeck? Das glaube ich ja gar nicht, diese Juchzfische schwimmen doch alle im großen, weiten Ozean. Hier in Wandsbeck gibt es solcherart Fischlein nicht."

Und dann sprang Linchen hervor, die Arme erhoben, die Finger gespreizt.

„Da bin ich", rief sie. Und vom eigenen Schwung überholt, fiel sie vornüber auf Knie und Hände. Line schaute überrascht. Dann enttäuscht. Ihr Gesicht verzog sich. Doch bevor sie den Tränen freien Lauf lassen konnte, sprang Matthes auf.

„Line, Line, Line", rief er und hopste etwas ungelenk über den niedrigen Zaun, „meine süße Kliene."

Mit offenem Mund sah Line ihren Vater die Arme ausgebreitet wild mit den Händen wedelnd auf sich zulaufen.

„Fliegt wie eine ...", er hob sie hoch in die Luft, „... Bieneee!"

Und er ließ sie kreisen bis sie wieder juchzend lachte. Christiane auf Rebekkas Rücken streckte begeistert die Hände hoch und ließ sie mitkreisen. Anna schlief unglaublicherweise weiter im Arm ihrer Mutter.

Noch immer saß ich im Garten. Familie Claudius war beschäftigt mit Glücklichsein. Ich bin es gewohnt, unbeteiligt zuzuschauen. Doch in jenem Moment gab es mir einen kleinen Stich. Ein Gefühl von Traurigkeit durchflutete mich. Was aber gleich vorbei war, als Rebekka sich nach mir umschaute und näher kam. Ich stand auf, um das Gartentörchen zu öffnen.

„Sehen Sie sich das an, Herr Schneider, was soll nur werden, wenn noch wilde Jungens dazu kommen?"

„Das frage ich mich auch. Ein großer wilder Junge scheint genug zu sein."

„In Arm", mischte sich Christiane ein.

„Gleich Kind. Herr Schneider, seien Sie so lieb und nehmen Christiane in Empfang, wenn ich den Gurt löse."

„Natürlich. Gerne."

Christiane rutschte in meine Arme.

„Au' flie'n."

„Oh, das tut mir leid, meine Kleine", schwindelte ich. „Für solche Dinge bin ich zu alt. Ich kann dich wiegen. Hin und her. Wenn du magst?"

Die Kleine nickte heftig. Ich setzte mich und wiegte sie. Rebekka schaute lächelnd zu.

„Kinder haben Sie noch nie erwähnt. Sie hatten keine, oder?"

Ich schüttelte den Kopf.

„Nein, selbst hatte ich keine. Obwohl ich Kinder mag."

Matthes kam mit Line zurück, die erschöpft in seinen Armen ruhte. Und dann saßen wir drei dort, jeder ein Kind im Arm, das halb oder ganz schlummerte. Eine friedliche Sommerabendstimmung legte sich über den Garten. Wir schwiegen. Bis Rebekka die Stille unterbrach.

„Ach, könnte es doch immer so schön sein."

„Ohne Leiden keine Freuden, sagt Salomo", meinte Matthes.

„König Salomo war weise", gab Rebekka zu. „Aber etwas weniger Leiden, etwas mehr Freuden auf der Welt, dagegen hätte er sicher nichts gehabt. Oder, Herr Schneider?"

„Mir scheint es weise genug, dem zuzustimmen."

„Wer Ohren hat, der höre", warf Matthes hinterher.

„Freund Schneider traut der Weisheit der Frauen."

„Nicht der Frauen. Deiner Frau. Es mag trivial sein, aber wenn jeder so dächte: etwas weniger Leiden, etwas mehr Freuden. Und wenn jeder gegenüber anderen danach handelte, dann ... dann braucht es keine Wissenschaft, um zu schließen, dass das Leben auf Erden viel schöner würde."

„Gut, mein Freund, da sind wir einig. Es bedarf recht wenig Wissenschaft, aber viel Glauben und Mitgefühl, um ein schöneres Leben zu führen."

Recht bald nach diesem philosophischen Ausflug verabschiedete ich mich. Solche Gedanken mögen für einen müßigen Sommerabend genügen, doch ich spürte die Kraft in Christiane flackern. Das war – und ist immer noch – nicht ungewöhnlich bei Kindern. Die Kraft sucht Verbündete, solang die Widerstandskräfte gering sind. Nur erinnerte mich das Flackern daran, dass ich es bin, der Lebensphilosophien auf die Probe stellt. Ihr Wert zeigt sich, wenn ich den Schnitt setze. Und dass ich irgendwann Matthes' Philosophie einer Probe würde unterziehen müssen, daran wollte ich lieber nicht denken.

Passe-Temps
zwischen mir und meinem Vetter in der Schneiderstunde
(Twilight)

...

Vor einiger Zeit starb mir meine Mutter. Sie hielt vorher
viel aus, still und gelassen wie sie immer war, und konnte
nicht leben und nicht sterben. Einige Tage vor ihrem Ende
reisten wir alle noch zu ihr, und standen da um ihr Bette
und sahen sie an, einer so klug wie der andre. Ich wollte mir
mein Herz gerne trösten, und wollte ihr noch so gerne was
zuliebe tun; aber essen und trinken mochte sie nicht mehr,
mochte auch sonst nichts mehr. Ich dachte an alle die großen
und kleinen Erfindungen der Menschen, davon du mir gesagt
hast: an die Seelenlehre, an Newtons Attraktionssystem, an
die Allgemeine deutsche Bibliothek, an die Genera Planta-
rum, an den Magister Matheseos, an den Calculum infinito-
rum, an die grade und schiefe Aszension der Sterne und ihre
Parallaxen etc., aber es wollte mir alles nichts verschlagen –
und sie lag out of reach! lag am Abhang und sollte herunter!
und ich konnte nicht einmal sehen wo sie hinfiel. – – Da
befahl ich sie Gott, und ging hinaus ... und machte ein Ster-
begebet, dass sie's ihr vorläsen. Es war meine Mutter und
hatte mich immer so lieb gehabt, und ich konnte doch nichts
anders! – ...

Eigentlich möchte ich endlich zum Höhepunkt von Matthes' Schreibereien kommen: „Asmus omnia sua secum
portans, oder Sämtliche Werke des Wandsbecker Boten, 4.
Teil". Nicht nur weil es einige seiner besten Stücke enthält, es gibt auch etwas klarzustellen. Über mich und den
Krieg. Aber von unserem philosophischen Sommerabend

aus sind noch einige Jahre zu überbrücken bis zu Asmus IV. Jahre mit zwei Geburten, einem Todesfall, zwei importierten Söhnen, drei Übersetzungen und einem Umzug. Nicht zu vergessen: Asmus III.

Der Dritte Teil war eigentlich der zweite Band der gesammelten Botenwerke. Band eins enthielt ja bereits Teil eins und zwei. Bei Matthes musste manches immer ein bisschen komplizierter sein. Wieder halfen Freunde, Vorbestellungen zu sammeln. Auch die Kritik war erneut sehr entgegenkommend. Zusammen mit der Neuauflage des ersten Bandes kam so von Zeit zu Zeit Geld ins Haus – und floss prompt wieder hinaus.

Stetiger war der Geldstrom durch die beiden Jacobi-Söhne. Knapp zwei Jahre lang konnte Matthes als Vater von Söhnen üben. Und bezahlt bekam er es auch noch.

Seine eigenen Söhne ließen weiter auf sich warten. Tochter die vierte wurde Auguste. Mit etwas Abstand folgte Henriette. Fünf Töchter, kein Sohn.

„Niemand in Wandsbeck hat von einer solchen Serie je gehört", erzählte mir Matthes mit gespieltem Grimm. „Nur die alte Frau Greve hat eine Tochter, die im Thüringschen sitzt, und vier Mädchen zur Welt gebracht hat, bevor der erste Sohn kam."

„Aber er ist gekommen", hakte ich ein.

„Ja! Meiner wird auch kommen. Der Herr wird ein Einsehen haben, dass er mich nun lang genug mit wunderbaren Mädchen beschenkt hat."

„Na? Höre ich da gewisse Tricksereien?"

„Nein, mein Lieber. Da hast du dich verhört. Nach den wunderbaren Mädchen folgen nun wunderbare Jungens. Nichts Anderes war gemeint."

Zwischen den Geburten starb Matthes' Mutter. Ich hatte ihn vorgewarnt. Er trug es mit Fassung, verabschiedete sich von Rebekka und den Mädchen und zog gen Reinfeld.

Die alte Dame war längst bereit zum letzten Schnitt. Matthes und seine Brüder konnten das nicht übersehen. So verlief die ganze Angelegenheit unaufgeregt in einem würdigen Rahmen. Solche Fälle sind mir die liebsten. Da bin ich Freund und Erlöser.

Auf der anderen Seite sind auch Kinder eine gute Klientel. Solange sie noch voller Vertrauen sind. Leider haben Eltern dafür nicht sehr viel Verständnis, was oft zu unschönen Szenen führt.

Zu erben gab es kaum etwas für Matthes. Das war auch nicht nötig. Es hatte sich eine andere Geldquelle aufgetan. Ein schlesischer Adeliger bescherte ihm eine jährliche Rente von 200 Talern. Solche Wohltaten für Literaten waren damals üblich. Sie waren schlicht notwendig, damit die Herren Dichter etwas zu knabbern hatten. Später bekam Matthes sogar eine Rente vom dänischen Kronprinzen.

Mit dem adeligen Geld war Matthes' finanzielle Lage so bequem, dass er sich den Umzug in ein größeres Haus in Wandsbeck leisten konnte. Das neue Haus an der Lübschen Landstraße grenzte direkt ans Grundstück des Grafen Schimmelmann. Einen Schlüssel bekam Matthes gleich dazu; für Spaziergänge im gräflichen Garten.

So, habe ich jetzt alles? Asmus III, zwei Geburten, ein Todesfall, zwei importierte Söhne und ein Umzug. Nein, die Übersetzungen fehlen noch.

Sie waren Segen und Fluch zugleich. Segen, weil Matthes zwei französische Romane ins Deutsche übertrug, die ihm Geld brachten. Fluch, weil er leichtsinnigerweise eine religiöse Schrift übersetzte. Die war – vornehm ausgedrückt – umstritten.

Das Werk hieß im Original „Des Erreurs et de la Vérité". Autor war ein Monsieur Louis Claude de St. Martin. Im Deutschen erschien das Buch als „Irrtümer und Wahrheit" mit einem dieser fantastisch langen Untertitel, wie sie damals Mode waren: *Rückweis für die Menschen auf das allgemeine Principium aller Erkenntnis. Ein Werk, darin die Beobachter auf die Ungewissheit ihrer Untersuchungen und auf ihre beständigen Fehltritte geführt werden, und ihnen solcher Weise der Weg angedeutet wird, den sie hätten gehen müssen, um die physische Evidenz zu erhalten über den Ursprung des Guten und des Bösen, über die Menschen, über die materielle Natur, über die immaterielle Natur, über die Basis der politischen Regierungen, über die Autorität der Souverains, über die bürgerliche und peinliche Gerechtigkeit, über die Wissenschaft, die Sprache und die Künste.*

Matthes gab offen zu, den Autor auch nicht immer verstanden zu haben. Nur der grundlegende Gedanke gefiel ihm außerordentlich: Das Streben nach Wissen und Fortschritt sei vergeblich, denn alles wurde bereits zu Anfang prinzipiell festgezurrt. Und der Anfang lag bekanntlich bei Gott.

So würde ich das zusammenfassen, aber ich habe das Buch auch nicht verstanden. Weder in Französisch noch auf Deutsch. Genau das war das Problem. Keiner verstand es, aber eines war klar: Dieses mysteriöse Werk wollte den Gelehrten jener Tage ihr Lieblingsspielzeug wegnehmen – die Vernunft. So bekam Matthes die Schläge ab, die dem Autor zugedacht waren. Schon der bloße Verdacht, ein

Mystiker oder religiöser Schwärmer zu sein, wurde mit Hohn, Spott und Verbannung aus der hohen Literatur bestraft.

Dummerweise kam der gesammelten Werke vierter Teil erst nach der St. Martin-Übersetzung heraus. Die Gemüter hatten sich noch nicht beruhigt. Der vierte Teil wurde ungnädig aufgenommen und abgestraft. Matthes war das egal. Er wusste, was er konnte. Außerdem geschah etwas viel Wichtigeres.

Ich hatte Matthes in Ruhe an seinem Buch arbeiten lassen. Dann war er mit seiner Töchterschar beschäftigt. Für Rebekka nahte die nächste Geburt. Die verlief glücklich, wie immer ohne mich. Ein größerer Fund an Kaffee schien mir dann der rechte Anlass, wieder vorbeizuschauen.

Kaum betrat ich den Vorgarten, begrüßte Rebekka mich bereits an der offenen Haustür. Das Baby trug sie auf dem Arm. Nein, hellseherische Fähigkeiten hätte ihr das sechste Kind nicht beschert. Der Geruch des Kaffees hatte mich verraten.

Wir gingen hinein. Ich stellte den Kaffeesack auf der Bank hinter dem Familientisch ab und fragte nach dem berühmten Dichter.

„Er arbeitet im Garten mit den Kindern.“

„Und wie heißt die Kleine?“

Rebekka lächelte.

„Ich glaube, das will Ihnen Matz selbst sagen.“

„Aha. Da bin ich gespannt. Henriette war ja schon etwas außergewöhnlich. Wie alt ist sie jetzt – zwei? Und auch schon bei der Gartenarbeit?“

Rebekka nickte.

„Habt ihr euch für das halbe Dutzend etwas ganz Besonderes einfallen lassen?“

„Das kann man so sagen.“

Ihr Lächeln wurde breiter. Sie kniff gar die Lippen zusammen, um nicht loszulachen.

„Ich hole ihn mal. Setzen Sie sich doch.“

Ich hatte nicht die blasseste Ahnung, was gespielt wurde. Hatte ich etwas verpasst? Nach mir konnte er sie schlecht benannt haben.

Von draußen hörte ich Matthes' Lachen. Dann polterte

er mit seinen Holzpantinen in den hinteren Räumen herum. Rebekka kam zurück mit dem Säugling.

„Er kommt gleich, Herr Schneider. Er will sich nur rasch die Hände waschen, und er hat auch etwas für Sie."

„Fein."

Und dann kam Matthes hineingestürmt.

„Freund Schneider, es ist eine wahre Freude dich zu sehen. Und dieser Duft! Betty, mach uns doch eine Tasse fertig. Das ist ja nicht auszuhalten sonst. Hier, mein Freund."

Er warf ein Buch auf den Tisch und sagte:

„Johannes."

„Was?"

Verwirrt schaute ich das Buch an. Es war Asmus, vierter Teil.

„Nicht das Buch, das Mädchen."

„Was? Ach! Es ist ein …"

„Genau! Was soll es denn sonst sein?", fragte Matthes mit breitem Grinsen.

„Mann! Matthes! Endlich ein Sohn. Meinen Glückwunsch euch beiden. Du hast mich völlig durcheinander gebracht mit deinem Auftritt."

„Lies das Buch, das wird deine Gedanken ordnen."

Damals verstand ich nicht, was er meinte. Aber an diesem Tag verstand ich eh wenig. Nach dem Kaffeeklatsch zog ich mich in mein Ruhezimmer zurück. Ich hatte im Plöner Schloss einen Raum für mich abgezweigt.

Einen Herzog gab es in Plön schon lang nicht mehr. Der gesamte Besitz war ans dänische Königshaus gefallen. Ich glaube, kurz nachdem Matthes aus Darmstadt zurückkam, habe ich das Schloss mal wieder besucht. Dachte an die alten Schachduelle zwischen Herzog Johann Adolf und Graf Ruska. Die meisten Räume waren unbenutzt und vergessen. Laut Auskunft von Freund Staub. Ich requirierte einen Raum nach Westen hinaus, indem ich die Türen verrammelte. Nun konnte ich dort Sachen für Matthes zwischenlagern, dem Sonnenuntergang zusehen oder eben lesen.

Natürlich war ich voreingenommen von Nummer vier. Beim ersten Durchblättern entdeckte ich *Der Mensch*; das Gedicht, zu dem ich den Schluss geliefert hatte. Auch andere schöne Stücke waren im vierten Teil enthalten: das Wandsbecker *Lied vom Reifen* oder das *Abendlied*. Und ein paar, die ich hier noch nicht gebracht habe.

Ehrlich gesagt, ich las fast nur die Gedichte. Für längere Texte – was die Gelehrten Prosa nennen – fehlte mir die Geduld. Es sollten noch ein paar Jahre vergehen, bevor ich Ungereimtes las. Und das auch nur, weil ich musste. Wegen Matthes. Hier aber entging mir, was die Kritiker bemängelten: das Abgleiten ins Religiöse, die kaum verhüllte Predigt. Wie ernst es Matthes mit der Religion wurde, merkte ich erst später. Zu spät.

Außerdem entdeckte ich ein Gedicht, von dem ich nichts gewusst hatte. Vor ein paar Jahren hatten wir eine kleine Auseinandersetzung über den Krieg und meine Rolle dabei gehabt. Matthes kam nie wieder auf das Thema zurück. Vielleicht war es ihm ein bisschen peinlich. Vielleicht sollte das Gedicht eine Überraschung für mich sein. Ich habe schlicht vergessen, ihn danach zu fragen. War einfach nur begeistert.

Das Gespräch muss im Sommer 1778 gewesen sein. Denn da fand laut den Geschichtsbüchern der „Kartoffelkrieg" statt. Ich weiß noch, ich erwischte ihn bei einem frühmorgendlichen Spaziergang. Doch ehe ich ein Wort zur Begrüßung gesagt hatte, schoss Matthes los:

„Na, Freund Hain, freut er sich auf die Ernte?"

„Ist schon Erntezeit?", fragte ich verwirrt zurück.

„Na, komm, Krieg ist doch dasselbe für dich wie die Ernte für den Bauern."

„Welcher Krieg?"

„Welcher Krieg! Wie kannst du das nicht wissen? Friedrich ist in Böhmen einmarschiert. Es steht in allen Zeitungen."

„Ach das."

„Ja, genau das. Wenn Preußen und Österreich sich streiten, ist der Tod nicht weit, oder?"

„Und du meinst, das macht mir Freude?"

Matthes schwieg. Funkelte mich nur an. Die Nachricht von diesem Krieg hatte ihn mitgenommen. Er hatte ein Faible für Maria Theresia von Österreich. Zu ihrem Tod ein paar Jahre später schrieb er ein rührendes Gedicht. Der Krieg selbst war nicht der Rede wert. Den Namen Kartoffelkrieg erhielt er, weil die Armeen mehr damit beschäftigt waren, ihr Essen zu organisieren als zu kämpfen. Und dann kam schon der Friedensschluss. Trotzdem gab es hier etwas klar zu stellen.

„Du irrst, Matthes."

„Ach ja?"

„Ja, ganz gewiss irrst du. Es gehört zu meinen bittersten Aufgaben, massenhaft jungen Männern das Leben zu nehmen. Junge Männer, die auszogen, Helden zu werden. Die glaubten, ihr Leben noch vor sich zu haben. Junge Männer, die im Dreck verenden. Die hilflos zusehen müssen, wie ihr Blut im Schlamm versickert. Tapfere Männer, die nach ihrer Mutter schreien. Diese Männer werden grausam ermordet. Denn Mord ist es. Nein, mein Freund, Leben auf diese Art zu vernichten, das ist nicht meins. Ich möchte nicht in der Haut von Königen und Generälen stecken, die das zu verantworten haben. Und um es ganz klar zu sagen: Es sind Menschen, die anderen Menschen das antun. Die für ihre Zwecke töten und töten lassen. Ich plädiere, nicht schuld daran zu sein."

Matthes schaute mich entgeistert an. Ich war etwas laut geworden. Er wandte sich von mir ab, presste die rechte Hand auf die Augen. Ich wartete, noch etwas entflammt von meiner Rede. Dann drehte er sich wieder um; die Augen feucht.

„Es tut mir sehr leid, Freund Hain. Ich war so empört von der Nachricht, dass wegen ein paar Flecken Land Gottes Gebote missachtet und Menschen geopfert werden."

Augenblicklich war ich besänftigt.

„Ist schon gut. Ich verstehe dich. Aber ich kann dir versichern: Bis jetzt ist noch nichts passiert. Man bringt sich noch in Stellung. Hoffen wir, dass die Beteiligten rechtzeitig zur Vernunft kommen."

Kriegslied

's ist Krieg! 's ist Krieg! O Gottes Engel wehre,
 und rede du darein!
's ist leider Krieg – und ich begehre
 Nicht schuld daran zu sein!

Was sollt ich machen, wenn im Schlaf mit Grämen
 und blutig, bleich und blass,

Die Geister der Erschlagnen zu mir kämen,
　　Und vor mir weinten, was?

Wenn wackre Männer, die sich Ehre suchten,
　　Verstümmelt und halb tot
Im Staub sich vor mir wälzten, und mir fluchten
　　In ihrer Todesnot?

Wenn tausend tausend Väter, Mütter, Bräute,
　　So glücklich vor dem Krieg,
Nun alle elend, alle arme Leute,
　　Wehklagten über mich?

Wenn Hunger, böse Seuch und ihre Nöten
　　Freund, Freund und Feind ins Grab
Versammleten, und mir zu Ehren krähten
　　Von einer Leich herab?

Was hülf mir Kron und Land und Gold und Ehre?
　　Die könnten mich nicht freun!
's ist leider Krieg – und ich begehre
　　Nicht schuld daran zu sein!

Mit der Zeit wurden meine Stippvisiten bei Matthes seltener. Lieferungen von Lebensmitteln und anderen nützlichen Dingen waren nicht mehr notwendig. Die Familie Claudius kam ganz gut klar. Auch meine Beobachtungsphasen verkürzten sich. Die Zeit der Krisen schien vorbei.

Das neue Haus spielte eine Rolle. Matthes hatte oft Besuch, der nun für ein paar Nächte Platz fand. Dann blieb ich lieber weg. Ich wollte keine neuen Bindungen. Jeder weitere gemeinsame Bekannte oder Freund hieß weitere Todesbotschaften, die zu überbringen wären.

Die längeren Pausen änderten nichts. Matthes und Rebekka begrüßten mich stets, als ob ich erst gestern da gewesen wäre. Der Bund schien fest geschlossen. Ich fühlte mich sicher in dieser Freundschaft. Doch Sicherheit gibt es nicht im Leben. Das hätte ich wissen müssen. Gerade ich.

Durch meine selteneren Besuche bekam ich nicht mehr alles mit, was im Hause Claudius geschah. Das hatte einmal einen angenehmen Nebeneffekt: Ich traf Rebekka alleine an.

Als ich klopfte, öffnete Christiane, Tochter Nummer zwei.

„Ich wünsche einen guten Tag, Christine."

„Christiane!"

„Sagte ich doch: Diane."

Sie kicherte.

„Onkel Hein, du bist blöd", bemerkte sie und schlug sich erschrocken die Hände vor den Mund.

„Nein, nicht Blöd, Schneider ist mein Name."

Ich tätschelte ihr den Kopf, lächelte sie an. Sie verstand.

„Papa ist nicht da. Ich hol die Mama."

„Mach das, Tianchen."

Die Kraft flackerte immer noch in ihr. Zu stark eigentlich für ihre zehn Jahre. Rebekka kam zur Tür, mal wieder schwanger.

„Herr Schneider. Warum lässt sie Christiane an der Tür stehen? Kommen Sie doch herein."

„Sie meinte wohl, dass man nicht einfach jeden Hergelaufenen einlassen sollte, wenn der Herr Papa nicht da ist. Recht hat sie."

„Sie übertreiben, Herr Schneider. Warum müssen Männer immer übertreiben?"

„Gute Frage. Im Interesse der Männerwelt sollte meine Antwort wohl bedacht sein."

Ich folgte Rebekka in die Wohnstube. Die war wie immer blitzblank und blumengeschmückt. Vom Garten hinterm Haus hörte ich Kinderstimmen.

„Setzen Sie sich bitte. Coffee?"

„Nein, nein, keine Umstände. Ruh dich aus, Rebekka, setz dich auch. Ich wollte nur kurz vorbeischauen. Aber der Dichter ist nicht da?"

„Matz ist in Schlesien. Er hat lang versprochen, den Verleger Loewe zu besuchen, und Graf Haugwitz wollte ihn auch von Angesicht zu Angesicht sehen. Bisher kennen sich die beiden nur brieflich. Der Graf hat eine Einladung und Reisegeld geschickt. Da konnte Matz die Fahrt nicht mehr hinauszögern."

„Graf Haugwitz? Ist das der Rentengeber?"

„Nein, das ist ein Graf von Schlabrendorf. Aber Graf Haugwitz hat die Empfehlung für Matz gegeben. Das sind Freimaurerverbindungen, über die natürlich nicht gesprochen wird."

„Männer können nicht nur übertreiben, auch schweigen."

„Na, Herr Schneider, zum Schweigen sind Sie nicht gekommen. Wie steht es nun mit der wohl bedachten Antwort auf die Frage, warum Männer immer übertreiben?"

Rebekka lächelte mich an. Sie war immer noch ein schönes Menschenkind. Die vielen Geburten, ein lange Zeit karger Haushalt hatten ihr nichts an Schönheit genommen. Ihre blauen Augen blitzten erwartungsvoll.

„Ja. Jetzt sitze ich in der selbst gegrabenen Grube. Also, wohl bedacht. Warum Männer immer übertreiben? Hm, lass mich so anfangen: Ein Apfelbaum bringt jeden Sommer viele, viele Äpfel hervor. Alle Bäume machen das: die Eichen, Haselnussbäume, Kastanien. Da kannst du jeden Baum fragen. Statt nur einer Frucht bringen sie unzählige hervor. Die Natur übertreibt. Denn Übertreiben heißt Leben geben. Die Übertreibung der Männer ist also nur ihre Art auszugleichen, dass sie kein Leben geben können. Zufrieden?"

Sie klatschte einmal die Hände zusammen.

„Das ist eine sehr schöne Erklärung. Bravo, Herr Schneider. Matz hätte sich nichts Besseres ausdenken können."

„Was heißt ausdenken? All das ist wahr. Die Frucht jahrelangen Nachdenkens."

„Sie können es nicht lassen, nicht wahr?"

„Nein, Leben geben ist etwas Schönes. Ich kenne auch die andere Seite. Doch damit möchte ich dich nicht behelligen."

Ihr Lächeln, die blitzende Augen, wichen langsam einem ernsteren Gesichtsausdruck. Sie nickte nachdenklich.

„Ach, jetzt habe ich dir die Stimmung verdorben."

„Ist schon recht, Herr Schneider. Matz sagt immer, wir sind hier nicht zum Gaukelspiel, wir sind hier, um uns vorzubereiten auf die Ewigkeit. Lustigsein ist schön, aber das Leben ist mehr."

„Das erinnert mich daran, was ich schon immer mal fragen wollte: Wie ist das Leben an der Seite eines berühmten Dichters?"

Ihr Blick wandte sich nach innen. Das Lächeln kehrte zurück. Ihre Augen bekamen einen träumerischen Ausdruck.

„Das haben Sie damals als erstes zu mir gesagt, nicht wahr? Der berühmte Dichter Matthias Claudius. Sicher ist es schön, von Zeit zu Zeit gelehrte Gäste im Haus zu haben, die von weit herkommen, um ihn zu sehen. Doch das ist nicht wichtig. Matz ist mein Mann, ein guter Mann. Hier im Dorf hört man so einiges, im Klatschen sind auch die Wandsbecker groß. Wenn ich es nicht selbst wüsste, spätestens wenn ich höre, was in anderen Ehen passiert, ist mir klar, ich habe es gut getroffen. Dieser Mann ist mein Glück."

„Oho! Schade, dass der Ehemann nicht zu Hause ist. Das würde ihm heruntergehen wie Sahnecoffee."

„Was denken Sie von mir, Herr Schneider? Ich sage ihm das jeden Tag, den der Herr uns gemeinsam schenkt. Und nicht zu vergessen: Er ist ein wunderbarer Vater. Mir ist kein Ehemann bekannt, der sich so um die Kinder kümmert wie Matz und für die Erziehung der Mädchen sorgt. Caroline und Christiane sind jetzt schon gebildeter als ich es bei der Heirat war. Das ist gut so. Die Mädchen sollen wissen, dass es mehr gibt als Kinderkriegen, Kochen und

Putzen."

„Schadet ihnen das nicht bei der Suche nach dem rechten Heiratskandidaten? Die Bauernburschen hier mögen es bestimmt nicht, wenn ihnen ein Mädel vom Kopf her überlegen ist."

Mein Gesicht aus Stein half nicht. Rebekka durchschaute mich.

„Sie machen sich lustig, aber Sie meinen das nicht so. Männer! So leicht zu durchschauen. Glauben Sie, ich habe damals nicht bemerkt, dass Sie mich unter einem Vorwand zu dem berühmten Dichter lotsen wollten?"

„Ich? Ich doch nicht."

„Ja, genau Sie. Aber ich war neugierig und deshalb machte ich mit. Ich habe es nicht bereut. Und auch die Mädchen werden es nicht bereuen, wenn sie neugierig bleiben auf Dinge, von denen die Wandsbecker Buben nicht einmal träumen."

„Ah, das ist der Plan. Die Mädchen sollen in die feine Hamburger Gesellschaft einheiraten."

„Ob fein oder nicht, Männer von Verstand werden sie zu schätzen wissen."

„Für die Mädchen ist also gesorgt. Aber mit Mädchen seid ihr jetzt durch, oder?"

Rebekka strich sich über den Bauch.

„Natürlich, Matz ist sicher, es kommen nur noch Jungs. Ich weiß nicht, diesmal habe ich eher ein Mädchengefühl."

„Aber das lassen wir lieber nicht unseren Dichter hören. Und wo wir schon bei seinen Eigentümlichkeiten sind: Ist wirklich alles eitel Sonnenschein?"

Rebekka sah mich forschend an. Dann zuckte sie mit

den Schultern.

„Sie kennen Matz länger als ich. Er hat mir erzählt, dass Sie ihn mehr als einmal aus einer dunklen Zeit herausgeholt haben. Wenn niemand hier ist, wir unter uns sind, hat er noch manchmal schlechte Tage, an denen er daran verzweifelt, dass viele Menschen ihr Heil nicht erkennen. Er sieht den guten Weg und möchte am liebsten jedem Menschen diesen Weg zeigen. Das ist etwas, das ich gut verstehe, aber ...“

Ich nickte aufmunternd.

„Nun, letztens war ein Lehrer vom Gymnasium Altona hier. Das Gespräch kam auf die Bibel. Matz ist voller Bibelgeschichten, auch der unbekannteren, da kommt das Thema mit neuen Gästen recht schnell auf. Dieser Lehrer wollte zum Besten geben, wie das Wunder bei der Hochzeit von Kanaan bewerkstelligt worden wäre. Matz mochte davon nichts hören. Und je mehr dieser Lehrer ihn von den natürlichen Ursachen zu überzeugen versuchte, desto wütender wurde Matz. ‚Gottes Sohn brauchte keine Tricks‘, schrie er den Lehrer an und ließ ihn sitzen.“

„Na ja, nicht schön, aber so wild ist das nun nicht.“

„Es war nicht das erste Mal. Matz kann sehr bitter werden in religiösen Fragen, wie zum Beispiel bei den Wundern der Bibel. Er ist sonst sehr tolerant. Ob Katholik, ob Protestant, das ist ihm einerlei, solange der Glaube gelebt wird. Ich wünschte, er würde diese Leute einfach reden lassen. Aber da ist es vorbei mit seiner Contenen...“

„Contenance?“

„Ja“, lächelte Rebekka. „Richtig, Contenance. Ein schönes Wort. Ich sollte nicht versuchen, mich mit Federn zu schmücken, die nicht zu mir passen.“

„Es gibt Federn, die dich nicht schmücken? Das kann ich mir beim besten Willen nicht vorstellen."

„Schmeichelei ist auch eine Form der Übertreibung, Herr Schneider."

„Hach. Ertappt. Vielleicht hat die Übertreibung noch andere Ziele als jene, die ich genannt habe. Das bedarf weiterer Erforschung, zu der ich mich nun zurückziehen werde."

„Sie wollen schon gehen?"

„Es ist Zeit für mich. Unsere Unterhaltung war sehr lehrreich. Ich danke dir für deine offenen Worte. Grüß mir den berühmten Dichter und noch berühmteren Ehemann und Vater, wenn er wieder daheim ist."

„Natürlich, Herr Schneider. Aber ich habe zu danken, dass Sie ein wenig geblieben sind. Wir hatten bisher kaum Gelegenheit allein zu sprechen. Sie sollen wissen, ich habe großes Vertrauen zu Ihnen. Von allen Freunden, die Matz hat, sind Sie mir der wertvollste, nicht nur, weil Sie uns damals zueinander gebracht haben."

Ich wusste nicht, was darauf sagen. Ein seltsames Gefühl durchströmte mich. Ich nickte nur, lächelte sie noch mal an und verabschiedete mich. Wie in Trance verließ ich das Haus. Auf dem Weg wandte ich mich noch mal um. Rebekka stand am Fenster. Sie winkte. Ich winkte zurück. Dann ging ich weiter. Wusste nicht, wohin ich ging. War ganz ausgefüllt von diesem warmen, träumerischen Gefühl.

War das – Liebe?

Frau Rebekka

Wo war ich doch vor dreißig Jahr,
Als deine Mutter dich gebar?
   Wär ich doch da gewesen! –
Gelauert hätt ich an der Tür
Auf dein Geschrei, und für und für
   Gebetet und gelesen.

Und kam's Geschrei – nun marsch hinein
»Du kleines liebes Mägdelein,
   Mein Reisgefährt, willkommen!«
Und hätte dich denn weich und warm
Zum ersten Mal in meinen Arm
   Mit Leib und Seel genommen.

Und hätte dich denn weich und warm
Mit Leib und Seel in meinen Arm
   Zum ersten Mal genommen ...
»Du frommes liebes Mägdelein,
Ich hab dich sonst noch nicht gesehn,
   Willkommen, bis willkommen! –

Wie bist du lieber Reisgefährt
In deinen Windeln mir so wert!
   O werde nicht geringer!
Du Mutter, lehr das Mägdlein wohl!
Und wenn ich wiederkommen soll,
   So pfeif nur auf dem Finger.«

„Glaubst du an Gott, Freund Hain? Sage mir, glaubst an den einen Gott?"

Mit Matthias Heinrich war von Anfang an alles schief gegangen. Er kam nicht wie erwartet direkt nach dem ersten Sohn Johannes. Dazwischen hatte sich ein weiteres Mädchen gedrängt, nach ihrer Mutter Rebekka getauft. Als ich den Kleinen zum ersten Mal sah, wusste ich: Dieses Kind würde nicht lange leben. Doch aus irgendeinem nicht fassbaren Grund war Matthes von Matthias Heinrich völlig eingenommen.

Ich versuchte es zuerst mit Andeutungen. Es wäre nicht gut, sein Herz zu sehr an ein Kind zu hängen. Wer weiß, was die Zukunft brächte. Nichts zu machen.

„Ich habe ihn Matthias Heinrich taufen lassen. Was soll ihm geschehen, wenn er deinen und meinen Namen trägt?"

Von Hain oder Hein zu Heinrich ist es ein Stück Weg. Matthes focht das nicht an. Für seinen zweiten Sohn war ihm kein Weg zu weit.

Nun hatte ich gedacht, es wäre ein guter Zeitpunkt. Das Claudius-Orchester hatte gespielt. Matthes am Clavichord. Seine Töchter begleiteten ihn mit Stimme oder Instrument. Selbst Mutter Rebekka hatte Violoncello spielen gelernt. Seine Phantasie war, demnächst mit der ganzen Familie bei Veranstaltungen in der Umgebung aufzutreten.

Das Konzert war durchaus gelungen. Der Hausherr lobte Töchter und Rebekka überschwänglich. Anschließend machten wir beide uns zu einem Spaziergang davon. Matthes gönnte sich ein Pfeifchen. Seine Stimmung hatte sich während unseres Ganges von Euphorie zu einer frohen Besinnlichkeit abgedämpft. Wenn nicht jetzt, wann dann? Ich tastete mich vor zu der Mitteilung, dass Matthias Heinrich kaum seinen zweiten Geburtstag erleben würde. Doch mitten hinein haute Matthes seine Frage nach Gott. Ich versuchte auszuweichen:

„Hatten wir das nicht schon? Ich sagte doch vor langer Zeit: Alles, was ich über Gott weiß, stammt aus den Erzählungen der Menschen."

„Nein, mein lieber Freund, meine Frage ist nicht, was du über Gott weißt. Meine Frage ist: Glaubst du an den einen Gott, den Schöpfer von Himmel und Erde und allem was hier lebt und webt?"

„Ich verstehe den Zusammenhang nicht. Ich habe dir etwas Wichtiges über Matthias Heinrich mitzuteilen. Es ist an der Zeit für mich, den Hut abzunehmen, so wichtig ist es, verstehst du?"

„Mir ist lange klar, worauf du hinaus willst, Freund Hain, unterschätze mich nicht. Meine Frage zielt genau darauf ab, dir zu zeigen, dass es keine sonderlich gute Idee ist, Prognosen über Leben und Tod abzugeben, ohne sich bewusst zu sein, wer die Fäden in der Hand hält. Also noch mal: Glaubst du an Gott?"

Ich hub an, etwas zu sagen, fand aber keine Worte. Glaubte ich an Gott? War Gott mein Auftraggeber? Ich suchte meine Gedanken zu sammeln.

„Die Frage hat sich mir noch nie gestellt, Matthes."

„Ich tue es aber jetzt, Hain."

„Das habe ich verstanden. Was ich sagen wollte: Der Glaube an Gott oder an die Götter anderer Völker gehörte für mich immer zur Sphäre des Menschlichen. Damit hatte ich nichts zu tun. Es erleichterte mir höchstens die

Arbeit, für die ich bestimmt bin. Über alles Weitere habe ich mir nie Gedanken gemacht. Und wenn du mich jetzt so eindringlich fragst: Ist das nicht die Frage nach meinem Auftraggeber?"

„Nein, mein Freund, nicht unbedingt. Gott muss nicht dein Auftraggeber sein. Paulus schreibt in den Römerbriefen, dass der Tod durch die Sünde in die Welt gekommen sei. Und im Weisheitsbuch Salomonis heißt es ‚Gott hat den Tod nicht gemacht.' Du siehst, der Glaube an Gott ist nicht gleichzusetzen mit dem Glauben daran, wer dein Auftraggeber ist. Bleibt folglich die Frage bestehen: Glaubst du an Gott?"

Diese Beharrlichkeit war nervtötend. Mir war längst klar, dass ich nicht an Gott glaubte. Und auch nicht an die Götter der Römer, der Griechen, der Inder oder Chinesen. Was war zu tun? Muss eine Freundschaft nicht die Wahrheit vertragen? Muss sie jede Wahrheit vertragen?

„Ich bin kein Mensch, Matthes. Ich bin ... der Tod. Ich weiß nicht, wer mich lenkt oder ob mich jemand lenkt. Ich kann nichts darüber sagen, was ich glaube. Der Glaube ist eine menschliche Eigenschaft. Ich glaube nicht, ich bin ... was auch immer."

„Also doch. Du glaubst nicht an Gott. Das dachte ich mir. Wenn du nämlich an Gott glaubtest, mein Freund, dann würdest du es nicht wagen, Vorhersagen zu machen, denn Leben und Tod liegen in Gottes Hand, nicht in deiner. Deshalb verschone mich bitte mit diesem Geschwätz über Matthias Heinrich. Ich glaube an Gott und ich glaube, dass er es gut meint mit jenen, die ihm dienen. Warum sollte er mich mit dem Tod meines jüngsten Sohnes strafen? Acht Kinder hat er uns geschenkt, davon sechs Mädchen, und alle wachsen in gottesfürchtiger Art und Weise auf. Ich sehe keine Veranlassung, den Zorn des Herrn auf mich gezogen zu haben. Und ich will ihm auch in Zukunft keine Veranlassung dafür geben, sondern in aller Demut darum bitten, den meinen die ihnen zustehende Lebensspanne zu geben, um die Wunder dieser Welt, die er geschaffen hat, zu betrachten und zu preisen. Dann mag er entscheiden und nicht du, Freund Hain. Aber nun kein Wort mehr davon. Lass uns den schönen Tag genießen. Der Herr wird's schon richten."

Schweigend setzten wir unseren Gang fort. Die Kluft zwischen uns war nicht in Metern zu messen. Es war traurig. So oft hatte ich Menschen gesehen, die Opfer von Mord und Totschlag im Namen des Herrn wurden. Wenn es diesen Herrn gab, warum spaltete er die Menschen? Warum spaltete er Matthes und mich? Und warum musste es noch schlimmer kommen?

Brandgesang

Von den Gebrüdern Quarz

Komm her, du weichgeschaffne Schar,
    Das Lied vom Brand zu lesen,
Der an dem siebten Januar
    In Wandsbeck ist gewesen.

Ich sing es ab, so gut ich kann,
    Mit meiner dürren Kehle;
Doch mach ich traurig jedermann
    Durch das, was ich erzähle.

Und wen das Lied nicht traurig macht,
    Kann zu den Türken ziehen!
Das Haus war nicht voll Gold und Pracht,
    Doch war es voll von Kühen.

In Hamburg auf dem Jungfernsteig,
    So beim Spazierengehen,
Hat vor fünf Tagen arm und reich
    Den Vorbrand schon gesehen:

Die rote Flamme flimmerte,
    Man hörte Klocken läuten,
Ein Laut von Kühen wimmerte;
    Das musste was bedeuten!

Zwar mancher Mathematikus
    Behielt noch seinen Zweifel;

Die glauben keinen Pferdefuß,
 Nicht Vorbrand oder Teufel!

Allein wir haben's nun gesehn:
 Das Ding hat wahrgesaget!
Man muss nicht alles gleich verschmähn,
 Was einem nicht behaget!

Ich muss immer aufpassen, wenn ich eins von Matthes'
Gedichten lese. Meint er es so, wie er es schreibt? Gerade
beim Brandgesang komme ich ins Grübeln. Das Gedicht ist
nah am tatsächlichen Geschehen. Aber glaubte er an diesen Vorbrand? Oder gab er nur wieder, was die Leute im
Dorf dachten?

Der Untertitel „Von den Gebrüdern Quarz" zeigt eine
Rolle an, in die Matthes geschlüpft ist. Trotzdem könnte
es sein, dass er tatsächlich an diesen Vorbrand glaubte.
Als eine Art göttliches Zeichen. Und dann versteckte er
sich hinter der Rolle. Zuzutrauen wäre es ihm.

Ich habe vor allem ein Problem damit, weil die Kraft
mir eine Vorwarnung vor dem Brand gab. Aber warum?
Wenn jemand älter wird und die Kraft wird größer, klar.
Wenn jemand krank wird, auch klar. Bei Kindern das Flackern, das verstehe ich noch. Aber bei einem in der Zukunft liegenden Unfall? Das kapiere ich einfach nicht. Wie
kann die Kraft größer werden? Der Auslöser für den Todesfall liegt außerhalb des Körpers und ist noch gar nicht
in Gang gesetzt.

Tage bevor der Brand passierte, lag über Wandsbeck eine Kraftwolke. Deshalb bin ich auch hin. Tatsächlich ist

niemandem außer den Kühen etwas passiert. Es lag nur in der Luft. Eine schlechte Aura. Eine Wahrscheinlichkeit. Ich weiß nicht. Ich weiß nicht mal, wie ich das untersuchen könnte. Und selbst wenn ich es wüsste: Was nützte es mir? Ich muss der Kraft gehorchen. Das weiß ich.

Zu Wandsbeck auf der Meierei,
    Die uns nicht zugehöret,
Der Kühestall voll Stroh und Heu
    Vom Feuer ward verzehret.

Am Mittewoch; die Kirchenuhr
    Hat eben zwei geschlagen.
Vom Ursprung hat man keine Spur:
    Soviel kann ich euch sagen.

Doch wenn's nur bloß der Kühstall wär,
    Wär der Verlust nur eitel;
Den stellt man leichte wieder her
    Aus einem großen Beutel.

Allein das liebe, arme Vieh
    Kam mit dem Stall ums Leben!
Es hatte noch des Morgens früh
    So schöne Milch gegeben;

Und musste nun so jämmerlich
    Im Stall gebraten werden!
Das Herz im Leibe wendet sich:
    So liegen sie zur Erden!

Der Bär in Jüthorn roch den Ruch;
Sein Blut fing an zu kochen;
Flugs schrieb er in sein Tagebuch:
„Es hat heut stark gerochen!!!"

Der mittlere Teil des Brandgesangs gefällt mir nicht besonders. Matthes hat schon besser gedichtet. Und der Humor scheint mir nicht passend. Soll nicht heißen, Humor wäre bei solch dramatischem Ereignis unpassend. Ganz oben in der dritten Strophe von den Türken, vom Gold und den Kühen: Das ist unnachahmlich Matthes' Humor. Aber hier trifft er nicht den richtigen Ton.

Als der Brand ausbrach, zählte ich als erstes meine Claudiusse. Die drei großen Mädels Caroline, Christiane und Anna saßen bei Oma Behn am Webstuhl. Die Jüngeren hockten bei Rebekka in der Stube. Matthes sprach in der Kirche mit dem Pastor. Alles in Ordnung, dachte ich. Bis ich Rebekka schreien hörte.

Längst waren die Wandsbecker auf den Beinen. Ein hastiges Hin und Her. Aufgeregte Rufe hatten die Nachmittagsstille zerstört. Die Kirchturmglocke schlug Alarm. Zwischen all dem war Rebekkas Stimme laut und deutlich zu vernehmen:

„ANNA!"

Es war nicht das erste Mal, dass ich einen solchen Schrei hörte. Und viele sollten folgen. Aber zum ersten Mal spürte ich die tiefe Not, sah die schrecklichen Visionen und hörte das Grauen in diesem Schrei. Nackte Angst war's die Angst der Gefangenen vor der glühenden Zange.

Mir blieb nichts Anderes übrig, als mitten in Wandsbeck sofort Gestalt anzunehmen. Zum Glück bemerkte mich niemand in dem Wirrwarr. Rebekka lief Richtung Meierei. Ich hinterher.

„Rebekka!"

Sie hörte mich nicht.

„REBEKKA!"

Sie schaute sich um. Immer noch laufend.

„Warte! Es ist alles in Ordnung."

Endlich blieb sie stehen.

„Anna ist bei Muttern."

„Woher wissen Sie ...?"

Ja, woher wusste ich das? Ich brauchte ganz schnell eine glaubhafte Erklärung.

„Ich habe sie am Fenster gesehen. Mutter Behn hat die Mädchen nicht herausgelassen."

„Gott sei Dank. Ich hatte solche Angst. Anna sollte bei Bauer Hansen Eier holen und als ich das Feuer sah ..."

„Nun, anscheinend hat sie unterwegs eine Rast eingelegt. Der weite Weg, die jungen Beinchen."

Rebekka konnte noch nicht wieder lachen.

„Haben Sie Matz gesehen?"

„Er wird beim Löschen helfen."

Kaum ausgesprochen, sah ich ihn eiligen Schrittes auf uns zukommen. So richtig laufen war ihm nicht mehr gegeben. Auch Matthes wurde älter.

„Betty, mein Liebes!"

Rebekka drehte sich um.

„Wo sind die Kinder?"

„Keine Sorge, Matz. Die drei Großen sind bei Mutter und die Kleinen zu Hause. Ich hatte Angst um Anna, die eigentlich bei Bauer Hansen sein sollte, aber unser Freund Schneider hat sie bei Mutter gesehen."

Matthes schaute mich fragend an. Ich nickte bestätigend.

„Nun, wenn Freund ... Schneider sie gesehen hat, werden sie wohlauf sein. Die Meierei ist nicht mehr zu retten. Zu viel Holz und Stroh."

Wir sahen hinüber zu den Flammen in der Ferne.

„Und die Kühe?", fragte Rebekka.

Mit verkniffenem Mund schaute Matthes sie an und schüttelte den Kopf.

„Oh", war alles, was Rebekka hervorbrachte, bevor ihr Tränen in die Augen traten. Matthes legte einen Arm um sie, sah zu mir hinüber. Sein Blick kummervoll. Ich wollte ihm zu verstehen geben, dass ich hier genauso hilflos war wie sie. Doch ich blieb starr und stumm. Matthes sah wieder zum Feuer. Der gemeinsame Moment hatte sich verflüchtigt.

Die Sturmklock auf dem Kirchturm rief
Den ganzen Ort zusammen,
Und wer nur laufen konnte, lief
Mit Eimern zu dem Flammen.

Die Sprützen kamen auch herbei,
Und fingen an zu sprützen;
Allein ein Haus voll Stroh und Heu
Lässt sich so leicht nicht schützen.

Und so half nicht Natur noch Kunst,
Nicht Tiefsinn noch Getümmel;

Und wie gesagt, die Feuerbrunst
    Stieg lichterloh gen Himmel.

Wie hoch nun wohl der Schaden wär,
    Das lässt sich so nicht schätzen;
Wir aber wollen ungefähr
    Sechstausend Taler setzen.

Nun wünschen wir, dass Jud und Christ
    In diesem neuen Jahre,
Vor allen wer dies Brandlied liest,
    Solch Unglück nicht erfahre.

Matthias Heinrich starb am 4.7.1788. Auch dieses Datum habe ich nachschlagen müssen. Obwohl dieser Tag so einschneidende Folgen hatte, wusste ich es nicht mehr. Wie unterscheidet man ein Jahr vom anderen? Ich kann's nicht.

In seinen knapp zwei Lebensjahren war der Kleine oft krank gewesen. Sein Schicksal hatte sich angekündigt. Matthes hätte vorbereitet sein können. Aber er wollte ja nicht auf mich hören.

Die Kraft wuchs schnell. Matthias Heinrich musste nicht leiden. Morgens war er im Fieber und kaum wach zu bekommen. Mittags war er tot. Trotzdem war es grässlich: Rebekka stürzte sich auf das tote Kind. Matthes stand in der Tür, schlug die Hand gegen den Türrahmen und rief: „Nein, nein, nein."

Dann drehte er sich abrupt um, lief aus dem Haus und schrie:

„WO BIST DU?"

Das hörte ich noch. Dann konnte ich es nicht mehr ertragen. Obwohl es die millionste Variation der immer gleichen Szene war: Ich litt mit ihnen. Meine Abstoßungskräfte für jede Art von Gefühl beim Schnitt waren hier nicht mehr stark genug. Es war kein schönes Gefühl, aber es war immerhin eins. Wenn ich diesen Preis für unsere Freundschaft zahlen musste, dann war ich bereit dazu.

Bald nach der Beerdigung nahm Matthes wieder seine einsamen Spaziergänge am frühen Morgen auf. Ich ließ mir Zeit. Wollte es richtig machen. Matthes sollte verstehen, dass ich ihren Verlust mitfühlte. Dass dieser Verlust gleichzeitig ein Gewinn war, der mich ihnen näher brachte.

Ich feilte an meiner Rede. Versuchte mich in Matthes hineinzuversetzen, um die rechten Worten zu finden. Und als ich so weit war, packte das Leben wieder eine seiner Überraschungen aus.

Matthes sah mich, ging einfach weiter und sagte ganz beiläufig:

„Sieh an, da ist er ja. Ich habe auf ihn gewartet."

Als ob er mit sich selbst spräche. Ich holte zu meiner Rede aus:

„Matthes, ich weiß, dass du ..."

„Nein, er weiß nicht."

„Nun warte, hör mich doch an."

„Tut mir leid, Hain. Ich muss ihm ganz unhöflich das Wort abschneiden und Folgendes zur Kenntnis bringen: Ich erkläre unsere Freundschaft für beendet. Ein Gottloser, der mir die meinen nimmt, kann nicht mein Freund sein."

„Aber, Matthes. Ich muss der Kraft folgen. Ich kann sie nicht aufhalten. Lass mich ..."

„Du musst? Vielleicht meint er ganz aufrichtig zu wissen, dass er die so bezeichnete Kraft nicht aufhalten kann. Nur sein Wissen ist unnütz, da es nicht im Glauben gegründet ist."

„Fang doch nicht wieder damit an."

„Doch genau damit – und es ist bezeichnend, dass er es nicht einmal auszusprechen wagt –, mit dem Glauben an Gott fange ich an und ende ich. Ich hätte das schon viel früher tun sollen. Wenn er glauben würde, wenn er an den allmächtigen Gott glauben würde und sein Schicksal akzeptierte, dann ..."

„Welches Schicksal?"

„Hain, es steht alles geschrieben. Lese er Gottes Wort. Er ist der letzte Feind und wird besiegt, bevor wir das ewige Leben erlangen."

„Ach, Matthes ..."

„Nein, nein. Wenn du an Gott glaubtest und akzeptiertest, dass er dich besiegen wird, dann bin ich sicher, Gott würde sich dir barmherzig zeigen. Und erst dann könntest du wissen, ob die Kraft nicht doch durch Gottes Gnade zu beeinflussen wäre. Nur solange du nicht glaubst, tappst du im Dunkeln und meinst zu wissen, dass du nichts tun kannst, außer deiner schäbigen Berufung zu folgen."

Schäbige Berufung? Das war ein harter Schlag. Ich konnte nicht mal wütend werden, fühlte mich nur noch kraftlos.

„Aber gibt es nicht einen Weg, wie wir trotzdem ..."

„Es gibt keinen Weg außer jenem, den ich ihm beschrieben habe. Es ist höchste Zeit, ihn zu gehen, aber jeder muss diesen Weg allein beschreiten, sonst ist es nicht der wahre Weg. Denke er nicht, dass ich vergessen habe, was er für mich getan hat. Ich weiß, sein Kern ist gut, deshalb bin ich voller Hoffnung, dass er den wahren Weg finden wird. Doch solange er nicht mit Gott ist, darf er nicht mehr Gast in meinem Hause sein. Er kann das in der Bibel nachlesen: Johannes hat im zweiten Brief an seine Glaubensbrüder davor gewarnt, Gottlose in ihre Häuser aufzunehmen. Das schwächt den Glauben, wie ich selbst spüren musste, als Matthias Heinrich starb. Ich habe Gottes Botschaft verstanden, wir müssen uns trennen. Und bitte versuche er nicht hinter meinem Rücken, mit Rebekka oder den Kindern zu sprechen. Die Tür ist zu."

Ich schaute Matthes an. Ich schaute meinen Matthes an. Nichts. Sein Blick war kalt. Seine Körpersprache abweisend. Ich fühlte mich hilflos. Mir blieb nur noch der Rückzug.

„Sag Rebekka bitte, dass es mir um Matthias Heinrich sehr leid tut. Euer Verlust ist auch der meine."

Matthes nickte nur. Meine Worte klangen hohl und hölzern. Was ich mir zurechtgelegt hatte, war wertlos geworden.

In meinem Ruheraum im Plöner Schloss betrachtete ich Sonnenuntergänge. Schnitt achtlos Leben. Ich musste nachdenken. Konnte aber nicht. Dieser Glaube an Gott. Wie ein Nebel. Undurchsichtig. Zurückweichend. Nicht fassbar. Und – nicht zu akzeptieren.

Es musste einen Weg geben.

Rebekka.

Auch sie glaubte, doch auf ihre Urteilskraft konnte ich noch vertrauen. Sie würde wissen, was zu tun war. Kannte ihren Matz besser als ich. Und der Bann? Warum sollte der mich aufhalten? Wir waren keine Freunde mehr. Und dies schien mir die einzige Möglichkeit, es wieder zu werden. Später würde kein Hahn danach krähen.

Ich wartete auf meine Chance. Beobachtete das Haus an der Lübschen Landstraße. Ungeduldig. Es war wie verhext. Erst verließ Matthes kaum das Haus, dann waren Gäste da. Endlich bekam ich eine Gelegenheit. Matthes ging nach Altona. Er war in diesem Jahr vom dänischen Kronprinz mit der Revisorstelle bei der Altonaer Species-Bank belohnt worden. Das gab gutes Geld für quartalsweises Erscheinen und für mich eine Lücke, durch die ich schlüpfen konnte.

Ich klopfte. Wartete. Schweiß bildete sich auf meiner Stirn. Dann öffnete sich die Tür. Rebekkas Willkommenslächeln erstarb sogleich.

„Oh, Herr Schneider, Matz ist heute nicht da."

Ich konnte schlecht zugeben, dass ich das wusste. Mir fiel allerdings auch keine passende Antwort ein. Ich war so begierig darauf gewesen, mit ihr zu reden. Nun stand ich hier und wusste nicht weiter.

„Äh, ja ..."

„Ich kann Sie auch nicht hereinlassen. Wir sollen noch nicht mal mit Ihnen sprechen, hat Matz gesagt."

„Wir?"

„Die Kinder und ich."

„Oh. Nun Letzteres ist wohl nicht mehr rückgängig zu machen."

Ich versuchte ein Lächeln. Es gelang mir nicht.

„Was um Gottes willen ist passiert, Herr Schneider? Matz will nichts dazu sagen."

„Ja ... um Gottes willen ... Wenn Matz dir nichts gesagt hat ..."

„Bitte, Herr Schneider. Was es auch sei, ich kann es ertragen. Es ist furchtbar genug, dass Sie nicht mehr der Freund unserer Familie sein sollen. Diese Geheimniskrämerei macht es nur schlimmer."

Ihre eindringlichen Worte, ihr flehentlicher Gesichtsausdruck. Ich konnte nichts sagen, sah sie nur an. Mit einem Mal wurde mir ganz und gar bewusst, was ich verloren hatte.

„Herr Schneider?"

„Hm, ich weiß nicht ...wir hatten ... eine religiöse Auseinandersetzung."

„Ach, Herr Schneider ..."

Und dann schmiss ich es ihr einfach hin:

„Ich glaube nicht an Gott."

„Oh."

Jetzt war es an ihr, nicht weiter zu wissen.

„Aber wie können Sie nicht ..."

„Es ist mir halt nicht gegeben. Ich würde damit auch nicht hausieren gehen. Matthes hat gebohrt und gebohrt und ich habe es ihm gesagt. Das schien lange kein Problem zu sein. Doch jetzt hat er sich entschlossen, meinen Unglauben nicht mehr zu tolerieren."

„Das tut mir sehr leid, Herr Schneider. Wir haben eine schwere Zeit durchgemacht wegen dem kleinen Matthias Heinrich. Matz hat sehr mit dem Glauben gerungen."

„Ja, ich weiß. Ich habe auch wirklich und wahrhaftig mit euch gefühlt, als der Kleine starb. Ich ..."

Ich konnte nicht mehr weitersprechen. Der Hals verengte sich von selbst.

„Mama? Wer ist ...?"

Christiane schaute hinter ihrer Mutter hervor und verstummte. Fragend sah sie zu ihrer Mutter hoch. Die Kraft flackerte unablässig zu stark.

„Ist schon gut, Christiane. Herr Schneider wollte nur nachfragen. Da ist es ein Gebot der Höflichkeit zu antworten, nicht wahr?"

Christiane nickte unsicher.

„Und außerdem bleibt das nur unter uns beiden", flüsterte Rebekka ihr zu. Ein Geheimnis. Das wirkte. Christiane nickte zuversichtlicher. Bedachte mich sogar mit einem Lächeln.

„Tschüss, Onkel Hein", rief sie schnell und verschwand im Haus.

Das war fast zu viel. Ich ging zwei, drei Schritte zurück.

„Herr Schneider, bitte warten Sie. Wo waren wir? Sie sagten, sie hätten mit uns gefühlt?"

Ich nickte, die Lippen fest zusammengepresst.

Rebekka dachte nach.

„Es tut mir aufrichtig leid. Momentan kann ich nichts für Sie tun, Matz ist der Herr im Haus. Es ist seine Entscheidung, wer als Gast willkommen ist. Ab und an könnte ich nachhorchen, ob er noch immer so streng darüber denkt."

Sie seufzte.

„Herr Schneider, tun Sie bitte alles, was Ihnen möglich ist, zum Glauben zu finden. Es kann doch nicht ... Ach, ich will Ihnen nicht predigen. Ich habe eine Idee: Wenn auf unserer Seite das Wetter besser wird, stelle ich weiße Blumen ins Fenster ... noch besser, weiße Blumen mit einem weißen Band. Dann ist jedes Missverständnis ausgeschlossen. Tun Sie halt, was Sie können. Ich möchte Sie nicht missen."

Und dann ging sie schnellen Schrittes auf mich zu, umarmte mich und flüsterte mir ins Ohr:

„Ich bete für Sie."

Abrupt wandte sie sich ab, eilte ins Haus und schloss die Tür.

Ich stand nur da, betäubt.

„Danke", flüsterte ich, drehte mich um und ging von dannen.

Ich sah nichts. Ich hörte nichts. Ich ging. Dann spürte ich Tränen meine Wangen hinunterlaufen. Ich schleppte mich weiter und brach nach ein paar Metern schluchzend zusammen. Ohne mich umzublicken, löste ich die Gestalt von Opa Nikolaus auf.

Ich war um eine gottverfluchte Erfahrung reicher: Ich wusste nun, wie es ist, wenn man einen Menschen verliert.

Niemand hat mir das gesagt: dass man die Bibel besser nicht von Anfang an liest. Eigentlich hatte ich überhaupt nicht vor, sie zu lesen. Meine einzige Lektüre waren die Fenster im Haus an der Lübschen Landstraße: keine weißen Blumen, kein weißes Band.

Dann schnitt ich einen Pastor in Oldenburg. Er starb allein, während er ein Buch las. Oder anschaute. Aufgeschlagen war es bei einem Holzschnitt mit zwei Nackerten. Ohne groß nachzudenken nahm ich es mit.

Im Plöner Schloss sah ich, dass ich Band I einer Luther-Bibel erwischt hatte. Folglich musste es einen Band II geben. In Oldenburg hatte noch niemand den Toten bemerkt. Der Band lag griffbereit auf dem Tischchen neben dem Lesesessel. Besten Dank.

Zurück im Schloss betrachtete ich meine Beute. Zwei dicke, schwere Bücher in Leder gebunden, metallverstärkt an den Ecken. Mit Holzstichen, Randglossen und Worten, Worten, Worten. Sollte ich wirklich? Vielleicht würde ich ja bekehrt.

Vielleicht wenn ich mit dem Neuen Testament angefangen hätte. Vielleicht. Die Bergpredigt, die hat was. Aber ich begann dort, wo man gemeinhin anfängt: am Anfang. Ich habe kein Glück mit Anfängen. Nach 50 Seiten schien mir Herr Gott suspekt. Nach spätestens 200 war er für mich erledigt. Und im Fenster: keine weißen Blumen, kein weißes Band.

Ich will nicht auf den Ungereimtheiten der Schöpfungsgeschichte herumhacken. Die ist wer weiß woher zusammengestoppelt. Geschenkt. Was mir gegen den Strich ging, war die Moral dieses Herrn Gott. Das fing bei Noah an:

Nach dem Ausstieg aus der Arche bringt Noah ein paar reine Tiere und Vögel als Brandopfer. Was an sich schon eine Idee ist, für die er geschnitten gehörte. Herr Gott wird jedoch besänftigt vom Geruch des Gebratenen. Die beiden schließen einen Bund. Herr Gott meint zwar, die Menschen seien von Jugend an böse, aber: Er „will hinfurt nicht mehr schlahen alles was da lebet / wie ich gethan habe", schreibt Luther.

Und Sodom und Gomorra? Ausnahmen bestätigen die Regel? Herrn Gotts Bestrafungsaktionen sind gelinde gesagt willkürlich. Ein Beispiel: Eines Tages liegt Noah halbnackt und besinnungslos betrunken in seiner Hütte. Der jüngste Sohn Ham sieht Vaters Blöße, alarmiert seine Brüder. Die schnappen sich ein Stück Stoff. Nähern sich rückwärtsgehend dem alten Herrn und bedecken ihn. Werden dafür gelobt, nur Canaan, der jüngste Sohn von Ham, wird für alle Zeiten verflucht. Warum auch immer. Aber dass Herr Gott ein ernstes Wörtchen mit Noah wegen seiner Trinkerei gesprochen hätte, darüber ist nichts bekannt.

Und so geht das weiter. Wen Herr Gott ins Herz geschlossen hat, der kann sich alles erlauben. Jakob erschummelt seines blinden Vaters Segen. Kein Problem. Joseph wird von seinen elf Brüdern nach Ägypten verschachert. Kein Problem. Ihrem Vater Jakob machen sie vor, er wäre von wilden Tieren zerrissen worden. Auch kein Problem. Stattdessen: Nachdem sie in Ägypten tränenreich wieder vereint sind, werden die zwölf Brüder die Stammväter Israels.

Und dann der Auszug aus Ägypten: Da wurde ich zornig. Klappte das Buch zusammen und wollte es aus dem

Fenster werfen. Zum Glück fiel mir rechtzeitig ein, dass ich damit mein Versteck verraten würde. Das war die Sache nicht wert.

Die Geschichte ist bekannt: Moses soll Israel aus Ägypten hinausführen, aber der Pharao will sie nicht lassen. Also bringt Herr Gott die Plagen über Ägypten. Was nicht mehr so bekannt sein dürfte: Es war ein abgekartetes Spiel.

Moses und sein Bruder Aaron sollten vom Pharao fordern, das Volk Israel ziehen zu lassen. Und dann schreibt Luther Gottes Wort: „Aber ich will Pharao hertz verherten / das ich meiner Zeichen und Wunder viel thu in Egyptenland". Der Pharao hatte also gar keine Chance. Die ganze Aktion diente nur dazu, dass Herr Gott seine Zauberkunststückchen vorführen konnte. Damit Israel sein Volk wird. Schönes Volk hat er sich da ausgesucht.

In den ganzen Geschichten der alten Könige Israels geht es immer wieder darum, dass sein Volk abtrünnig wird. Egal wie viele Wunder Herr Gott spendiert. Hätte er das nicht voraussehen und sich ein dankbareres Volk aussuchen können? Aber mit dem Voraussehen ist es bei Herrn Gott nicht weit her. Das zeigt die Geschichte mit dem Goldenen Kalb:

Herr Gott ruft Moses zu sich auf den Berg. Diktiert ihm ausführliche Anweisungen, wie sein Tempel auszustatten sei. Der Herr der Welt, Lenker des Universums, macht sich Gedanken um die Innenausstattung seiner Hütte auf Erden. Allein das ist schon lächerlich. Wird aber noch übertroffen.

Während Herr Gott Moses einen Vortrag über Teppiche, Leuchter und Farben hält, langweilt sich das Volk

Israel. Bruder Aaron soll ihnen einen Gott zum Anbeten erstellen: das Goldene Kalb.

Und Herr Gott wird zornig. Obwohl er die Geschichte hätte voraussehen müssen oder verhindern können. Moses versucht ihn zu besänftigen. Mit welchem Argument? Mit dem wohl dümmsten Argument, das jemals vorgebracht wurde. Luther lässt Moses sagen: „Warumb sollen die Egypter sagen / und sprechen / Er hat sie zu irem unglück ausgefürt / Das er sie erwürget im Gebirge / und vertilget sie von dem Erdboden."

Nachdem Herr Gott Frösche, Ungeziefer, Hagel, Heuschrecken und andere Bösartigkeiten über Ägypten gebracht hat. Nachdem Herr Gott jeden Erstgeborenen in Ägypten gemeuchelt hat. Nachdem er den Pharao und sein Heer ins rote Meer gelockt und ersäuft hat. Nach all dem soll er sich Sorgen um seinen guten Ruf bei den Ägyptern machen?

Was sagt Herr Gott dazu? Luther schreibt: „Also gereuet den HERRN das ubel / das er dreuete seinem Volck zu thun."

Was habe ich gelacht. Tränen. Und das geht immer so weiter: Volk benimmt sich daneben. Herr Gott ist eingeschnappt und will es züchtigen. Moses legt sich mit dem Gesicht in den Staub, um das Schlimmste zu verhindern. Mal mit mehr, mal mit weniger Erfolg.

Herr Gott steht nicht über den Dingen, er schwankt hin und her. Jeder sturmgepeitschte Baum strahlt mehr Souveränität aus als dieser Kindgott. Und weil Moses den Spielverderber mimt, darf er nicht ins gelobte Land. Wo „Milch und Honig" fließen. Eine Wendung, die nicht mehr gebraucht wird, als das Volk Israel tatsächlich dort ankommt. Denn im gelobten Land fließt nur eins: das Blut der Menschen, die sich unvorsichtigerweise dort niedergelassen haben. Herr Gott vergaß wohl, ihnen mitzuteilen, dass er reserviert hatte. Dafür kann er sich nun als Kriegsgott zeigen. Er gibt die Völker den israelischen Kriegern „in die Hand". Eine vornehme Umschreibung dafür, dass sie gnadenlos abgeschlachtet werden.

Zwei Fragen begannen mich zu beschäftigen. Wie konnte dieser Kriegs- und Stammesgott Israels zum allmächtigen Gott der halben Menschheit werden? Und das, obwohl ihm alle anderen Völker außer seinem eigenen gleichgültig waren. Er benutzte sie nur als Spielmaterial – nach Belieben kaputt zu machen und wegzuwerfen. Und noch viel dringlicher: Wie konnte Matthes an diesen Herrn Gott glauben?

Täglich zu singen

Ich danke Gott, und freue mich
    Wie 's Kind zur Weihnachtsgabe,
Dass ich bin, bin! Und dass ich dich,
    Schön menschlich Antlitz! habe;

Dass ich die Sonne, Berg und Meer,
    Und Laub und Gras kann sehen,
Und abends unterm Sternenheer
    Und lieben Monde gehen;

Und dass mir denn zumute ist,
    Als wenn wir Kinder kamen,
Und sahen, was der heil'ge Christ
    Bescheret hatte, amen!

Ich danke Gott mit Saitenspiel,
    Dass ich kein König worden;
Ich wär geschmeichelt worden viel,
    Und wär vielleicht verdorben.

Auch bet ich ihn von Herzen an,
    Dass ich auf dieser Erde
Nicht bin ein großer reicher Mann,
    Und auch wohl keiner werde.

Denn Ehr und Reichtum treibt und bläht,
    Hat mancherlei Gefahren,
Und vielen hat's das Herz verdreht,
    Die weiland wacker waren.

und all das Geld und all das Gut
Gewährt zwar viele Sachen;
Gesundheit, Schlaf und guten Mut
Kann's aber doch nicht machen.

Und die sind doch, bei Ja und Nein!
Ein rechter Lohn und Segen!
Drum will ich mich nicht groß kastein
Des vielen Geldes wegen.

Gott gebe mir nur jeden Tag,
Soviel ich darf zum Leben.
Er gibt's dem Sperling auf dem Dach;
Wie sollt er's mir nicht geben!

Es gibt einiges, was mich im Neuen Testament wundert. Eines aber ganz sicher nicht: dass die Schriftgelehrten Israels mit diesem Jesus nichts anfangen konnten. Sie hatten jemand Anderes erwartet. Einen, der erst mal unter den Völkern aufräumte. Wie in den guten alten Zeiten. Stattdessen kam ein armer Schlucker, der verkündete: Liebe nicht nur deinen Nächsten, liebe deine Feinde.

Damit fangen die Wunder an: Wie kam der Mann auf diese Idee? Beim Herrn Gott des Alten Testaments finde ich von Feindesliebe keine Spur. Zahlreich sind hingegen die Hilferufe, er möge sich den Feinden Israels auf bewährte Weise annehmen. Jesus bezog sich immer wieder auf die Schriften der Alten. Nur was er lehrte und was geschrieben stand, da sehe ich kaum einen Zusammenhang.

Bei Salomo und Jesus Syrach gibt es einige Hinweise: die Preisung des einfachen gottesfürchtigen Lebens, die Verachtung für Reichtümer. Doch sonst? Mir scheint der Apfel sehr weit vom Feigenbaum gefallen. Ich verstehe nicht, wie Jesus meinen konnte, den Willen seines Herrn Vaters zu erfüllen.

Er war ihm auch strategisch weit überlegen. Der Herr Gott des Alten Testaments fällt regelmäßig von einem Extrem ins andere. Jesus war ebenfalls extrem, blieb jedoch fest in seiner Richtung. Und: Er schickte seine Leute hinaus zu den Heiden. Um sie zu bekehren, nicht um sie abzuschlachten. Die Botschaft war einfach: Glaube an Jesus Christus als Sohn Gottes, glaube an das Licht, glaube an die Liebe, und alles wird gut. So wurde aus einem Stammesgott der Beherrscher der Welt. Rückfälle ins Abschlachten von Ungläubigen inbegriffen.

Matthes wird zuerst die Botschaft der Liebe und des Trostes kennengelernt haben. Naiv ganz vorne zu beginnen, dieser Fehler wird seinen Eltern nicht unterlaufen sein. Der Vater war schließlich ein erfahrener Gottesmann. Ich schätze, von dieser Botschaft aus ist es leicht, an Gott zu glauben. Die Widerwärtigkeiten aus der Frühzeit erscheinen dann in einem milden Licht. Alte Geschichten, die nichts am großen Ganzen ändern. Der Glaube blendet alles aus, was sich damit nicht verträgt. Nicht nur Liebe macht blind.

Ich kann die Augen nicht verschließen. Muss alles mit ansehen, kann niemanden auslassen, wenn es um die letzte Sekunde geht. Selbst wenn ich die Bibel irgendwo anders angefangen hätte: Wahrscheinlich wäre es trotzdem nichts geworden mit dem Glauben. Spätestens wenn ich an die Stellen gekommen wäre, die mich betreffen.

Adam und Eva und ihre Nachkommen und ihre Nach-Nachkommen und Nach-Nach-Nachkommen und so weiter waren anscheinend fürs ewige Leben bestimmt. Denn die Bibelschreiber sind sich einig: Ich bin durch die Sünde in die Welt gekommen. Der eine Biss in den Apfel war meine Geburtsstunde.

Auch mein Ende ist beschlossen: Ich bin der letzte Feind und werde besiegt, wie schon Matthes sagte. Zitiert hatte er Paulus, und Johannes hat's in der Offenbarung gesehen. Danach ist der Weg frei für das ewige Leben in aller Herrlichkeit.

Diese Mischung aus Klapperstorchlegende und Versprechen für die ferne Zukunft schreckt mich nicht. Viel schlimmer: Ich kann sie nicht ernst nehmen.

Ich bin, was ich bin. Auch wenn ich selbst nicht weiß, was ich eigentlich bin. Ich werde gebraucht, bis der letzte Mensch stirbt. Ob das für mich das Ende ist? Wer weiß. Ob es für die Menschheit ein Nachspiel gibt? Wer es glaubt, mag selig damit werden.

Im Übrigen komme ich nicht nur schlecht weg in der Bibel. Hiob zum Beispiel: Er wird von Herrn Gott in die Hände des Herrn Satans gegeben. Die beiden haben eine Art Wette laufen. Herr Gott wettet! Herr Satan darf Hiob quälen, aber nichts antun. Schließlich leidet der Mann derart, dass er mich herbeiwünscht. Er will nur noch liegen und stille sein, schlafen und seine Ruhe haben.

Auch der weise Salomo preist mich als Erlösung von Elend und Ungerechtigkeit auf Erden. Eigentlich hätte Matthes diese Stelle kennen müssen. Sonst waren Salomos Sprüche und Predigten eine ergiebige Quelle für sein Leben und Werk.

Stattdessen hörte er auf die Kopie. Ein Buch des Alten Testaments namens „Die Weisheit Salomonis". Luther meinte, der Autor wäre nicht Salomo selbst, sondern jemand, der in der Tradition Salomos geschrieben hatte.

Nur die Gottlosen verbinden sich mit mir, behauptet dieser weise Mann. Sie wollen ihr kurzes Erdenleben in vollen Zügen auskosten, weil kein Gott sie belohnen oder strafen kann. Matthes hat ganz bestimmt über diese Stelle nachgedacht. Glaubte er, dass allein die Verbindung mit mir seinem Gott missfiel? Das wäre nun wirklich zu kleinlich gedacht.

Johannes' Brief, den er gegen mich verwendet hatte, muss ihm den Rest gegeben haben. Dabei warnt Johannes nur vor Leuten, die Irrlehren verkünden. Die sollen nicht mehr ins Haus gelassen werden. Habe ich eine Irrlehre verkündet? Ich habe nur zugegeben, dass ich nicht glaube. Matthes hatte das Johannes-Gebot ausgedehnt, sich herausgepickt, was ihm gerade zupass kam.

Aber so ist es immer gewesen und ist es noch heute. Jeder pickt sich aus der Bibel, was ihm gefällt. Dass dies Werk als Ganzes nicht zusammenpasst, fällt dann nicht mehr auf. Mir kommt dabei das Jesus-Wort in den Sinn von den Vögeln, die nicht säen, aber doch vom himmlischen Vater genährt werden. So nährt auch die Bibel jeden, der sich sein Menü aus Weisheiten und Geboten herauspickt.

Aber ich – gerade ich – darf nicht ungerecht sein. Bei Matthes muss sich über lange Zeit etwas aufgebaut haben. Über den Umgang mit mir. Ein Unwohlsein. Zweifel. Vielleicht gar Abscheu. Und dann starb Matthias Heinrich und er suchte nach Erklärungen. In der Bibel. Wo sonst? Und hat sie gefunden. Doch schuld bin ich ganz allein. Ich hatte ihm zu viel zugemutet. Ich war so glücklich darüber, einen Freund zu haben, eine Familie mitzuerleben. Dabei vergaß ich, wer ich bin. Ich bin noch immer und zuallererst: der Tod.

Etwa ein Jahr nach Matthias Heinrichs Tod brachte Rebekka Friedrich Matthias Jacobus zur Welt. Später nur noch Fritz gerufen. Die Befürchtung, keine weiteren Söhne mehr zu bekommen, war damit hinfällig. Falls Matthes das tatsächlich befürchtet hatte. Ich hoffte einige Zeit auf bessere Fensterlektüre. Doch weiterhin galt: keine weißen Blumen, kein weißes Band. Also zurück zur Bibel.

Jesus Syrach sagt im Alten Testament, man solle sich nicht zu klug dünken und jeden tadeln. Und er schreibt, dass ein treuer Freund ein großer Schatz ist. Und er verkündet, dass ein Gottesfürchtiger es gut antreffen wird mit seinen Freunden. War das nicht eindeutig genug?

Offensichtlich nicht. Familie Claudius lebte ihr Leben. Ich schaute zu. Niemand schien mich zu vermissen. Gäste kamen und gingen. Es wurde gefeiert, musiziert und gelacht. Die Kinder schossen in die Höhe. Die ältesten Töchter Caroline und Christiane streiften ihre Kindheit ab. Auch an Söhnen herrschte bald kein Mangel mehr: Die beiden Nachzügler Ernst und Franz wurden geboren. Und im Fenster? Bunte Blumen.

Es war nicht so, dass ich ständig das Claudius-Haus im Blick hatte. An Sterbenden gab es weiterhin kein Mangel. In Frankreich wurde eine mechanische Todesart erfunden: das Guillotinieren. Was eine besondere Herausforderung war. Oft ging es rasend schnell, doch manchmal versagte der Mechanismus. Die Kraft züngelte erwartungsvoll hoch, nur ich konnte den Schnitt nicht setzen. Verfluchte Technik. Aber lediglich ein seichter Vorgeschmack auf die Tötungsmaschinen der folgenden Jahrhunderte.

Zwischendurch brachte Matthes einen weiteren Teil seiner gesammelten Werke heraus: Nummer fünf. Fast hätte ich dieses Ereignis verpasst. Gerade als ich meine Beobachtung für diesen Tag einstellen wollte, rumpelte ein Fuhrwerk heran. Beladen mit Büchern.

Plötzlich erwachte das Haus. Matthes trat mit seinem ältesten Sohn Johannes vor die Tür. An den Fenstern zeigten sich Gesichter.

„Bringen Sie meine Bücher?", rief Matthes dem Kutscher zu.

Mehr brauchte ich nicht zu hören. Das musste ein neuer Band sein.

Geld war schnell organisiert. Es lag ja immer welches herum. Die Beschaffung des Buches war jedoch nicht so leicht, weil ich mir zu viel Gedanken machte. Bestellen wollte ich nicht. Matthes hätte davon erfahren können, wenn ein Herr Hein Schneider sein Buch orderte. Die Hamburger Buchhandlungen, wo das Buch vorrätig war, schienen mir zu riskant. Matthes' Ähnlichkeit mit Opa Nikolaus wurde langsam deutlich. Was, wenn der Händler darüber schwatzte? Ein Käufer des Claudius-Buches, der wie eine ältere Ausgabe des Autors aussah? Das ergab eine nette Anekdote. Und die hätte bis zu Matthes dringen können.

Eigentlich war das Unsinn. Ich musste ja nicht die Gestalt von Opa Nikolaus annehmen. Aber ich war bei allem, was mit Matthes zu tun hatte, so aufgetreten. Vielleicht wurde ich langsam sentimental. Ich. So weit war es schon gekommen.

Doch wo ich auch schaute, niemand hatte das Buch. Ein Verkaufsschlager war es wohl nicht. Schließlich fand ich es beim Buchhändler Hoffmann in Weimar.

„Das Buch ist gerade heute zurückgekommen, mein

Herr. Der Herr Geheimrat hat es nicht goutiert", sagte der Buchhändler zwinkernd.

„Nicht jeder erkennt große Kunst", entgegnete ich zuversichtlich.

Der Buchhändler gluckste.

„Das lassen wir den Herrn Geheimrat besser nicht hören."

Ich nickte nur. Was ging mich ein Geheimrat an? Auf gut Glück reichte ich ein paar Münzen hinüber.

„Oh, das ist zu viel, mein Herr."

Er gab mir alle bis auf eine zurück. Ich verabschiedete mich. Opa Nikolaus' Gestalt löste ich in der nächsten Seitengasse auf. Mich interessierte nur noch eins: nach Plön ins Schloss zu kommen und Matthes' neues Werk zu lesen.

Was hatte ich erwartet? Ein offenes Versöhnungsangebot trotz der falschen Blumen im Fenster? Andeutungen zwischen den Zeilen, die eine Annäherung möglich machten? Oder einfach nur ein paar schöne Gedichte als würdige Nachfolger des vierten Bandes? Ich weiß es nicht. Ich weiß nur, dass ich maßlos enttäuscht war.

Die paar Gedichte waren nicht der Rede wert. Stattdessen reihten sich lange, lange Texte über religiösen Kram aneinander. Der erste: „Über die Unsterblichkeit der Seele". Wenn es überhaupt eine Botschaft an mich gab, dann jene, dass Matthes den Tod nicht fürchtete. Und Gott, immer wieder Gott. Ohne seinen Gott schien Matthes keinen Schritt mehr zu machen, keinen Satz mehr zu schreiben.

Es war hoffnungslos. Der Glaube an diesen Herrn Gott hatte Matthes vollends im Griff. Niedergedrückt, halb sitzend, halb liegend, schlaffte ich im Lesesessel ab. Ich ließ das Buch zu Boden gleiten und schaute es nie wieder an.

Trotzdem ging das Leben und Sterben weiter. Ich schnitt, wohin die Kraft mich rief. Suchte meinen Ruf stetig zu verbessern. War sanft und freundlich, wann immer es die Umstände hergaben.

Das Haus an der Lübschen Landstraße behielt ich im Blick, mal weniger, mal mehr. Hoffnung auf ein Ende meiner Verbannung hatte ich kaum noch. Es kam vor, dass ich gar nicht mehr zum Fenster nach den Blumen schaute. Lieber sah ich den Kindern beim Spielen zu, sah die ersten Gehversuche der jüngsten Matthessöhne, sah das Miteinander der Familie.

Vor Matthes war das fast immer so: Ich beobachtete. Mischte mich nicht ein. War bloßer Zuschauer. Ausnahmen wie Anna Maria Thyßen gab es ganz selten. Jetzt sehnte ich mich danach, wieder mittendrin zu sein: mitzulachen, mitzuweinen, zu berühren und berührt zu werden. Ob etwas gut oder schlecht war, ich wollte es mit ihnen teilen. Mit der Zeit wurde das Gefühl schwächer. Ich gewöhnte mich wieder ans Zuschauerdasein. Dachte ich.

Zunächst wollte ich es nicht wahrhaben. Doch es gab keinen Zweifel: Zum ersten Mal nach Matthias Heinrichs Tod gab es einen deutlichen Anstieg der Kraft im Haus.

Eigentlich beobachtete ich die Familie nur von außen, beschränkte mein heimliches Erscheinen im Haus auf besondere Ereignisse. Das war meine Art, den Bann zu respektieren. Diesmal erlaubte ich mir einen Blick hinein.

Christiane lag mit Fieber zu Bett. Eigentlich hätte ich gedacht, sie wäre außer Gefahr, nachdem sie die Kindheit hinter sich gelassen hatte. Aber es war wohl doch mehr als das übliche Flackern der Kraft in jungen Jahren. Und nun würde sie nicht mehr nachgeben. Das spürte ich ganz deutlich.

Christiane
würde sterben.

Was war zu tun? Sollte ich mich überhaupt rühren? Ich war Matthes nichts schuldig. Er war es, der mich verstoßen hatte. Warum sollte ich wieder der Überbringer der schlechten Nachricht sein? Das würde meinen Stand bei ihm kaum verbessern. Nein, hier als Zuschauer war ich sicher. Andrerseits ...

Ich konnte mich nicht einfach hineinschleichen, den Schnitt setzen und verschwinden. Ich fühlte mich falsch bei dieser Vorstellung. Ja, Matthes hatte mich verstoßen. Aber: Ich hatte ihn nie ganz aufgegeben. Und nicht Rebekka. Und nicht die Kinder. Und Christiane schon gar nicht.

Die Kraft wuchs weiter.

Dagegen konnte ich nichts tun. Ich musste, musste, musste ihr folgen. Aber ich konnte die Familie darauf vorbereiten. Zu verlieren hatte ich eh nichts mehr. Die Entscheidung war gefallen: Ich nahm den Hut in die Hand.

Matthes ging durch den Garten des Grafen Schimmelmann: vornüber gebeugt, die Hände hinterm Rücken verschränkt. Ich platzierte mich am Ende des Wegs. Zwischen uns 20 Meter freie Sicht. Wenn er nicht mit mir sprechen wollte, konnte er umkehren.

Matthes kam näher, schaute nicht auf. Ich knetete den Hut in meinen Händen. Räusperte mich lautstark. Matthes sah in meine Richtung. Blieb stehen. Wischte sich eine Haarsträhne aus der Stirn. Er schaute nach links und rechts, schaute hinter sich, und dann – setzte er seinen Gang fort.

Etwas durchrieselte mich. Ein neues Gefühl. Ich beachtete es nicht, blieb nach außen still, sah ihn unverwandt an. Auch Matthes verzog keine Miene. Musterte mich nur mit prüfendem Blick, während er näher kam.

„Freund Hain. Da bist du also wieder. Und in offizieller Mission, wie ich sehe."

„Ja, Matthes, es tut mir leid. Ich komme nicht mit einer guten Nachricht."

„Sprich, Freund Hain, sprich. Es nützt ja nichts, diese Sache sonderlich hinauszuzögern."

„Matthes, es ist unabwendbar: Christiane wird sterben."

Er schloss die Augen, atmete tief ein und aus. Dann sah er mich wieder an, lächelte verkniffen.

„Nun Freund Hain, das ist wahrlich eine schlimme Nachricht. Die Welt verliert einen guten Menschen."

Er schluckte, kämpfte mit den Tränen, fasste sich wieder.

„Aber sie geht uns nur voran, Gott wird Gefallen an ihr finden und wir werden uns wiedersehen, ganz bestimmt werden wir uns wiedersehen. Das glaube ich mit ganzer Kraft."

Ich nickte etwas unbestimmt. Wenn ihm dieser Glaube half, dann sollte es halt so sein.

„Ist das alles, Freund Hain? Bist du nur deshalb gekommen?"

„Ja, Matthes. Das ist alles. Ich wollte dich vorbereiten. Mich nicht wie ein Dieb in dein Haus schleichen, um dir deine Tochter zu nehmen."

„Warum?"

„Warum? Was meinst du?"

„Warum kommst du nach so langer Zeit, um mich ‚vorzubereiten', obwohl ich dich fortgejagt habe?"

Genau das war die Frage: Warum? Ich setzte den Hut

auf. Wie sollte ich das aufrichtig erklären? Aufrichtig zu ihm. Aufrichtig zu mir. Mir fiel eine Stelle aus der Bibel ein. Eine der wenigen, die mir gefallen hatte. Und ich musste vor mir selbst zugeben, dass sie hier zutraf.

„Ja, Matthes, du hast mich verstoßen. Aber ich habe dich nicht verstoßen. Und auch nicht Rebekka. Und nicht die Kinder. Für mich hat sich nichts geändert. Weißt du, ich habe die Bibel gelesen. Vom ersten bis zum letzten Satz. Mach dir keine Hoffnung, ich glaube immer noch nicht an Gott. Darin bin ich unbelehrbar. Aber es gibt eine Stelle, die erklären kann, warum ich hier bin. Paulus schrieb in einem Brief an die Korinther von den drei wichtigsten Dingen. Du weißt, was er schrieb. Er nannte den Glauben: Den habe ich nicht. Er nannte die Hoffnung: Sie schwand und ist bis auf einen vagen Rest verschollen. Doch als Wichtigstes nannte er die Liebe. Und ich glaube, deshalb bin ich hier und würde immer wieder kommen, egal was du sagst."

Matthes nickte versonnen.

„Du glaubst also doch an etwas, wenn auch nicht an den Herrn."

Er schwieg. Warf mir immer wieder einen kurzen Blick zu. Dann atmete er tief durch und sagte:

„Ich habe dich vermisst."

Er lächelte.

„Es ist ... unglaublich. Ausgerechnet du, der du ohne Zweifel einer der hartnäckigsten Gottesleugner der Geschichte bist, ausgerechnet du zeigst mir, was es bedeutet ein Christ zu sein. Die Liebe! Wie heißt es bei Paulus? Sie verträgt alles, sie duldet alles, sie wird nicht müde. Ich wusste das und habe es doch nicht gewusst. Du magst die meinen nicht retten können, und es war furchtbar dumm von mir, das zu verlangen, aber du kannst anscheinend Blinde sehend machen. Kannst du auch einem alten Sünder verzeihen?"

Ich wusste nicht, was sagen. Stand wie gelähmt. Doch dann kam eine Freude über mich. Ich schritt auf ihn zu und schloss ihn in die Arme. Es war so gut, wieder einen Menschen zu fühlen. Wir schämten uns unserer Tränen nicht, schauten uns glücklich an. Schließlich ließen wir einander wieder los.

„Ach, Hain, ich habe dich wirklich vermisst. Sagte ich schon, dass ich dumm war? Ich war so dumm. Matthias Heinrichs Hinübergehen hat mir das Herz gebrochen, und später wollte ich nicht zugeben, dass ich ungerecht war. Hatte nicht Jesus mit den Zöllnern und den Sündern gespeist? Stell dir vor, Rebekka hat immer wieder nach dir gefragt, bis ich es ihr verboten habe. So unangenehm war mir die Erinnerung an meine Schwäche. Freund Hain, ich bin so schwach. Eigentlich bin ich deiner Freundschaft nicht wert."

„Sag so etwas nicht, Matthes. Du weißt, ich bin ein Sturkopf. Ich glaube, was ich glaube. Ich liebe, wen ich liebe. Und dass ich überhaupt empfinden kann, das verdanke ich dir."

Froh sahen wir uns an, doch dann – wirklich gleichzeitig – fiel uns Christiane ein. Matthes fand als erster die Worte wieder:

„Wie lange denkst du hat sie noch?"

„Zwei Tage, drei Tage. Leidet sie?"

„Nein, sie schläft meistenteils, ist ruhig und gefasst. Ich glaube, sie ahnt es, doch sie kommt besser mit ihrem

Schicksal zurecht als wir. Sie war schon immer ein vernünftiges, liebes Mädchen. Ach, Hain, warum nur?"

Er kämpfte mit den Tränen. Erfolglos. Ich legte ihm eine Hand auf die Schulter. Ja, warum nur? Ob mit oder ohne Gott, es gab keine Erklärung.

„Matthes?"

„Schon gut. Lass mich meine Tränen trocknen. Heute strömen Freudentränen und Leidenstränen so schnell hintereinander, dass ich wohl bald ein zweites Taschentuch brauche."

Er brachte den Hauch eines Lächelns zustande.

„Sie haben dieselbe Quelle, Matthes. Ob das etwas zu bedeuten hat?"

Matthes stutzte.

„Ein Gedanke, der es wert ist, in einer ruhigen Stunde weiter gedacht zu werden. Ich bin wirklich froh, dich wiederzuhaben, Freund Hain."

Ich nickte.

„Wie geht es nun weiter?"

Er steckte sein Taschentuch weg.

„Ich denke, obwohl ich dich gerne bald wieder bei uns hätte, es wäre wohl besser, ein wenig zu warten. Trotz deiner Vorwarnung wird der Abschied von Christiane nicht leicht für uns, wer weiß, wie Rebekka es aufnimmt. Die Kinder wird es auch schwer treffen bis auf die jüngsten, die noch nicht verstehen. Gib uns ein wenig Zeit, Freund Hain. Wir waren so lange auseinander, da mag es auf ein paar Wochen nicht ankommen, meinst du nicht auch?"

„Dann soll es so sein, Matthes. Ich habe bis vor einer Stunde nicht im Geringsten erwartet, dass wir wieder zusammenkommen. Sicher werde ich den Tag ungeduldig erwarten, aber du hast recht: Auf ein paar Tage mehr oder weniger wird es nicht ankommen."

Und dann hatte ich eine Idee.

„Lass uns doch ein Zeichen vereinbaren, wann ich euch wieder besuchen darf. Sag Rebekka, sie möge weiße Blumen mit einem weißen Band ins Fenster stellen, wenn ihr bereit seid. Einen solchen Schmuck habe ich noch nie am Haus gesehen. Er kann also gut als Zeichen dienen."

„Hm, Freund Hain, du hast schon seltsame Ideen, aber warum nicht? Machen wir es so. Wenn es so weit ist, sollst du freudig empfangen werden."

Wir reichten uns die Hände.

„Ich möchte nun schauen, wie es zu Hause bestellt ist, mein Freund. Ich danke für alles und ... auf bald."

„Nichts zu danken. Ich werde warten. Bleib tapfer, Matthes."

Er tat einen Lachschnaufer, drehte sich um und ging zurück zum Haus. Ich sah ihm so lang wie möglich nach.

Christiane

Es stand ein Sternlein am Himmel,
  Ein Sternlein guter Art;
Das tät so lieblich scheinen,
  So lieblich und so zart!

Ich wusste seine Stelle
  Am Himmel, wo es stand;
Trat abends vor die Schwelle,
  Und suchte, bis ich's fand;

Und blieb denn lange stehen,
 Hatt große Freud in mir:
Das Sternlein anzusehen;
 Und dankte Gott dafür.

Das Sternlein ist verschwunden;
 Ich suche hin und her
Wo ich es sonst gefunden,
 Und find es nun nicht mehr.

Die folgenden Wochen schienen mir länger als die Jahre davor. Ich saß im Schloss. Betrachtete Sonnenuntergänge. Die Blätter verfärbten sich. Und endlich im Fenster: weiße Blumen mit weißem Band.

So lange hatte ich gewartet auf diesen Moment. Aber: Nun wusste ich nicht, wie ich es angehen sollte. Christiane erwähnen oder nicht? Mit Geschenken kommen oder ohne? Was sagte ich den Kindern, die inzwischen groß waren? Wie erklärte ich meine lange Abwesenheit?

Ich grübelte. In unzähligen Variationen malte ich mir diese erste Begegnung aus. Doch in einem wahrlich lichten Moment stellte ich fest: Idiot! Und Opa Nikolaus marschierte schnurstracks die Lübsche Landstraße hinauf und klopfte an.

„Hänschen, öffne die Türe. Ich kann hier nicht fort", hörte ich von innen eine weibliche Stimme. Rebekkas war es nicht.

„Ruf mich nicht Hänschen. Wie oft soll ich das noch sagen?"

„Bitte, Hänschen."

Die Tür ging auf. Der älteste Sohn, „Hänschen" Johannes, musterte mich neugierig. Anscheinend war ich ihm nicht mehr bekannt.

„Einen wunderschönen guten Tag, Herr Johannes Claudius. Wir haben uns lang nicht gesehen. Schneider ist mein Name. Hein Schneider. Sind die Eltern zu sprechen?"

„Onkel Schneider?"

Sein Gesicht hellte sich auf.

„Ja, mein Junge, der alte Onkel Schneider."

„Anna", schrie er nach hinten, „komm schnell, Onkel Schneider ist hier."

„Wer? Ach du meine Güte. Ich komme!"

Schwere Schritte in Holzpantinen näherten sich. Aus Pummelchen Anna war eine wohlgerundete junge Frau geworden. Johannes öffnete die Tür etwas weiter, machte Platz für seine große Schwester.

„Mein Gott, Herr Schneider! Dass Johannes Sie überhaupt erkannt hat. Wie lange waren Sie nicht mehr hier?"

„Hm, Jahre! Wie alt ist Fritzchen inzwischen?"

„Sieben."

„Dann müssen es acht Jahre sein, Anna. Die Eltern sind nicht da?"

„Nein, tut mir leid, das ist wirklich Pech. Gerade heute Morgen sind sie mit Line zu den Perthes nach Hamburg gefahren."

Sie beugte sich leicht vor und flüsterte:

„Line hat dort einen Schatz gefunden."

„Das hab ich gehört", mischte sich Johannes ein.

Unbeirrt sprach Anna wieder lauter:

„Wollen Sie nicht trotzdem hereinkommen? Die Eltern müssten bald zurück sein. Es wäre doch schade, Sie haben sicher einen weiten Weg gemacht, um hierher zu kommen."

Ich war wirklich ein Idiot. Erst hatte ich mir wer weiß was für Gedanken gemacht und dann? Guckte ich nicht mal, ob sie zu Hause waren. Fast wollte ich den Rückzug antreten, als Johannes schrie:

„Sie kommen!"

Ich drehte mich um. Eine Kutsche näherte sich. Auf dem Kutschbock saß ein mir unbekannter Mann. Doch aus dem Kutschenfenster schaute ein wohlbekanntes Gesicht: Matthes.

Er nickte mir lächelnd zu. Dann wandte er sich ins Innere der Kutsche. Kurz darauf spähten zwei weitere Köpfe heraus: Caroline und Rebekka. Line schaute etwas verwirrt. Doch Rebekka strahlte. Wie schon bei der Begegnung mit Matthes lief ein Rieseln durch meinen Körper. Nun wusste ich, wie sich Glück anfühlt.

Die Kutsche hielt. Der Kutscher kletterte vom Bock und öffnete den Fahrgästen die Tür. Matthes stieg etwas steif aus. Seine Zeit, mit den Kindern im Garten herumzutollen, war vorbei. Er bedankte sich beim Kutscher, drückte ihm eine Münze in die Hand. Dann erschien Rebekka. Ganz in Schwarz.

Ernüchtert stellte ich fest, dass ich mir immer noch nichts überlegt hatte. Was sollte ich sagen zu Christiane? Sollte ich überhaupt daran erinnern?

Matthes half Rebekka beim Aussteigen. Sie bewegte sich bedächtig. Damenhaft. Auch an ihr waren die letzten Jahre nicht spurlos vorübergegangen. Schließlich reichte Matthes Caroline die Hand, die behände aus der Kutsche kletterte.

Der Kutscher verabschiedete sich von den Herrschaften und fuhr ab. Rebekka hakte sich bei Matthes ein. Gemächlichen Schrittes kam die kleine Claudius-Gesellschaft aufs Haus zu. Doch bevor ich mir ein paar Worte zurechtlegen konnte, rief Matthes:

„Sieh an, sieh an. Der verlorene Freund ist wieder da."

Rebekka sah mich freudig an. Sie konnte ja nicht ahnen, dass dieses Wiedersehen dem Tod ihrer Tochter zu verdanken war. Schließlich standen die drei vor mir. Irgend etwas musste ich sagen. Ich flüchtete mich ins Formelle.

„Frau Rebekka, Caroline, Meister Claudius. Ich komme

etwas ungelegen ..." Und weiter wusste ich schon nicht mehr. Zum Glück sprang Rebekka ein.

„Nein, nein, Sie sind immer willkommen. Lassen Sie uns erst mal ins Haus gehen. Wir machen uns etwas frisch, Anna setzt einen Coffee auf und dann verplaudern wir den ganzen Tag. Es gibt so viel zu erzählen. Nicht wahr, Matz?"

„Natürlich, Bebelmus. Als Generalissima dieses Hauses hast du die Lage erfasst und die richtigen Maßnahmen ergriffen."

„Ach, du immer. Kommen Sie, Herr Schneider, hinein in die gute Stube. Wir haben Sie alle vermisst; Anna, wo sind die Kinder?"

Wir gingen ins Haus, während Anna Bericht erstattete.

„Die Jungens wollten auch verreisen. Guste und Rebekka haben sie im Bollerwagen mitgenommen. Trinette ist mit der Einkaufsliste unterwegs."

„Hörst du, Mutter Generalissima. Alles bestens, kein Küken ist verloren gegangen. Und mein großer Sohn Johannes: Hast du gut aufgepasst, dass Anna die Finger von den Honigtöpfen lässt?"

„Papa!", rief Anna empört.

„Schon gut, meinen Segen hast du. Hier mein Freund, setz dich auf den Ehrenplatz. Wir sind gleich alle bei dir. Anna, der Coffee."

Die Familie strömte auseinander. Ich blieb zurück, war überwältigt, wieder mittendrin zu sein. Dieses Gefühl verließ mich beinahe den ganzen Tag nicht mehr. Um mich herum vibrierte das Leben und ich saß wie gefangen. Eigentlich seltsam. Bin ich es doch gewohnt, an 1.000 Orten zugleich zu sein. Ich setze den Schnitt, egal was um mich herum passiert. Doch gelebtes Leben konnte mich noch immer verwirren.

Matthes und Rebekka erzählten, was ihnen aus den letzten Jahren in den Sinn kam. Für mich ungewohnt saßen die Kinder mit am Tisch. Zwischen Caroline und Anna blieb ein Stuhl frei. Und gerade als ich seine Bedeutung verstand, sagte Rebekka:

„Das ist Christianes Stuhl. Wir lassen ihn frei, um uns zu erinnern. Sie soll weiter einen Platz in unserer Mitte haben."

Ich schaute Rebekka an, Matthes, die Kinder.

„Es tut mir sehr leid, was passiert ist. Ich habe sie sehr gemocht."

Rebekka versuchte mit zusammengepressten Lippen ein Lächeln. Die Mienen von Caroline und Anna verdüsterten sich. Selbst Johannes bekam einen in sich gekehrten Blick. Bevor die Stimmung ganz und gar umkippte, griff Matthes ein.

„Lasset uns beten."

Alle falteten die Hände und senkten die Köpfe. Nach kurzem Zögern tat ich es ihnen gleich. Matthes sprach:

„Herr, wir gedenken unserer Tochter und Schwester Christiane. Wir danken dir, dass du sie uns gegeben. Wir danken dir, dass du sie zu dir genommen. Du weißt um unsere schweren Herzen, denn du hast deinem eigenen Sohn Jesus Christus das Leben gegeben und wieder genommen, um uns zu erlösen. Dafür können wir nicht genug danken und hoffen, dass du auch uns in Gnade aufnimmst, wenn unsere Zeit gekommen. Bis dahin bitten wir um dein Wohlwollen für unseren Wandel auf Erden und darum, dass immer genug Hönigtöpfe in der Küche bereit stehen. Amen."

„Amen", wiederholten Rebekka und die Kinder, gefolgt von Annas empörten „Papa!".

„Was, was? Ich bat um Speisen für die Familie, erwähnte unser Honigmäulchen mit keinem Wort. Möchtest du eigens erwähnt werden?"

„Du weißt, was ich meine, Papa."

„Ach ja?"

Matthes hob weit die Augenbrauen. Rebekka und Johannes lachten. Bald darauf erschienen Guste und die kleine Rebekka mit den jüngsten Söhnen. Fritz und Ernst und Franz wurden mir vorgestellt. Großes Interesse hatten sie nicht an mir. Reisen macht hungrig. Sie verschwanden in der Küche.

Als auch Trinette vom Einkaufen zurückkam, war Familie Claudius wieder komplett. Es gab ein ständiges Hin und Her. Die Tischbesetzung wechselt immer wieder, während Matthes und Rebekka mich auf den neusten Stand brachten. Nicht alles war mir unbekannt. Doch ich lauschte, als ob es das wäre. Wenn sie erzählten, hatten all die kleinen und großen Familienereignisse viel mehr Klang und Farbe. Nichts davon wollte ich verpassen.

Darüber wurde es Abend. Die Kleinen begannen zu quengeln. Auch die Älteren schienen mir unruhig. Ich erwachte aus meiner Benommenheit, es war an der Zeit zu gehen.

Ich machte Anstalten aufzubrechen, doch Rebekka wollte mich noch nicht gehen lassen.

„Bleiben Sie doch zum Abendbrot, Herr Schneider."

„Vielen Dank, Rebekka, ich habe euch nun fast den ganzen Tag belegt und bin auch noch mit leeren Händen gekommen. Nein, es ist Zeit für mich."

„Aber ich bitte Sie, Herr Schneider, Sie sind willkommen so wie Sie sind. Das hängt doch nicht von Mitbringseln ab."

Matthes bekräftigte ihre Worte:

„Ja, meine Allerliebste hat völlig recht. Du kommst, wie du kommst und bleibst so lange du magst. Die Hauptsache ist, dass du kommst."

„Danke euch beiden. Ich werde sicher bald wieder vorbeischauen. Aber für heute soll es genug sein. Ich habe in den letzten Stunden mehr erfahren, als in meinen alten Kopf hinein passt. Der braucht etwas Lüftung."

Die beiden gaben ihren Widerstand auf. Matthes tat jedoch kund, mich ein Stück zu begleiten. Ich verabschiedete mich von Rebekka und den Kindern. Verwechselte Franz und Ernst, nannte Auguste Triguste und Trinette Aunette. Was mir einen Abgang mit Lachern verschaffte. Wir verließen das Haus, ich wandte mich noch mal um, winkte Rebekka zum Abschied. Der Form halber gingen wir Richtung Hamburg.

„Das war wie in den alten Zeiten, nicht Freund Hain?"

„Bis auf die Vervielfachung der Kinderzahl würde ich zustimmen."

„Ja, der Herr hat es gut mit uns gemeint, aber nun, wenn nicht ein biblisches Wunder passiert, ist Schluss mit dem Nachwuchs."

Ich sah ihn fragend an.

„Rebekka kann keine Kinder mehr bekommen. Das ist ganz zweifellos auch besser so. Sie ist in den letzten Jahren etwas brüchig geworden. Ich bin froh, dass wir nun schon erwachsene Kinder haben, die ihr vieles abnehmen können.“

„Auf mich machte sie einen rundum guten Eindruck.“

„Sie wollte einen guten Eindruck machen, Freund Hain. Da ist sie immer noch ganz Frau. Es gibt Tage, an denen sie kaum aus dem Bett kommt. Sie braucht solche Ruhetage, um Kraft zu sammeln.“

„Zur Ruhe wird sie noch lange nicht gehen.“

Matthes schaute mich überrascht an.

„Du bist sicher?“

„So weit ich das sagen kann, wird es in absehbarer Zeit keinen Grund zur Trauer bei euch geben. Das kann sich ändern. Seuchen. Unfälle. Andere Schicksalsschläge. Doch allein von der Konstitution gibt es keinen Anlass zur Besorgnis.“

„Das heißt, ich bin der nächste?“

Ich schaute ihn prüfend an.

„Ich denke, es werden alle Kinder aus dem Haus sein, bevor du der nächste bist.“

Matthes lächelte.

„Danach habe ich nicht gefragt, doch ich bin froh, dass du es mir gesagt hast.“

Er griff in seine innere Jackentasche. Zog einen Umschlag heraus.

„Ich habe auch etwas für dich, nach dem du nicht gefragt hast. Es ist ein Gedicht, das ich für dich geschrieben habe. Die Gelehrten, sofern sie sich überhaupt der Mühe unterziehen, es zu lesen, werden sagen, es sind zwei Gedichte, aber, du und ich, wir wissen, dass es nur eines ist. Anna hat es für mich abgeschrieben. Sie hat die schönste Handschrift von uns allen.“

Matthes drückte mir den Umschlag in die Hand. Ich betrachtete ihn, nicht sicher, was ich damit tun sollte. Ich wollte ihn wegstecken.

„Du willst es nicht lesen?"

„Jetzt? Vor deinen Augen?"

„Natürlich. Ich will doch wissen, wie mein Werk wirkt."

„Aber nicht, dass du enttäuscht bist."

„Keine Bange, Freund Hain, ich weiß, was ich tue."

Ich öffnete den Umschlag. Entfaltete das schwere Papier und las. Ich las es noch mal. Tränen schossen mir in die Augen. Matthes hatte recht. Man konnte den Text als zwei Gedichte lesen. Doch der besondere Sinn ergab sich, wenn ich es als eines las.

Eine Träne tropfte aufs Papier. Ich versuchte sie wegzuschütteln. Zu spät. Das Wort Flügel wurde etwas verwischt.

„Ach, jetzt habe ich es ruiniert. Was soll ich sagen? ... Niemand hat bisher so etwas Schönes über mich geschrieben. Nichts ist dem vergleichbar. Danke, Matthes, vielen Dank dafür."

Ich ging auf ihn zu und umarmte ihn. Es war mir jetzt leicht, einen Menschen zu umarmen. Ich wusste nun, wie gut das tat.

„Nichts zu danken, Freund Hain. Es ist eine Kleinigkeit im Vergleich zu allem, was du für uns getan hast."

Matthes löste sich aus meiner Umarmung.

„Zeig mal. Warum ist es ruiniert?"

Ich reichte ihm das Gedicht.

„Nein, Freund Hain, jetzt ist es vollendet."

Er gab mir das Papier zurück. Mit einer neuen Gewissheit sahen wir uns lächelnd an: Wir waren Freunde – und würden es bleiben.

Der Tod

Ach, es ist so dunkel in des Todes Kammer,
    Tönt so traurig, wenn er sich bewegt
Und nun aufhebt seinen schweren Hammer
    Und die Stunde schlägt.

Die Liebe

Die Liebe hemmet nichts; sie kennt nicht Tür noch Riegel,
    Und dringt durch alles sich;
Sie ist ohn Anbeginn, schlug ewig ihre Flügel,
    Und schlägt sie ewiglich.

Ich habe nachgerechnet: Achtzehn Jahre blieben mir noch mit Matthes. Sie hatten ihre Höhen und Tiefen, ihr Hoffen und Bangen. Doch hätte es Napoleon nicht gegeben, Matthes wäre nicht mehr aus Wandsbeck weggegangen.

In den ersten Jahren gab es vor allem Hochzeiten zu feiern. Dabei trafen Matthes zwei Schicksalsschläge: Er verlor seine beiden ältesten Töchter. Nicht an mich – junge Männer entführten sie zum Zwecke der Familiengründung. Matthes brauchte seine Zeit, um die Anträge zu verarbeiten.

„Sie sind noch so jung“, klagte er.

Caroline und Anna waren schon ein paar Jahre älter als Rebekka bei ihrer Heirat.

„Ihre Mutter braucht Hilfe“, mahnte er.

Guste und Trinette rückten bereits nach, näherten sich selbst dem heiratsfähigen Alter.

„Gebären ist gefährlich“, warnte er.

Hatte er nicht Rebekka ein Dutzend Mal dieser Gefahr ausgesetzt? Warum eigentlich?

„Gottvertrauen, Freund Hain. Wir hatten und haben immer noch Gottvertrauen. Seid fruchtbar und mehret euch, heißt Gottes Gebot, wie du inzwischen weißt. Und der Apostel Paulus schreibt, dass das Weib selig wird durch ihre Kinder.“

„Und du möchtest nicht, dass deine Töchter selig werden?“

„Hain! Du redest wie ein Pharisäer. Lass doch bitteschön einen Vater mit seinen Bedenken ringen.“

Er rang und die Töchter blieben Sieger. Caroline heiratete den Hamburger Buchhändler und Verleger Friedrich Perthes. Im Jahr darauf begrüßte Matthes als strahlender

Großvater seine erste Enkelin Agnes. Anna heiratete den Jacobi-Sohn Max. Einst waren seine beiden älteren Brüder zwei Jahre bei Matthes zur Schule gegangen. Max ließ sich als Arzt in Eutin nieder. Auch hier dauerte es nicht mal ein Jahr bis Enkel Leo zur Welt kam.

Bei allem Gottvertrauen fiel mir die Aufgabe zu, Matthes erste Nachricht von den Geburten zu bringen. Es sollten noch einige folgen. Mal schwerer, mal leichter, aber immer mit glücklichem Ende. Wenn auch nicht jeder Enkel die Kindheit überlebte.

Bei den Hochzeiten war ich nicht dabei. Ich besorgte fürs Festmahl, was immer ich auftreiben konnte. Doch so sehr Matthes und Rebekka auch baten und winkten, ich wollte mich nicht auf noch mehr Menschen einlassen.

Am schwersten fiel mir das bei der größten aller Hochzeitsfeierlichkeiten: Matthes' und Rebekkas Silberhochzeit. Ich kann schlecht sagen, wie ein Mensch die Zeit fühlt. Mir kamen die 25 Jahre vor wie eine Ewigkeit. Unendlich weit entfernt schien mir der Tag, an dem ich Rebekka unter einem Vorwand zu Matthes geschickt hatte. Zum liebeskranken Wandsbecker Boten.

Ich brauchte einige Anläufe, um Matthes zu erklären, warum ich bei dem großen Tag nicht dabei sein würde. Er konnte es nicht recht einsehen, dass bei einer solchen Feier Bindungen entstehen könnten. Bindungen, die es mir schwer machen würden, meine Aufgabe zu erfüllen. So ganz war ich selbst nicht überzeugt. Es war – ein Gefühl, dass es besser so wäre. Dass es so sein müsste.

Bei Rebekka blieb mir nur, den Transportunternehmer hervorzuholen. Ein großer Auftrag in Süddeutschland. Umzug eines bayerischen Grafen in sein neues Schloss.

Lang geplant. Es tat mir sehr leid, sie anlügen zu müssen. Sie hatte das nicht verdient. Für die Wahrheit aber, so glaubte ich, war es zu spät.

Blieb noch die Frage des Geschenks. Es sollte etwas Wertvolles sein. Es durfte aber nicht wertvoll sein. Matthes wusste, wo meine Mitbringsel herkamen. Vielleicht war Gewohnheit eingetreten, wenn ich was für die Küche organisierte oder den Kindern eine Kleinigkeit mitbrachte. Aber ein wertvolles Geschenk? Würde sich nicht sein Gewissen melden? Nein, solcher Art Komplikationen wollte ich nicht heraufbeschwören. Doch was dann?

Die rettende Idee kam mir am Schöneberger Strand. Bauer Schulz sammelte mit seinen Enkeln Detlef und Dietrich Muscheln, als das Herz nicht mehr mitmachte. Die Kinder waren voraus gelaufen, hatten noch nichts bemerkt. Ich betrachtete die Miniatur-Schatztruhe, die dem Bauern aus der Hand gefallen war. Gefüllt mit Sand und Muscheln. Das war's!

Die Zutaten: eine alte, mittelgroße Reisetruhe; zwei Flaschen Rheinwein (Matthes hatte ein Gedicht über ihn geschrieben, musste also passen); Münzen, so viel ich auftreiben konnte; vom Meeresstrand Muscheln, Seesterne und Sand.

Die Idee: Ich füllte die Truhe mit dem Sand, versteckte Flaschen und Münzen darin, Muscheln und Seesterne dienten der Dekoration. Das Geschenk sollte angeblich ein Stück Strand für den Garten sein, weil die Familie nie ans Meer kam. War es als Kuriosität akzeptiert, würde Matthes es kaum zurückgeben, falls er irgendwann den kostbaren Inhalt entdeckte. Und wenn er ihn nicht bemerkte, war es immer noch ein eigentümliches Geschenk.

Es dauerte einige Monate, bis Matthes mich bei einem morgendlichen Rundgang als Griechen begrüßte.

„Wieso Grieche?"

„Nun, mein Freund, Griechen sind dafür bekannt, Geschenke zu geben, die nicht das sind, für das sie gehalten werden. Die Trojaner bekamen von den Griechen einst ein Pferd aus Holz. Doch war dies keine Abschiedsgabe für die Götter, sondern ein Schachzug, der Troja Matt setzte, denn im Innern waren griechische Kämpfer verborgen. Wenn also jemand – hypothetisch gesprochen – einem alten Freund ein Stück Strand schenkt und – wiederum hypothetisch gesprochen – in diesem Strand Dinge verborgen sind, von denen nie die Rede war, so ist meine Conclusio, dass der Schenkende, dessen Herkunft nie eindeutig geklärt wurde, ebenfalls ein Grieche sein muss."

„Aha, daher weht der Wind. Wer war der stolze Finder?"

„Unser Jüngster, Franz, hatte das Bedürfnis am Strand zu spielen. Er buddelte nach Kinderart im Sand, fand eine Münze, fand noch eine, rief den Papa und wir gruben das ganze Diebesgut aus."

„Ach komm, Matthes, niemand vermisst irgendwas. Ich bin sehr umsichtig verfahren."

„Diebesgut ist Diebesgut. Du weißt, dass ich dies weder nach den weltlichen noch nach den göttlichen Gesetzen tolerieren kann."

Ich seufzte.

„Matthes! Was sollte ich denn machen? Außerdem kann ich nichts mehr zurückgeben. Ich weiß doch nicht mehr, wo ich jede einzelne Münze her habe."

Matthes grinste mich an, schlug mir auf die Schulter.

„Ist schon recht. Das Geld werden wir an Bedürftige geben und der Wein, ach, der war gut. Ich schätze, du hast
die Etiketten ausgetauscht. Es war ganz bestimmt griechi-
scher Wein!"

Und er brach in schallendes Gelächter aus.

An Frau Rebekka;
bei der silbernen Hochzeit, den 15. März 1797

Ich habe Dich geliebet und ich will Dich lieben,
    Solang Du goldner Engel bist;
In diesem wüsten Lande hier, und drüben
    Im Lande wo es besser ist.

Ich will nicht von Dir sagen, will nicht von Dir singen;
    Was soll uns Loblied und Gedicht?
Doch muss ich heut der Wahrheit Zeugnis bringen,
    Denn unerkenntlich bin ich nicht.

Ich danke Dir mein Wohl, mein Glück in diesem Leben.
    Ich war wohl klug, dass ich Dich fand;
Doch ich fand nicht. GOTT hat Dich mir gegeben;
    So segnet keine andre Hand.

Sein Tun ist je und je großmütig und verborgen;
    Und darum hoff ich, fromm und blind,
Er werde auch für unsre Kinder sorgen,
    Die unser Schatz und Reichtum sind.

Und werde sie regieren, werde für sie wachen,
    Sie an sich halten Tag und Nacht,

Dass sie wert werden, und auch glücklich machen,
    Wie ihre Mutter glücklich macht.

Uns hat gewogt die Freude, wie es wogt und flutet
    Im Meer, so weit und breit und hoch! –
Doch, manchmal auch hat uns das Herz geblutet,
    Geblutet … Ach, und blutet noch.

Es gibt in dieser Welt nicht lauter gute Tage,
    Wir kommen hier zu leiden her;
Und jeder Mensch hat seine eigne Plage,
    Und noch sein heimlich Crève-coeur.

Heut aber schlag ich aus dem Sinn mir alles Trübe,
    Vergesse allen meinen Schmerz;
Und drücke *fröhlich* Dich, mit voller Liebe,
    Vor Gottes Antlitz an mein Herz.

Zwischen den Hochzeiten veröffentlichte Matthes Band sechs seiner gesammelten Werke. Zwei weitere Bände sollten noch folgen. Mit der großen Literaturwelt hatte er es sich lange verdorben, aber es gab einen Stammleserkreis. Menschen, die an Gott glaubten, die aus diesem Glauben heraus die Welt betrachteten.

Band sechs war politisch. Matthes beurteilte die Entwicklungen der Zeit von seinem Standpunkt aus. Gedichte waren auch wieder dabei: meines, Christianes, Rebekkas und einige andere. Doch zuallererst rechnete Matthes mit der französischen Revolution ab.

Viel Phantasie braucht es nicht, um sich vorzustellen, was er von der Revolution dachte. Sie war ihm ein Gräuel. Er hatte die Jesus-Worte „Gib dem Kaiser, was des Kaisers ist" innig ins Herz geschlossen. Betrachtete die Monarchen als gottgegeben. Dass nun das Volk das Volk regieren sollte, war ihm höchst suspekt.

Es gab damals Leute, die dachten, er sei ein blinder Gefolgsmann der Monarchie. Das sei ferne, wie Paulus immer so drollig in seinen Briefen schrieb. Aus der Berufung zum König ergab sich für Matthes ganz klar eine Verpflichtung gegenüber Gott und den Menschen. Oder mit den Worten des Dichters gesagt:

Jeder König sei des hehren
  Großen Rufes wert! –
Doch denn muss er nichts begehren,
  Was ein Mensch begehrt;
...

Und durch jede seiner Taten,
  Wo er des vergisst,

Hat er Gott den Herrn verraten,
   Dessen Bild er ist;

Matthes sah nicht ein, dass wegen einiger Fehlentwicklungen ein bewährtes System gegen ein neues mit neuen Schwächen ausgetauscht werden müsse. Für ihn lag die Chance auf Verbesserung nur im Menschen selbst. Wenn jeder Mensch sich besserte, dann besserte sich die Welt. Heutzutage würde man sagen: Evolution statt Revolution.

Matthes verstand dies natürlich im Sinne seiner Religion. Der Mensch war nicht frei, der tun konnte, was er wollte. Es war nur jener frei, der im Sinne des Glaubens das Rechte tat, ohne an biblische Gebote überhaupt denken zu müssen. So wollte Matthes leben. So erzog er seine Kinder.

Es ist kaum eine Überraschung, dass drei seiner Söhne Pastoren wurden. Der älteste, Johannes, versucht zuerst eine Kaufmannslehre in Hamburg. Verglichen mit den Wehs und Achs beim Verlust seiner beiden Töchter ging Johannes' Auszug geräuschlos vor sich. Was nicht heißen soll, dass Matthes sich keine Gedanken um seinen Sohn in der Großstadt gemacht hätte. Tagelang arbeitete er einen Brief aus. Er versuchte, Johannes alles mitzugeben, was er in sich trug.

Matthes schrieb: „Man hat darum die Sache nicht, dass man davon reden kann und davon redet. Worte sind nur Worte, und wo sie so gar leicht und behände dahinfahren; da sei auf deiner Hut, denn die Pferde, die den Wagen mit Gütern hinter sich haben, gehen langsameren Schrittes."

„Du misstraust den Worten?" fragte ich ihn, als er mir die Stelle vorlas.

„Selbstverständlich, Freund Hain, Worte sind wie De-
cken. Sie mögen schön wärmen, und doch verhüllen sie
den Menschen oder den Gegenstand, über den er spricht.
Ganz selten einmal gelingt es einem Dichter, die Worte zu
finden, die Wahrheit enthüllen. Das ist dann ein großer
Tag, und ich weiß nicht, ob ich jemals einen solchen Tag
hatte."

„Na, na, mir hast du schon einiges enthüllt."

„Du bist mein Freund und unter Freunden steckt man
gemeinsam unter der Decke."

Matthes riet: „Hilf und gib gerne, wenn du hast, und
dünke dir darum nicht mehr; und wenn du nicht hast, so
habe den Trunk kalten Wassers zur Hand, und dünke dir
darum nicht weniger."

„Du predigst einem Kaufmann die Armut?"

„Warum nicht? Will Johannes denn Kaufmann werden,
um reich zu sein? Wäre es nicht besser, er würde Kaufmann, um anständig zu leben und zu geben, was ihm
möglich ist?"

Ein schönes Ideal. Wohl unerreicht in der Welt. Aber
das sagte ich lieber nicht. Auch nicht unter der Decke.

„Verachte keine Religion, denn sie ist dem Geist gemeint, und du weißt nicht, was unter unansehnlichen
Bildern verborgen sein könne. Es ist leicht zu verachten,
Sohn; und verstehen ist viel besser", ließ er seinen Sohn
noch wissen.

Matthes beschäftigte sich viel mit asiatischen Religio-
nen. Immer auf der Suche nach seinem Gott. Aber durchaus mit der Toleranz, die er seinem Sohn empfahl. Eine
ausführliche Darstellung dazu veröffentlichte er im siebten Band seiner gesammelten Werke: „Eine asiatische

Vorlesung".

Die Haut des einfältigen Asmus hatte er lange abgestreift. Seine Bücher liefen trotzdem noch unter dem ausgreifenden Titel „Asmus omnia sua secum portans, oder Sämtliche Werke des Wandsbecker Boten".

Johannes hielt es nur wenige Monate in der Kaufmannslehre aus. Dann schlug Vaters Erziehung durch: Der Sohn wollte doch lieber Theologie studieren. Matthes drückte ihn aber nun nicht freudig an die Brust.

Sicher: Es war schön, wenn der älteste Sohn die Familientradition fortführen wollte. Aber: So ein Studium ging ins Geld. Also forderte er, die verlorene Zeit durch hartes Lateinstudium aufzuholen. Das sollte die Probe sein, ob es dem Sohn diesmal ernst war. Johannes bestand.

Als dann die beiden jüngsten Söhne, Franz und Ernst, ebenfalls Theologie studieren wollten, musste Matthes wieder einen Brief schreiben. Ans dänische Königshaus. Das Geld reichte nicht mehr. Seine Bitte wurde erhört, die Pension aufgestockt und der Glauben an die Monarchie gefestigt.

„Manchmal bin ich dieser Welt wahrlich überdrüssig", sagte Matthes.

„Schnell, Rebekka, einen Coffee, extrastark, für den alten Mann. Seine Lebensgeister müssen geweckt werden."

„Noch einen Coffee, Matz?"

„Nein, lass man, Liebes. Ich habe noch."

Wir saßen zusammen in der Wohnstube. Die Kinder, flügge geworden, waren außer Haus. Manche weit weg. Anna war mit ihrem Mann inzwischen nach München gezogen. Die Jungs studierten. Manche nur eben unterwegs, wie Tochter Rebekka auf Besorgungen. Guste und Trinette besuchten Verwandte.

Für Matthes' Trübsal gab es einen Grund: Caroline hatte in einem kurzen Brief von Otto Runges Tod berichtet. Der junge Maler war in Hamburg verstorben. Er gehörte zum großen Freundeskreis der Familie Claudius. Da ich mich dort heraushielt, war nicht ich es, der die Nachricht überbracht hatte.

Rebekka suchte ihn zu trösten:

„Aber er ist vorbildlich wie ein wahrer Christ aus dieser Welt gegangen, nicht wahr, Matz? Das ist es doch, was am Ende zählt."

„Ja, natürlich. So möchte man gehen. Bis kurz vor Schluss ganz klar und um einen herum Menschen, die man liebt. Doch darum geht es nicht. Was ist das für eine Welt geworden, die er verlassen hat? Nimm Hamburg, wo die Franzosen auf Befehl ihres ‚Kaisers' seit vier Jahren hausen. Da haben sie revolutioniert, ihren rechtmäßig Herrscher und seine Frau ermordet, und jetzt führt sie ihr Kaiser von eigenen Gnaden überall hin und zweifelsfrei wird er sie auch ins Verderben führen. Die Hamburger verrohen unter diesem Volk.“

„Na, Matthes, du übertreibst. Nur weil ein Strauchdieb bei euch am helllichten Tage Wäsche klaut. Das heißt doch nicht, dass alle Hamburger verrohen.“

„Erinnere mich nicht daran. Obwohl es ein harmloser Vorfall war, saß uns der Schreck noch lange in den Gliedern. Doch was kommt als nächstes? Wir können nicht mehr schlafen, ohne dass wirklich alle Türen und Fenster verschlossen sind. Früher sind wir aus dem Haus gegangen, haben nicht abgeschlossen und die Fenster waren auf.“

„Weißt du noch, Matz, das Eichhörnchen? Als wir zurückkamen. Es stand mitten auf dem Tisch, knabberte an einer Haselnuss und ließ sich gar nicht stören.“

„Hatte es eine Trikolore am Schwanz?“, warf ich vorwitzig ein.

„Nein, Freund Schneider, das war lange vor den Franzosen. Ich glaube, wir hatten das neue Haus ein ... zwei Jahre, Betty?“

„War das nicht in dem Jahr, in dem der Kronprinz bei uns war, Matz?“

„Ich weiß nicht mehr, die Jahre verschwimmen mir. Aber das ist auch nicht der Gegenstand meiner Klage. Warum muss ein so junger, begabter Mann wie Runge sterben; kennst du sein Bild ‚Der Morgen‘, mein Freund?“

Ich schüttelte den Kopf.

„Es ist ein Wunderwerk aus Licht und Farbe. Und doch: Kurz bevor der Sohn geboren wird, den er so gerne noch in den Armen gehalten hätte, stirbt sein Schöpfer. Aber Mörder und Kriminelle erhalten Aufschub, ehe sie in die Hölle einfahren.“

Matthes spielte auf einen Fall in Hamburg an. Ein Tischler war ermordet, ausgezogen und nackt in die Alster geworfen worden. Der Mörder versuchte die noch blutigen Kleidungsstücke zu verkaufen. Was sehr schlau war. Wegen irgendwelchen formalen Streitigkeiten zwischen Besatzern und Hamburger Behörden verzögert sich jedoch die Ausführung des Todesurteils immer wieder.

„Nun lass es uns doch so sehen, Matthes. Der eine hat die ihm zugemessene Lebensspanne voll und ganz genutzt. Die Trauer um ihn zeigt das deutlich. Der andere hat sein Leben weggeworfen. Die paar Tage Unterschied werden ihm nicht mehr helfen. Der einzige, der wirklich zu bedauern ist, das ist der Tischler. Aber so ist nun mal die Welt. Zur falschen Zeit am falschen Ort, zur rechten Zeit am rechten Ort – niemand kann das voraussehen. Man muss es nehmen, wie es kommt."

„Oho, Betty, erinnere mich daran, dass ich Herrn Hein Schneider fürs Philosophenlexikon vorschlage. Sein Name fehlt dort ganz entschieden. Und nun könnte ich doch einen Coffee gebrauchen."

Für diesmal war der Bann gebrochen. Doch die Tage häuften sich, an denen Matthes Trübsal blies, sich in eine andere Welt wünschte. Beim Herrn. Es war halt die Zeit, in der immer mehr Freunde und Bekannte fortgingen und nicht wiederkamen. Herder, Klopstock und viele andere, deren Namen heute nicht mehr bekannt sind.

Auch vermisste er die Söhne und Töchter, die das Elternhaus verlassen hatten. Briefe waren kein Ersatz. Ob es geschrieben steht oder man mittendrin ist, das macht einen großen Unterschied. Und überhaupt: Mehr als dreißig Jahre lang hatte Matthes Kinder um sich herum gehabt: von Caroline bis Franz. Jeden Tag hatten sie ihn herausgefordert. Mit ihren Fragen, ihrer Phantasie, mit Hochstimmungen und kleinen Unfällen. Das war nicht nur Freude, aber es hielt den Geist auf Trab. Diese Stimulans fehlte nun. Matthes verkroch sich immer weiter in sein Glaubensgebilde.

Trotzdem: Als es drauf ankam, handelte er entschlossen. Dem Emporkömmling Napoleon wollte er nicht zum Opfer fallen.

Auf O - - o R - - s Grab

Aus einer Welt voll Angst und Not,
Voll Ungerechtigkeit, und Blut und Tod
   Flüchtete die fromme reine Seele
Sich ins bessre Land zu Gott;
    Und der Leib in diese dunkle Höhle,
    Auszuruhen bis zum Wiedersehn.
   O der Christ ist immer groß und schön,
Doch im Tod in seiner größten Schöne.
   Wandrer, bleib am Grabe stehn,
   Lerne hier, was eitel ist, verschmähn;
Weine eine stille Träne!
   Und denn kannst du weitergehn.

1813. Eins acht eins drei. Diese Zahlenkombination habe ich mir gemerkt. Immer wenn auf Erden etwas Unglaubliches passiert, wenn ich wie ein Wahnsinniger Schnitte setzen muss, denke ich „eins acht eins drei". Wegen Leipzig. Ich schnitt bei jener Schlacht so viele Menschen in so kurzer Zeit wie nie zuvor. Es waren sicher mehr als 50.000. Nach dieser Raserei dachte ich: Nun müssen sie doch gescheit werden. Aber: die Menschheit und gescheit? Eins acht eins drei.

Doch das war erst im Herbst. Im Frühling wurden die Russen in Hamburg begeistert empfangen – eine Spätfolge von Napoleons Leichenzug aus Russland. Die französischen Besatzer hatten sich rechtzeitig aus dem Staub gemacht. Kamen im Mai aber schon zurück. Diesmal zogen die Russen ab.

Die Lage blieb unübersichtlich. Und woran Matthes wirklich knabbern musste: Dänemark hatte sich mit Napoleon verbündet. Das war für ihn ungefähr so als ob Herr Gott sich mit dem Teufel verbündete. Obwohl es auch das schon gegeben haben soll, siehe Hiob. Ganz praktisch hieß das jedoch: Wenn russische und preußische Truppen Hamburg befreien wollten, war das dänische Wandsbeck für sie Feindesland.

Mehrfach hielten wir Kriegsrat. Viel helfen konnte ich Matthes nicht. Die Manöver der verschiedenen Armeen vermochte ich nicht zu durchschauen. Es war bereits Hochsommer, als eine Entscheidung fiel.

„Die Gräfin von Reventlow hat uns mehrfach eingeladen, nach Emkendorf zu kommen. Wir werden nächste Wochen fahren", verkündete mir Matthes.

„Und das Haus?"

„Wir können nur auf Gott vertrauen, mein Freund. Ich bin ein alter Mann, wie soll ich das Haus gegen ganze Armeen verteidigen? Vielleicht kannst du ab und an nach dem Rechten sehen. Möglicherweise schafft es Fritz, sich freizumachen und kommt aus Lübeck herunter, um das Haus zu hüten. Wir ziehen besser jetzt nach Norden, bevor Russen und Preußen ernstlich Richtung Hamburg marschieren."

„Ich werde sehen, was ich tun kann, um das Haus vor Schaden zu bewahren."

„Und auch die Bäume, mein Freund. Pass mir auf die Linden auf. Soldaten sind wie Heuschrecken, sie hinterlassen kahle Landschaften. Was im Haus kaputt geht, ist zu ersetzen, aber diese Bäume sind zu meinen Lebzeiten unersetzlich."

„Denkst du wieder ans Sterben?"

„Nein, Freund Hain, ich denke ans Leben und ich kann rechnen. In den paar Jahren, die mir noch bleiben, ziehen wir keine Linden mehr hoch. Das musst du mir wohl zugeben."

„Nun gut, Männer mit Äxten sind unerwünscht. Das werde ich zu verbreiten suchen."

Matthes zog mit Frau Rebekka und Tochter Rebekka nach Emkendorf. Die Abreise erfolgte zum richtigen Zeitpunkt. Kurz danach wurde das Haus von Franzosen besetzt. Die blieben allerdings nicht lange. Angeblich sollte es dort spuken. Auf den Bäumen würden Geister hocken.

Die erste Etappe der Flucht war eine glückliche. Matthes und Rebekka wurden fast wie ein Königspaar behandelt, von Haus zu Haus weitergereicht, um festlich zu speisen. Der Wandsbecker Bote galt hier etwas.

Nach einigen Wochen mochte Matthes die Gastfreund-schaft der Emkendorfer nicht überstrapazieren. An Kiel vorbei ging es nach Lütjenburg zu seinem jüngeren Bruder Christian. Auch hier wurden die Claudiusse wie Ehrengäste behandelt. Zu Rebekkas Geburtstag gab es gar einen Empfang beim Bürgermeister. Ein paar Tage zuvor überbrachte ich Matthes die Nachrichten aus Leipzig.

Seine frühmorgendlichen Spaziergänge hatte er auch in der Fremde nicht aufgegeben. Wald gab es in Lütjenburg kaum. Nur viel flaches Land in Felder aufgeteilt. Matthes' Spazierrevier war ein Weg entlang der Kossau; ein kleiner, verschnörkelter Fluss auf dem Weg zur Ostsee.

Ich platzierte mich sichtgeschützt durch Bäume in einer Biegung des Flusses. Matthes sah mich erst, als er mir fast schon auf die Füße trat.

„Hui, der Herr Schneider, fast hätte ich ihn nicht bemerkt.“

„Das habe ich bemerkt, dass du mich nicht bemerkt hast. Nicht ungefährlich, am Fluss zu gehen, ohne zu sehen.“

„Danke, Herr Schneider, für diese Worte der Aufklärung. Ich werde sie in meinem Herzen tragen. Doch nun sag, was führt dich her? Gibt's Neues aus der Heimat? Schlechte Nachrichten?“

„Nein, Matthes, in Wandsbeck ist alles ruhig. Aber andernorts hat es gewaltig geknallt.“

„Ja, vielleicht hätten wir daheim ausharren sollen. Obwohl es uns hier nicht schlecht geht, im Gegenteil: Ich bin selten ... es hat gewaltig geknallt?“

„Bei Leipzig.“

„Rede, mein Freund, rede. Was ist passiert?“

„Es hat eine große Schlacht gegeben in der Nähe von Leipzig. Drei Tage lang. Eigentlich nur zwei. Am Sonntag gab es nur kleine Gefechte. Es waren Soldaten einiger Länder beteiligt: Russen, Deutsche, Österreicher, Franzosen, Schweden, Italiener. Wer gegen wen kämpfte, kann ich nicht sagen. Aber am Schluss haben sich die Franzosen zurückgezogen. Napoleon wird die Schlacht verloren haben."

„Das ist großartig, Freund Hain. Endlich ist die Wende da und Napoleon muss seine Raubzüge aufgeben."

„Matthes, sprich nicht so. Ich habe viele Schlachten mitgemacht, grausige Gemetzel darunter, aber noch nie sind so viele Menschen in so kurzer Zeit getötet worden. Es müssen 50.000 gewesen sein."

„50.000 Tote? Mein Gott, Hain! 50.000 Leben in zwei Tagen von Menschenhand vernichtet."

Matthes schaute wild umher, als ob er ein Insekt suchte, das er im Flug fangen wollte.

„Das ist ... unvorstellbar", flüsterte er. „Was ist nur aus dieser Welt geworden!"

Wir schwiegen.

Schließlich fasste er sich wieder: „Wie geht es nun weiter mit uns?"

„Schwer zu sagen. Erst mal muss die Nachricht von der verlorenen Schlacht Hamburg erreichen. Aber selbst dann ... Wer weiß, ob Napoleon sich nicht noch mal stellt und doch wieder der Sieger bleibt."

„Ja, entschieden ist wahrscheinlich noch nichts. Wir bleiben besser, wo wir sind, beziehungsweise es besteht die Möglichkeit, dass wir nach Kiel gehen. Perthes hat Caroline dort untergebracht. Sie erwartet wieder ein Kind und hätte liebend gern ihre Mutter dabei ... und vielleicht auch mich."

„Gut, ich werde euch im Auge behalten. Und Matthes: Kein Wort über Leipzig zu irgendjemandem."

„Ja, ich weiß, Freund Hain. Das wird nicht leicht, Rebekka durchschaut mich wie klar Glas, aber ich will auch nicht als Hellseher in die Geschichte von Lütjenburg eingehen, weil ich Dinge weiß, die ich nicht wissen kann. Am besten gehe ich gleich in die Kirche, um für die Toten zu beten, die Franzosen, die Preußen und all die anderen und um wieder einen klaren Kopf zu bekommen."

„Tu das. Sobald ich Neues weiß, vor allem um Wandsbeck, werde ich dich wieder aufsuchen."

Wir gaben uns zum Abschied die Hand. Ich wollte loslassen, doch Matthes hielt fest.

„Danke, Freund Hain. Ich habe mich schon lange nicht mehr richtig bei dir bedankt für all die kleinen und großen Gefälligkeiten, die du uns erweist. Ich bin wirklich froh, dich zu haben und zu wissen, dass du es bist, der mir die letzte aller Gefälligkeiten tun wird."

Ich sah ihn an. Wusste nichts zu erwidern. Matthes ließ meine Hand los und kehrte um. Ich blieb am Fluss stehen, schaute ins Wasser. Blätter trieben vorbei.

Ja, ich würde es tun müssen. Aber ich wollte nicht daran denken.

Ein Seliger an die Seinen in der Welt

Hier ist alles heilig, alles hehr!
Und die kleinen Erdenfreuden,
Und die kleinen Erdenleiden

Kümmern uns nicht mehr.
Doch wir denken hier an die da drüben,
Denken hier an sie, und lieben.

Wie angekündigt, zog Matthes mit Rebekka und Rebekka nach Kiel weiter. Sie quartierten sich nicht weit von Caroline bei einer Witwe ein. Caroline selbst hatte Guste dabei und Ernst studierte in Kiel. Es gab wieder so etwas wie ein Familienleben. Provisorisch, aber genug, dass Matthes die Stadt kurzerhand in Klein-Wandsbeck umtaufte.

In Wandsbeck selbst kam der Krieg nun endgültig an. Das Dorf wurde preußisch-russisch besetzt, Hamburg belagert. Zum Glück war der zweitälteste Sohn Fritz zusammen mit Trinette rechtzeitig zu Hause eingetroffen. Sie verhandelten geschickt mit den Befehlshabern. Die einquartierten Truppen benahmen sich. Auf das Fällen der Bäume am Haus verzichteten die Soldaten freiwillig. Es kam immer wieder zu Unfällen, wenn es jemand versuchte. Irgendein Problem mit den Äxten.

Caroline brachte noch vor Weihnachten einen Jungen zur Welt. Die Kraft ließ ihm keine Chance und er starb nach wenigen Wochen. Diesmal musste ich Matthes zustimmen: Vielleicht war es besser so. Denn eins acht eins drei fand einen grausamen Abschluss.

Französische Truppen vertrieben an Weihnachten Hamburger Bürger zu Tausenden aus der Stadt. Die Belagerer konnten sie nicht aufnehmen. Obwohl die Hilfsbereitschaft im Umland groß war, schnitt ich viele im Niemandsland, erfroren oder verhungert.

Matthes nutzte Anfang des neuen Jahres einen Hilfstransport von Kiel nach Lübeck, um wieder näher an Wandsbeck zu sein. Lübeck war allerdings überfüllt mit Flüchtlingen aus Hamburg. Er musste sich mit seinen beiden Rebekkas ein kleines Zimmer teilen.

Ich konnte ihnen einen Hinweis geben, wo gerade etwas frei wurde. Dadurch verbesserte sich ihre Situation aber nicht besonders. Jetzt hatten sie mehrere Räume, mussten jedoch mehr heizen. Und Feuerholz war teuer. Ich beschaffte, was ich konnte. Doch das war nicht einfach. Bevor der liebe Verwandte den letzten Atemzug getan hatte, verschwand das Holz meist schon.

Was mir jedoch mehr Sorgen bereitete: In Matthes wuchs die alles verzehrende Kraft schneller als je zuvor. Klar, er war ein alter Mann. Die hartnäckige Kälte machte ihm zu schaffen. Die Reisen. Ständig wechselnde Umgebungen. Das mühselige Organisieren von Kleinigkeiten, die zu Hause zur Hand gewesen wären. Matthes ließ sich auch nicht alles abnehmen. Er war noch immer das Familienoberhaupt.

Dieser verdammte Krieg.

Matthes ging kaum noch allein aus dem Haus. Selbst auf Spaziergängen begleitete ihn meist Tochter Rebekka. Und so früh wie sonst kam er nicht mehr aus dem Bett. Als es endlich wieder gute Nachrichten gab, hatte ich keine Möglichkeit ihn allein zu sprechen. So musste ich warten bis es plausibel schien, dass die Nachricht mich auf natürlichem Wege erreicht hatte.

Ein kleiner Fang Kaffee und Holzscheite nahm ich zum Anlass, in Lübeck vorbeizuschauen. Meine Beute und ich wurden herzlich willkommen geheißen. Während Matthes und Rebekka mich mit den Familienneuigkeiten versorgten, bereitete Tochter Rebekka den Kaffee zu. Schließlich konnte ich nicht länger stillhalten.

„Auch in der Welt der hohen Politik gibt es etwas Neues", verkündete ich großspurig und legte eine Kunstpause ein. Matthes und Rebekka beugten sich im Gleichklang leicht vor.

„Paris ist gefallen."

„Was?", rief Matthes.

„Wirklich?", fragte Rebekka.

„Ja, gibt's denn das", schickte Matthes hinterher.

Angelockt von den Stimmen kam Tochter Rebekka herüber.

„Was ist passiert?"

„Paris soll gefallen sein, sagt Herr Schneider."

„Soll?"

Die Tochter kam eindeutig nach ihrer Mutter.

„Ich habe es aus einer zuverlässigen Quelle, für die ich mich jederzeit verbürgen kann."

„Daran zweifele ich nicht, mein Freund", sagte Matthes mit einem leichten Zwinkern. Rebekka sah es nicht, war mit den praktischen Konsequenzen beschäftigt:

„Ist die Nachricht schon in Hamburg eingetroffen?"

„Ja, aber die Franzosen halten sie für eine Kriegslist."

„Wie geht es nun weiter? Sie können doch nicht ewig in Hamburg aushalten."

„Man hört so einiges. Krankheiten sollen ausgebrochen sein, Hunger macht sich breit. Doch die Belagerer glauben sich nicht stark genug, die Stadt zu erobern. Ein klassisches Patt. Wobei die Zeit eindeutig gegen die Franzosen spielt. Es kann nun nicht mehr lange ...“

Irritiert brach ich ab. Matthes gab ein leises Schnarchen von sich. Tochter Rebekka kam mit dem Kaffeetablett. Ihre Mutter legte den Zeigefinger an die Lippen. Die Tochter stellte leise das Tablett ab und deutete mit Handbewegungen an, dass sie in der Küche nähen wolle. Rebekka nickte ihr zu.

„Was ist?", flüsterte ich.

„Das kommt jetzt häufiger vor. Gerade noch hellwach, schläft Matz ganz plötzlich ein. Ich mache mir Sorgen um ihn, Herr Schneider. Was meinen Sie?", fragte sie leise.

„Nun ja, er ist ein alter Herr. Hatte viel Aufregung in letzter Zeit."

„Meinen Sie ... es geht zu Ende?"

Ich sah sie an. Ihre klaren, blauen Augen erinnerten an das Mädchen von vor langer Zeit. Was sollte ich ihr sagen? Sollte ich ihr alles sagen? Ich war in Versuchung, doch ...

„So schnell geht das nicht. Sicher haben ihm die letzten Monate nicht gut getan, aber wenn er erst mal wieder zu Hause ist, wird er sich bestimmt berappeln."

Nachdenklich sah Rebekka mich an. Dann lächelte sie.

„Ich bin froh, dass Sie das so sehen. Ich habe dieselbe Hoffnung, nur müssen wir langsam wieder heimkommen."

„Es kann nicht mehr lange dauern. Die Belagerer werden den Ring enger ziehen. Bis keine Maus mehr heraus- oder hineinkommt. Und wenn die Franzosen klug sind, ziehen sie bald ab."

„Ich hoffe, Sie behalten recht, Herr Schneider. Es fällt schwer, in diesen Zeiten an die Klugheit der Franzosen oder der Menschen im Allgemeinen zu glauben."

„Ja, das ist wahr. Die Welt scheint immer verrückter zu werden."

Kurz danach verabschiedete ich mich, versprach weiter die Ohren offen zu halten. Etwa einen Monat später kehrten die Flüchtlinge heim. Matthes ging es bald tatsächlich besser, doch die Kraft ließ sich nicht beirren. Sie wuchs.

Wie lange noch? Ein halbes Jahr oder mehr? Ich machte

mir nicht nur ernsthaft Sorgen, ich fürchtete den Tag, an dem es so weit sein würde. Das war eine überaus seltsame Erfahrung: Ich hatte Angst vor dem Schnitt. Nicht nur die Welt wurde verrückt.

Viele Jahre hatte Matthes geunkt: Er würde nicht mehr lange auf Erden weilen. Bei seinem letzten Geburtstag war es kein Unken mehr. Er wusste, dass es der letzte war – bevor ich es ihm sagte.

Und er war nicht der einzige. Rebekka mühte sich, alle Kinder für diesen Festtag zu sammeln. Einzig Tochter Rebekka lebte noch im Elternhaus. Caroline war mit ihrem Mann Friedrich Perthes nach Hamburg zurückgekehrt. Matthes' Lieblingstochter Anna hatte es mit Max Jacobi bis nach Salzburg verschlagen. Trinette war bei Geibels in Lübeck angestellt und Guste … Guste saß irgendwo in Norddeutschland, führte einer alten Dame den Haushalt.

Bei den Söhnen sah es nicht anders aus: Der älteste Sohn Johannes war Pastor in Sahms, hatte bereits selbst Familie. Fritz saß wieder in Lübeck als Prokurist. Die beiden Jüngsten Ernst und Franz studierten mittlerweile in Berlin Theologie.

Letztlich fehlten beim Geburtstagsfest nur Trinette und Anna. Matthes ließ sich davon nicht beirren. Die fehlenden Kinder waren als Kreideportrait auf dem Tisch dabei. Dieser wurde gleich draußen aufgebaut. Das Augustwetter spielte mit und an Gästen würde kein Mangel herrschen.

Zum Frühstück blieb Familie Claudius noch unter sich. Aber den Rest des Tages gab es ein Kommen und Gehen. Die Nachbarn aus Wandsbeck, Besucher aus Hamburg und Gäste von viel weiter machten Matthes ihre Aufwartung.

Vor dem Haus kam es zu einer Volksversammlung. Zuerst hielten sich die Grüppchen feierlich gekleideter Menschen und der einfachen Leute aus dem Dorf strikt getrennt. Doch dazwischen rannten die Kinder herum. Es passierten kleinere Unfälle, Bengel mussten zur Ordnung gerufen, Opfer getröstet werden. Die Kinder präsentierten ihren Eltern neue Freunde. Mit der Zeit verwischten sich die Grenzen.

Nach dem Mittagessen mischte ich mich unter die Gäste. Bei diesem Auflauf würde ich kaum beachtet. Matthes begrüßte mich überschwänglich, seine Augen leuchteten – nicht nur des Rummels wegen.

„Freund Schneider, mein bester Freund Schneider, es ist mir eine große Ehre, dich bei unserem kleinen Feste begrüßen zu dürfen. Labe dich an Speis und Trank. Nichts soll dir mangeln. Rebekka! Sieh mal! Ein Ehrengast.“

Rebekka löste sich aus einer Gruppe älterer Damen. Sie trug ein neues hellblaues Kleid. Es schien dem feierlichen Anlass angemessen, war aber gleichzeitig so praktisch geschnitten, dass sie es zukünftig alltags tragen konnte.

„Herr Schneider, schön, dass Sie gekommen sind.“

„Ein Gast mehr oder weniger scheint an diesem Tag keine Rolle zu spielen.“

„Nein, sagen Sie das nicht. Sie sind ein besonderer Gast, auch wenn heute wirklich so viele gekommen sind wie lange nicht mehr. Mein Matz ist eben auch ein Menschenfischer.“

„Mir scheint, dass auch eine Menschenfischerin am Werke war“, schob Matz ein. „Es ist höchst ungewöhnlich, dass zu einem gemeinen 74. Geburtstag so viel Volk zusammenläuft, oder?“

Rebekka lächelte nur.

„Wahrscheinlich wären noch viel mehr gekommen, wenn der Herr im Himmel ihnen für heute frei gegeben hätte“, legte Matthes nach. „Aber bald komme ich meine alte Freunde ja besuchen.“

„Matz!"

„Ja, mein Liebes?"

„Du sollst doch nicht immer ..."

„Schon gut. Reden wir nicht von Besuchen, oder doch: Schau mal die Musikanten, mein Freund. Unsere beiden Jüngsten sind tatsächlich aus Berlin gekommen."

Franz und Ernst fiedelten eine wilde Melodie für zwei Dutzend Kinder, die um sie herum sprangen. Auch viele der Gäste betrachteten die Szene. Musiker und Kinder hatten sich ganz im Spiel verloren. Als Matthes' Söhne das Stück beendeten, gab es viel Applaus und „Bravo!"-Rufe. Die Musiker verbeugten sich tief. Einige der Kinder taten es ihnen nach, was wiederum Gelächter hervorrief.

„Komm, mein Freund", sagte Matthes plötzlich. „Ich will mich etwas ausruhen, der Tag verspricht noch lang zu werden. Rebekka, richtest du den Neuankömmlingen aus, dass ich jeden gerne begrüßen werde, aber ich mich für ein Stündchen zurückgezogen habe?"

„Natürlich, Matz. Leg dich etwas hin. Zum Coffee werden wir dich herausrufen. Begleiten Sie meinen Mann, Herr Schneider?"

„Gerne, Festivitäten sind eh meine Sache nicht. Komm, alter Knabe."

„Von wegen ..."

Ruckartig erhob sich Matthes, fasste sich aber gleich aufstöhnend ans Kreuz.

„Na gut, ich streite es nicht mehr ab."

Auf meinen Arm gestützt gingen wir langsam Richtung Haus. Besorgte Nachfragen von Gästen wimmelte Matthes ab. Alles sei in Ordnung. Nur ein Stündchen Ruhe für einen alten Mann.

Der Schlafraum lag nach hinten hinaus. Das Stimmengewirr der Gäste drang nur noch leise zu uns. Auch war es angenehm kühl dort nach der Hitze der mittäglichen Augustsonne.

Ächzend legte sich Matthes nieder, faltete die Hände über dem Bauch und schloss die Augen. Ich platzierte mich auf einem beistehenden Stuhl.

„Mir ist etwas schummrig", begann Matthes. „Aber ich glaube, das kommt vom Wein, nicht vom Alter. Schön ruhig und frisch ist es hier. Der ideale Platz zum Sterben."

Immer noch mit geschlossenen Augen lächelte Matthes. Dann öffnete er ein Auge.

„Oder?"

Ich schaute mich um, als ob ich diesen Raum zum ersten Mal sähe.

„Ja, wenn man wollte, könnte man hier. Aber will hier jemand?"

„Auf das Wollen kommt es nicht an. Was sein muss, muss sein. Und ich weiß, lange habe ich nicht mehr. Dies ist mein letzter Geburtstag, nicht wahr?"

Er sah mich nun forschend mit seinen blauen Augen an.

„Ich werde dir immer ähnlicher."

Es half nichts. Darüber zu schweigen ließ es nicht weggehen.

„Damit hat das nichts zu tun, wie du weißt. Aber du hast recht: Dies ist dein letzter Geburtstag. Die Kraft nähert sich ihrem Maximum."

„Wann wird es so weit sein?"

„Dezember, eher Januar würde ich sagen."

„Gut, kann ich Rebekkas 60. Geburtstag noch feiern, vielleicht noch ein Weihnachtsfest. Ich bin bereit."

„Ich nicht", sagte ich leise.

Matthes hob die Augenbrauen.

„Mach dir keine Sorgen. Ich habe vollstes Vertrauen in den Herrn und in dich. Auch für mich wird es ganz bestimmt nicht leicht, denn die letzten Tage sind es nie. Das habe ich oft genug gesehen. Aber der letzte Akt: Der Herr ist mein Hirte und du bist mein Freund, was soll da schief gehen?"

„Nichts, Matthes." Ich versuchte ein Lächeln. „Ich werde nur langsam sentimental, wenn ich daran denke. Das wird schon."

„Sag ich doch, Freund Hain."

Er schloss wieder die Augen und kurz danach hörte ich seine gleichmäßigen Atemzüge. Ich saß im Halbdunkel. Neben mir lag mein Freund. Ich würde ihn ein zweites Mal verlieren. Diesmal für immer.

Sein ganzes Leben hatte ich mitgelebt. Nicht nur zugeschaut, sondern selbst gefühlt, geweint und gelacht. Das würde vorbei sein. Es gab kein Zurück. Und ich musste den Schlusspunkt setzen, den letzten Schnitt. Warum? Ich wollte das nicht. Warum musste das so sein? Warum, warum, warum? Ich hatte keine Antwort. Nicht mal ein Gedanke wollte sich einstellen.

Einige Zeit saß ich nur da. Dann betrachtete ich Matthes' Gesicht. Im Schlaf wie im Tod verliert ein Gesicht seine Maske. Und ohne Maske: Ja, er war erschöpft. Das Leben zog sich zurück. Die Wangen waren nicht mehr füllig, die Augen lagen etwas tiefer in den Höhlen. Die Konturen seiner Schädelknochen kamen hervor. Die Zeichen waren da, es wurde Zeit. Aber nicht heute. Nicht heute.

Mit einem Mal bemerkte ich, dass es gänzlich still geworden war. Von draußen drang kein Geplapper mehr herein. Ich lauschte. Nichts. Dann rief eine Stimme „Eins, zwei, drei" und ein Gesang begann:
„Wo ist der Wandsbecker Bote?
Wo ist der Wandsbecker Bote?
Wo ist der Wandsbecker Bohoteee?
Coffee gibt's und schöne Brote.
Coffee und schöne Brote.
Coffee und schöne Brote.
Coffee und schöne Brohoteee.
Wo ist der Wandsbecker Bote?"
Matthes erwachte, der Gesang fing wieder von vorne an.

„Oh, Gott, schnell, hilf mir hoch, Freund Hain, das hört sonst nicht mehr auf, wird bis Hamburg dringen und ganze Völkerschaften anlocken."

Ich half ihm, sich aus dem Bett zu hieven. Matthes schlurfte zu einer Wasserschüssel hinüber, die auf der anderen Seite des Bettes auf einem Tischchen stand. Der Chor gewann an Lautstärke. Matthes schöpfte mit den Händen Wasser, tauchte das Gesicht in die Hände, nahm ein Tuch, trocknete sich ab.

„So, jetzt fühle ich mich wieder munter. Komm, mein lieber Freund. Wir werden sehnsüchtig erwartet."

Wir gingen über den Flur zur Tür. Der Gesang wurde mächtig. Wir traten hinaus ins Freie. Ich schloss die Augen gegen die blendende Sonne. Der Gesang brach ab – und ein gewaltiger Applaus umtoste uns. Matthes und ich, wir sahen uns an: Was für ein Leben!

Vom Vaterunser

...

Hebe deine Augen auf zu den Sternen, und siehe: wie sie weit und breit funkeln, größer und kleiner, hinter- und nebeneinander; und wie sich dies herrliche Schauspiel in die Ferne verliert, und weiter und weiter in Unabsehlich fortgeht! – Aber es kann doch nicht ohne Ende so fortgehen; es muss doch irgendwo eine Grenze sein, und etwas anders kommen. – *Worin* schwimmt das ungeheure Weltall; und welche Wellen bespülen seine unermesslichen Gestade? – Was ist da, wo die Welt aufhört, und rundum die letzten Grenzsterne stehen? – Fängt da der *Himmel, in dem unser Vater ist,* an? – Oder ist der *Himmel* in allem und durch alles? – Unser Vater, *wie* ist er *in* der Welt, wo die Haare auf unserm Haupte gezählet sind? – Wie ist er *außer* der Welt, durch die Unendlichkeit? – Und was ist in sich sein großes heiliges Wesen? – –

Frage so in dir – und du verstummst, und beugst die Kniee. ...

Zu Rebekkas Geburtstag mobilisierte Matthes noch mal alle Kräfte. Doch bald verließen sie ihn bis auf die eine, die ihn zugrunde richtete. Vor dem Abendessen verabschiedete er sich von den Gästen und ging zu Bett. Danach stand er nicht mehr oft auf.

Einige Wochen bevor er starb, ließ Matthes sich überreden, nach Hamburg zu ziehen. Ins Perthes-Haus. Caroline wollte sich um ihn kümmern. Rebekka sollte entlastet werden. Auch ein Arzt sei in Hamburg schneller zur Hand. Matthes wusste: Das alles würde nichts mehr nützen. Er wäre lieber in Wandsbeck geblieben. Aber um Rebekka willen ließ er es geschehen.

Für mich war das keine gute Nachricht. Ich wollte mit ihm noch so viel wie möglich beisammen sein. Allein. Nicht als Herr Schneider im Kreise der Familie. Mir blieb nur die Nacht.

Matthes hatte sich im Salon am großen Fenster gebettet. Tagsüber beobachtete er die Schwäne auf der Binnenalster. Nachts betrachtete er die Sterne. Er schlief viel, aber unregelmäßig. Ich musste warten. Die Zeit lief. Aus lauter Verzweiflung besuchte ich das Perthes-Haus einmal als Herr Schneider. Ich wurde freudig begrüßt. Doch ich wollte nicht nur Freundlichkeiten austauschen.

Beinahe hätte ich die Hoffnung aufgegeben, noch mal mit ihm zu sprechen. Doch endlich war er eines Nachts wach und allein. Mein unvermitteltes Erscheinen ließ ihn zusammenzucken.

„Freund Hain, mit dem Hute auf dem Kopfe, das sagt mir, es ist noch nicht so weit."

Ein Hustenanfall unterbrach ihn. Seine Stimme war nicht mehr als ein Krächzen.

„Sag mir, mein Freund, wirst du in dieser Gestalt erscheinen, wenn es so weit ist?"

„Wenn du es so wünschst: ja."

„Ich darf mir deine Gestalt wünschen?"

„Ach, Matthes, ich wünschte, ich müsste mich gar nicht zeigen, aber wenn es sein muss: Ja, du kannst dir wünschen, wen du in deinen letzten Sekunden siehst."

„Jos?"

„Natürlich, auch Josias wäre möglich."

„Ihn noch mal wiedersehen ..."

Matthes lächelte bei dem Gedanken an seinen Bruder.

„Weißt du, Freund Hain, ich verdanke ihm so viel. Ich

verdanke ihm, dass ich bin und in vielen Teilen, was ich bin. Ich habe damals so sehr um ihn getrauert. Und doch ist er nun schon so lange bei Gott, während ich durch dieses Jammertal schreiten musste. Wäre es nicht besser gewesen, ich wäre damals gestorben? Das habe ich mich oft gefragt. Mein Glaube sagt mir: Ja, zeitig hinüber zu gehen, statt all den Versuchungen und den Kümmernissen ausgesetzt zu sein, das ist recht. Aber ist es nicht undankbar so zu denken? Hat Gott mich nicht ins Leben geschickt, um meinen Teil zu tun? Und habe ich nicht gehorsam zu warten, bis mein Tag gekommen ist? Ist nicht auch das recht? Doch wie kann beides recht sein? Ach, mein Freund, ich gehe, wie ich gekommen bin: kein bisschen schlauer."

Nun wäre es an mir gewesen zu lächeln. Über die krausen Gedankengänge meines alten Freundes. Aber ich konnte nicht. Mir war ernst zumute.

„Matthes, bei allem Respekt für deinen Glauben: Du weißt nicht, was es heißt, nicht zu leben. Ich wiederum weiß nichts vom Dasein bei Gott, aber was ich weiß: Zu leben, zu fühlen, sich zu freuen und zu trauern, das ist besser als nur Zuschauer zu sein und sei es von einer himmlischen Warte aus. Das hast du mir beigebracht."

„Ist das so?"

Wieder packte ihn ein Hustenanfall, den er zu unterdrücken versuchte.

„Bring mir bitte ein Glas Wasser", bat er mit halberstickter Stimme. „Dort drüben auf dem Tischchen steht eine Karaffe."

Ich brachte ihm sein Glas Wasser. Erst nippte er vorsichtig, schluckte, dann trank er es in großen Zügen aus.

„Ah, jetzt ist mir besser. Hier stelle es bitte zurück. Wenn ich es auf dem Boden abstelle, wird mich Rebekka schelten, weil jemand darüber stolpern könnte."

Ich tat wie geheißen. Dann sah ich fragend Matthes an.

„Ja, wo waren wir? Du sagst, ich hätte dir gezeigt, das Leben sei besser als das Nichtleben oder Nurzuschauen. Da mag in deinem speziellen Fall etwas dran sein, aber für uns Sterbliche, die wir uns nach Unsterblichkeit sehnen, sehe ich das nicht als bewiesen an. Was bliebe uns, wenn wir nicht glaubten an das göttliche Himmelreich? Salomo hat solche Menschen sehr eindrücklich beschrieben. Wer glaubt, das Leben sei alles, der will es in vollen Zügen auskosten. Die Selbstsucht kennt keine Grenze mehr, Gott wird nicht gefürchtet, die göttlichen Gebote missachtet. Nein, mein Freund, das ist ein Irrweg, der dir nur erstrebenswert erscheint, weil es dir am Glauben mangelt."

Ich seufzte.

„Da wären wir also wieder."

„Ja, guter Freund, da wären wir wieder. Du hast das Wichtigste im Leben nicht verstanden und deshalb sitzt du hier todtraurig herum, statt dich mit mir zu freuen, dass ich es bald geschafft habe. Womit habe ich so einen Freund nur verdient?"

„Ach, Matthes, wenn du wüsstest, was ich .... Es ist das erste Mal, dass ich der Kraft am liebsten nicht folgen möchte. Und du streust noch Salz in die Wunde, kannst es gar nicht abwarten, hier wegzukommen. Was ist mit Rebekka? Was ist mit den Kindern?"

„Ah, ein Ablenkungsmanöver. Nein, mein Freund, das hilft dir nicht. Die Kinder sind versorgt, so weit es mir möglich war. Ich habe ihnen gegeben, was ich geben konnte. Rebekka und ich haben uns lange vorbereitet. Natürlich wird es ihr sauer werden, wir sind fast 43 Jahre zusammen gewesen, aber sie glaubt und sie weiß, dass dies nur ein Abschied auf kurze Zeit ist. Mag sie auch noch viele Jahre leben, die Ewigkeit, in der wir zusammen sein werden, wird uns für diese kurze Trennung entschädigen."

Ich schaute Matthes an. Das war mir alles kein Trost. Ich wusste, ich würde nur die Erinnerungen haben, kein Leben mehr.

„Sieh mich nicht so an, Freund Hain. Auch du glaubst an Gott. Du glaubst nur, dass du nicht glaubst, dabei hast du längst verraten, dass du doch glaubst. So viel habe ich inzwischen verstanden."

„Wie das?"

„Du sagst, du willst der Kraft nicht folgen, aber du musst, richtig?"

„Ja, leider."

„Ich sage, es ist Gottes Wille, dass ich bald sterbe. Auch wenn ich es nicht wollte, ich müsste. Du glaubst an die Unabänderlichkeit der Kraft, ich glaube an die Unabänderlichkeit von Gottes Willen. Wir nutzen verschiedene Worte, meinen jedoch dasselbe."

„Du meinst, die Kraft ist Ausdruck des göttlichen Willens und selbst wenn ich dies nicht glaubte, glaubte ich es doch?"

„Genau, du kannst gar nicht anders als an Gott glauben."

Jetzt musste ich doch lächeln.

„Also gut, ich gebe mich geschlagen. Gegen dich kann ich nicht gewinnen, genau so wenig wie gegen die Kraft.

Du wirst mir wirklich fehlen, Matthes."

„Sei getrost, Freund Hain, es wird sich jemand finden, mit dem du dich in Ehren messen kannst und sei es nur im Schachspiel. Doch zuerst wirst du Rebekka noch ein Stückchen begleiten, nicht wahr?"

„Ja, natürlich, ich werde nach ihr sehen. Brauchen wird sie mich kaum, sie hat Kinder und Enkelkinder zu Genüge. Aber vielleicht können wir Erinnerungen aufwärmen an den berühmten Dichter Matthias Claudius."

„Meinst du, ich werde noch berühmt? Ich glaube, in einigen Jahren hat man mich vergessen. Doch das wird meinem Seelenheil nicht abträglich sein. Ich habe getan, was ich konnte, mein Haus ist gut bestellt und damit muss es genug sein."

Matthes gähnte.

„Nun, mein Freund, ich glaube, ich brauche noch eine Mütze Schlaf. Wann werden wir uns wieder sehen?"

„Gibt es hier eine Uhr?"

„Dort drüben auf dem Sekretär. Hier, nimm die Kerze mit."

Halb drei. Ich schaute Matthes an.

„Da ich annehme, dass man dich nun nicht mehr aus den Augen lassen wird, in etwa 60 Stunden."

„Woher weißt du das so genau?"

„Matthes, ich bin, was ich bin, ich weiß, wann wem die Stunde schlägt."

„Das war es dann mit uns beiden bis auf ...?"

Ich nickte.

„Nun, es ist alles gesagt. Ein letzter Händedruck, Freund Hain, dann magst du in Frieden gehen."

Ich reichte ihm die Hand. Matthes umfasste sie mit beiden Händen, schaute mir in die Augen.

„Danke", sagte er. „Und komme, wie du bist, Jos sehe ich ja doch bald wieder."

Ich wusste nichts zu erwidern, kein Schlusswort, kein gar nichts. Ich schaute nur in diese freundlichen blauen Augen. Matthes lächelte und ließ meine Hand los. Er sank in die Kissen zurück, seufzte wohlig auf und seine Augen schlossen sich.

„Ach, Freund Hain von der traurigen Gestalt, mache dich noch einmal nützlich und schicke mir deinen Bruder herein", flüsterte er und war augenblicklich eingeschlafen.

Was nun? Matthes hatte mit dem Leben abgeschlossen. Ich nicht. Sollte das wirklich alles gewesen sein? Nicht mal 75 Jahre von der Wiege bis zur Bahre? All das Hoffen und Sehnen. All die Freude und das Glück. All die Trauer und die Tränen. Menschen, die kamen und gingen. Und kein Bremsen und kein Halten, nur Fließen und Drängen. Wie konnte ein menschliches Leben so vorbeirauschen und gleichzeitig so wichtig sein?

Ich wusste, es würde nicht wieder passieren. Das mit Matthes und Rebekka. Ich würde unter den vielen Millionen, den Milliarden Menschen allein sein. So wie vorher. Aber warum konnte ich am Leben teilnehmen, wenn doch alles sein würde wie zuvor? Nur schlimmer, denn ich verlor etwas. Vorher hatte ich es nie vermisst, weil ich es nie besaß: Freundschaft. Liebe.

Gott war kein Trost. Obwohl Matthes sehr überzeugend sein konnte. Fast hätte ich sie geglaubt, die Geschichte von der Kraft und Gott. Doch schon die Erinnerung an die Bibel reichte. Herr Gott war eine menschliche Schöpfung. Fast wurde ich zornig, dass Matthes all sein Hoffen auf dieses Hirngespinst setzte.

Gedankenlos schnitt ich, wo die Kraft mich hinrief. Ich würde ihn verlieren. Auf immer und ewig. Sollte ich es hinauszögern? Oder schnell beenden? Die Kraft herausfordern? Oder mich fügen?

Der letzte Tag brach an. Die Kraft wuchs unbarmherzig, kannte kein Zögern und – kein Eilen. Wie ich geschätzt hatte, würde der Schnitt zwischen zwei und drei am Nachmittag fällig.

Matthes auf dem Sterbebett war umgeben von Frauen. Rebekka natürlich. Caroline war dort. Auguste, Trinette und noch mal Rebekka saßen dabei. Carolines Tochter Agnes erlebte zum ersten Mal den Tod eines Menschen. Nur die Söhne fehlten. Sie hatten sich nicht frei machen können von ihren Verpflichtungen.

Gegen Mittag ließ Matthes ein letztes Mal die Verbände wechseln. Er hatte sich wund gelegen. Zwischendurch wurde gebetet. Alles wartete auf mich. Matthes hatte angekündigt, zwischen zwei und drei Uhr zu sterben. Das war nicht ungewöhnlich. Ungewöhnlich war, dass es tatsächlich so kommen sollte.

Ich hatte einen Entschluss gefasst: Ich wollte der Kraft trotzen. Einzig wenn Matthes deshalb leiden müsste, würde ich nachgeben.

Nachdem ich mich entschlossen hatte, schien sich das Universum zu verlangsamen. Die Zeit schlich. Sekunde. Um Sekunde. Dahin.

Es wurde halb drei. Die Kraft stand kurz vor dem Maximum. Für die anderen unsichtbar erschien ich Matthes zum letzten Mal als Opa Nikolaus. Mit einem leichten Nicken begrüßte er mich.

Die Kraft erreicht ihr Limit. Ich schnitt nicht. Ein Sog setzte ein. Ich blieb standhaft. Der Sog der Kraft wurde stärker. Ich zitterte am ganzen Körper. Matthes schien keine Schmerzen zu haben, sah mich nur verwundert an mit seinen feinen blauen Augen.

Der Sog wurde mächtiger. Ich vibrierte, aber ich schnitt nicht.

Und dann sagte Matthes: „Helft mir Gottes Güte preisen."

Ich hätte darauf gefasst sein müssen. Doch in diesem Moment schrie ich innerlich auf: Nein, Matthes, nicht

Gott, ich halte dich am Leben! Diese winzige Ablenkung reichte der Kraft, um meinen Widerstand zu brechen. Matthes konnte noch sagen: „Gott seg…" und ich schnitt.

Sein Mund stand halb offen. Rebekka und die Töchter schauten irritiert. Dann setzte die Erkenntnis ein: Matthias Claudius war tot.

Ich entfernte mich völlig erschöpft und gleichzeitig wütend. So viel Kunstfertigkeit hatte ich jahrelang darauf verwandt, den letzten Augenblick so friedvoll wie möglich zu gestalten. Für jene, die starben und jene, die sie begleiteten. Aber bei meinem einzigen Freund genügte eine winzige Ablenkung und – ich schnitt ihn mitten im Wort.

Niemand fand das seltsam oder unwürdig. Weder Rebekka noch die Kinder. Nie habe ich gehört, dass Matthes nicht voller Würde gegangen wäre. Aber ich – ich wusste, ich hatte es vermurkst. Wäre ich nicht so starrsinnig gewesen. Oder hätte mir dieser verfluchte Gott nicht ins Handwerk gepfuscht. Matthes wäre wie ein Dichter dahingegangen. Und nicht wie ein Depp, der seinen letzten Satz nicht zu Ende bringt.

Die Sternseherin Lise

Ich sehe oft um Mitternacht,
    Wenn ich mein Werk getan
Und niemand mehr im Hause wacht,
    Die Stern am Himmel an.

Sie gehn da, hin und her zerstreut
    Als Lämmer auf der Flur;
In Rudeln auch, und aufgereiht
    Wie Perlen an der Schnur;

Und funkeln alle weit und breit,
    Und funkeln rein und schön;
Ich seh die große Herrlichkeit,
    Und kann mich satt nicht sehn ...

Dann saget, unterm Himmelszelt,
    Mein Herz mir in der Brust:
»Es gibt was Bessers in der Welt
    Als all ihr Schmerz und Lust.«

Ich werf mich auf mein Lager hin,
    Und liege lange wach,
Und suche es in meinem Sinn,
    Und sehne mich darnach.

Unterschätze niemals eine Frau. Diese letzte Lektion sollte ich noch lernen. Nach Matthes' Tod schaute ich bei Rebekka jahrelang immer wieder vorbei. Die ganze Zeit bewahrte sie ein Geheimnis. Während ich manchmal nahe dran war, meines zu lüften.

Sie wohnte weiterhin im Haus an der Lübschen Landstraße in Wandsbeck. An Gesellschaft hatte Rebekka keinen Mangel. Die Kinder mit ihren Ehemännern oder Ehefrauen samt Enkelkindern besuchten sie nicht nur zu den Festtagen. Und es kamen Menschen, die den Dichter Matthias Claudius erst spät entdeckt hatten. Sie ließen sich erzählen, was für ein Mensch er gewesen war. Matthes hätte sicher seinen Spaß gehabt mit manch einem Gast, der zunächst vor Ehrfurcht kaum den Mund aufbekam.

Rebekka empfing jeden Besucher mit gleicher Wärme. Sie erzählte gern von den alten Zeiten. Etwas Wehmut war dabei. Aber Freude und Stolz überwogen, wenn sie sich der vielen gemeinsamen Jahre erinnerte. Auch bei meinen Besuchen kam das Gespräch irgendwann immer auf Matthes. Nur über unsere tiefsten Geheimnisse, darüber redeten wir in all den Jahren nicht.

Schließlich kündigte die Kraft Rebekkas nahendes Ende an. Ich musste nicht lange nachdenken: Ich wollte ihr die gleiche Möglichkeit geben wie Matthes, meine Gestalt zu bestimmen. Was natürlich erforderte, dass ich meine Identität preisgab. Etwas länger grübelte ich darüber nach, wie ich es ihr sagen sollte. Der direkte Weg schien mir der beste.

Es war ein heißer Sommertag. Bis tief in die Nacht musste ich warten. Erst dann kamen alle im Haus zur Ruhe. Ich erschien als Opa Nikolaus in ihrer Schlafkammer, setzte mich leise. Nebenan schlief Tochter Rebekka. Die Töchter hatten sich in den letzten Tagen beim Dienst an ihrer Mutter abgewechselt.

Ich wartete. Sie würde aufwachen. Wer dem Ende nahe ist, der spürt mich. Langsam regte sich Rebekka. Sie schlug die Augen auf. Schloss sie wieder. Dann schaute sie mich an.

„Herr Schneider?"

Ich legte den Zeigefinger auf die Lippen. Ihre Augen wurden größer.

„Ist es so weit, ... Freund Hain?"

„Bitte?"

„Sie sind doch Freund Hain, oder?"

„Ja, aber ... woher ... aber ich bin nicht deshalb, ich bin ..."

Ich war völlig perplex. Wieder mal hatten sich alle Vorüberlegungen als hinfällig erwiesen. Rebekka setzte sich mühsam auf und lächelte.

„Sind Sie immer so durcheinander, wenn Sie die Nachricht überbringen?"

„Nein, nein, ich bin nur überrascht, dass du weißt, wer ich bin. Eigentlich wollte ich genau das offenbaren."

„Deshalb sind Sie gekommen und nicht weil ...?"

„Ja, genau. Das wollte ich gerade sagen. Aber nun sprich: Woher weißt du?"

Rebekka setzte zu sprechen an, doch dann sagte sie nur mit halberstickter Stimme: „Moment, bitte."

Sie atmete einige Male tief ein und aus.

„So, jetzt geht es besser. Ja, dass mit Ihnen etwas nicht stimmt, habe ich von Anfang an geahnt. Sie erinnern sich, wie Sie mich zu Matz lotsten? Als ich mit ihm wegging vom Haus, habe ich Sie am Fenster gesehen. Was seltsam war. Nicht weil Sie behauptet hatten, nach Hamburg zu müssen, sondern weil Sie so schnell gar nicht zu Matz

Haus gekommen sein konnten, ohne dass ich Sie gesehen hätte."

„Ungeschickt von mir, aber nur ein Verdacht, oder?"

„Ja, ich habe es auch bald vergessen, weil ich mir das nicht erklären konnte. Erst später erinnerte ich mich wieder daran, als Sie an dem Morgen vor meiner ersten Geburt mit Matz sprachen. Er dachte, ich schliefe. Aber Matz war in jener Nacht so nervös, dass er mich damit ansteckte. Und als er morgens in den Garten ging, habe ich ihm nachgeschaut und dann sah ich Sie. Ich öffnete das Fenster ein wenig und lauschte."

„Das war, als Matthes dachte, dass du stirbst?"

„Ja."

„Dann hast du es die ganze Zeit gewusst? Aber ... das kann doch nicht sein. Du warst immer freundlich, immer gut zu mir. Drei Kinder habe ich dir genommen und schließlich Matthes. Und nie habe ich irgendeinen Groll bei dir gespürt."

„Herr Schneider, Freund Hain, Sie können doch nichts dafür, oder? Es liegt alles in Gottes Hand. Sie sind nur der Bote. Ich habe auch gesehen, wie Sie gelitten haben. Warum sollte ich Ihnen böse sein?"

Ich schaute sie erstaunt an. Diese Frau hatte wahrlich Größe.

„Matthes hat es auch gewusst und trotzdem ..."

„Ach, Männer ... Wir brauchen sie. Gott hat sie nun mal so geschaffen, wie sie sind, und Matz war schon ein ganz besonderer Mann, nur schießen sie manchmal übers Ziel hinaus."

Ja, im Überszielhinausschießen waren Männer große Klasse. Und oft genug schossen sie dabei auf andere Männer. Ich betrachtete die alte Dame, die mal ein junges Mädchen namens Rebekka gewesen war.

„Nun tut es mir doppelt leid, dass ich dich bald verliere.“

„Es ist nicht mehr lang?“

„Ja, Rebekka ...morgen Abend.“

Sie hatte gewusst, dass es zu Ende geht. Trotzdem: Ein konkreter Termin – das musste sie erst verkraften. Doch sie fasste sich schnell.

„Dann werde ich meinen Matz also bald wiedersehen.“

Ich zeigte keine Reaktion.

„Oder?“

„Ganz ehrlich, Rebekka: Ich weiß es nicht. Ich tue in dieser Welt, was ich tun muss. In alles Andere habe ich keinen Einblick. Ich weiß nicht mal, wer mich beauftragt hat. Das war etwas, was Matthes eine Zeit lang nicht akzeptieren wollte.“

„Sie können mir also keine Hoffnung machen?“

„Ich will dich nicht mehr belügen. Hier zählt allein der Glaube, dass es so ist, wie du es dir wünschst. Tatsächlich bin ich schlechter dran: Ich weiß, dass ich dich genau wie Matthes nie mehr sehen, nie mehr sprechen werde. Und das macht mir zu schaffen. Warum kann ich am Leben teilnehmen, Freunde gewinnen, wenn ich sogar selbst dafür sorgen muss, sie zu verlieren?“

Rebekka nickte sinnend.

„Möchten Sie eine Antwort darauf?“

„Wenn du eine hast.“

„Ich kann es nicht wissen, ich kann nur glauben, und ich glaube, Gott hat eingesehen, dass Sie nicht komplett sind, bevor Sie nicht erfahren haben, was Sie den Menschen nehmen, wenn Sie einen der ihren sterben lassen."

Ich starrte sie ungläubig an.

„Wenn du nicht die erstaunlichste Frau auf Erden bist ...", sagte ich kopfschüttelnd.

Die alte Dame lachte und bekam einen Hustenanfall. Nebenan regte sich Tochter Rebekka. Die Tür ging auf.

„Was ist, Mama? Warum hast du dich aufgesetzt?"

Rebekka hustete noch mal, wobei sie kurz zu mir hinüber sah. Ich schüttelte den Kopf. Sie verstand.

„Es ist alles in Ordnung, mein liebes Kind. Ich bin aufgewacht und konnte nicht wieder einschlafen. Da habe ich an alte Zeiten gedacht. Reichst du mir bitte ein Glas Wasser?"

Tochter Rebekka erfüllte ihren Wunsch. Zum Abschied gab sie ihrer Mutter einen Kuss auf die Stirn.

„Soll ich die Tür auflassen?"

„Nein, du kannst beruhigt schlafen. Ich fühle mich nun auch wieder müde und werde sicher gleich einschlummern."

Ein letztes Winken, Rebekka schloss die Tür hinter sich. Ihre Mutter schaute mich neugierig an.

„Wie ist das möglich?", flüsterte sie.

„Es ist, wie es ist", flüsterte ich zurück. „Normalerweise sieht mich nur der Sterbende. Doch ich kann in jeder Situation entscheiden, wer mich sieht."

„Und Sie erscheinen immer in dieser Gestalt?"

„Darauf wollte ich zu sprechen kommen. Dies ist die Gestalt, die ich gegenüber Matthes angenommen habe. Ich kann jedoch jede andere Gestalt annehmen, nur nicht die von Lebenden."

„So ist das also. Wissen Sie, Freund Hain, die Sache hat

einen Fehler. Selbst wenn ich nicht gelauscht hätte, mit der Zeit wäre mir sicher aufgefallen, dass Sie keine natürliche Erscheinung sind."

„Wie das?"

„Wie lange kennen wir uns? 60 Jahre, nicht wahr?"

„Wahrscheinlich."

„Und in dieser Zeit ist Ihre Erscheinung nicht einen Tag älter geworden!"

„Oh", vermochte ich nur zu sagen.

„Die Kinder haben es nicht bemerkt, weil Sie in ihren Augen immer ein älterer Herr waren. Und die meisten haben Sie in den letzten zwanzig Jahren kaum gesehen. Nur meine Tochter Rebekka fragte letztens, wie alt eigentlich der Herr Schneider sei. Sie fand es erstaunlich, dass Sie immer noch so rüstig sind, obwohl Sie doch eigentlich viel älter sein müssten als ich."

„Deine Tochter hat sich deinen Namen verdient. Sie kommt ganz nach dir. Was hast du gesagt?"

„Die Wahrheit. Ich weiß nicht, wie alt Sie sind."

„Ja, niemand weiß das. Ich auch nicht. Aber das mit dem Altern, dumm von mir. Die Gestalt ist offensichtlich für so einen Fall nicht gedacht. Eigentlich dient sie nur dazu, die Furcht vor dem Tod zu nehmen. Womit ich beim Anlass meines Besuches wäre: In welcher Gestalt soll ich dir erscheinen, wenn es so weit ist?"

„Wären Sie mir gram, wenn ich mir eine andere Gestalt wünsche als jene, die ich kenne?"

„Nein, natürlich nicht. Deshalb frage ich ja."

„Gut, ich möchte, ... dass Matz mich in den Himmel führt."

Ich lächelte.

„So sei es."

Wir schwiegen kurze Zeit. Es war alles gesagt. Blieb nur noch, Abschied zu nehmen.

„Nun denn", setzte ich an. „Ich werde jetzt verschwinden. Weiß gar nicht, wie ich es sagen soll. Ich bin unglücklich, dich zu verlieren. Ich bin glücklich, dich gekannt zu haben. Wenn es nach mir ginge ..."

„Es ist gut so, Freund Hain. Nehmen wir Abschied. Bis auf eine kurze Zeit waren Matz und ich darin immer einig: Sie sind unser bester Freund."

Wir reichten uns die Hände. In ihrem Blick sah ich etwas, das ich nicht oft zu sehen bekomme. Ich weiß nicht, wie ich es anders nennen soll, also nenne ich es – Liebe.

Am folgenden Abend hatte die Kraft das Kommando. Rebekka lag erschöpft im Bett, die Augen geschlossen und nur flach atmend. Um sie herum saßen ihre Kinder. Diesmal waren wirklich alle gekommen. Von der ältesten Tochter, Caroline, die nun auch schon eine alte Dame war, bis zum jüngsten Sohn Franz.

Zusammen mit ihnen wartete ich auf die Vollendung der Kraft. Kurz bevor es so weit war, nahm ich wie versprochen Gestalt an. Rebekka spürte meine Anwesenheit, schlug die Augen auf. Die Kinder wurden aufmerksam. Sie lächelte.

„Matz", sagte sie.

Zärtlich erwiderte ich ihr Lächeln und schnitt.

Matthias Claudius (1740-1815)

1740
Matthias Claudius wird am 15.8. in Reinfeld geboren;
Eltern: Pastor Matthias Claudius und seine zweite Frau
Maria geb. Lorck
1744
Geburt der Schwester Dorothea Christine
1751
Tod dreier Geschwister Lucia (2), Lorentz (5), Halbbruder
Friedrich Carl (19)
1754
26.10. Geburt Rebekka Behn, seine spätere Frau
1755-58
Lateinschule in Plön mit seinem Bruder Josias
1759-1762
Theologie-Studium zusammen mit Josias in Jena, später
Wechsel zu Kameralwissenschaften
1760
19.11. Tod von Josias
1762
Rückkehr nach Reinfeld
Hochzeit der Schwester Dorothea Christine mit Pastor
Christian August Gustav Müller
1763
Erster Gedichtband erscheint: *Tändeleyen und Erzählungen*
1764/65
Als Privatsekretär des Grafen Ulrich Adolph von Holstein
in Kopenhagen
1765-68
Wieder zu Hause in Reinfeld

1766

26.5. Tod der Schwester Dorothea Christine

1768-70

Ab Juli 68: Redakteur Hamburgische Adreß-Comptoir-Nachrichten

1771-75

Redakteur Wandsbecker Bote

1772

15.3. Hochzeit mit Rebekka Behn

30.9. Tod des Erstgeborenen Matthias kurz nach der Geburt

1773

4.12. Tod des Vaters

1774

2.2. o. 7.2. Geburt der ersten Tochter Maria Caroline Elisabeth

9.11. Subskriptionsanzeige für *Asmus omnia sua secum portans, oder Sämmtliche Werke des Wandsbecker Bothen I. und II. Theil* (Asmus I/II) im Wandsbecker Boten

1775

Ostern: Asmus I/II erscheint.

22.6. Erhält Kündigung als Redakteur des Wandsbecker Boten

13.11. Geburt der zweiten Tochter Christiane Marie Auguste

1776-1777

31.3. Abreise aus Wandsbeck mit Ziel Darmstadt; Oberlandcommisarius in Darmstadt

1777

01-03 Redakteur der *Hessen-Darmstädtischen privilegirten Land-Zeitung*; schwere Krankheit

21.4. Abreise aus Darmstadt zurück nach Wandsbeck

4.5. Rückkehr nach Wandsbeck

4.6. Geburt der dritten Tochter Anna Friederike Petrine

1778

Nach Ostern: Asmus III erscheint

1779

2.9. Geburt der vierten Tochter Auguste Ernestine Wilhelmine

1780

21.9. Tod der Mutter

1781

16.5. Geburt der fünften Tochter Johanna Catharina Henriette

1783

Asmus IV erscheint.

8.5. Geburt des ersten Sohns Johannes.

1784

September: Reise nach Schlesien

17.9. Treffen mit Goethe, Wieland und Herder in Jena

4.10. Rückkehr nach Wandsbeck

15.12. Geburt der sechsten Tochter Carolina Rebecca

1785

Jahrespension vom dänischen Kronprinzen Frederik

1786

6.12. Geburt des zweiten Sohns Matthias Heinrich

1787

10.7. Besuch des dänischen Kronprinzen in Wandsbeck

1788

4.7. Tod von Matthias Heinrich

Posten als Revisor Altonaer Species-Bank

1789

17.5. Geburt Friedrich Matthias Jacobus, Rufname: Fritz

1790

Asmus V erscheint

1792

19.7. Augustinus Ernst Karl, Rufname: Ernst

1794

30.12. Geburt Carl Peter Franziscus, Rufname: Franz

1796

2.7./4.7. Tod der zweiten Tochter Christiane

1797

15.3. Silberhochzeit

2.8. Die erste Tochter Caroline heiratet Friedrich Perthes

1798

Asmus VI erscheint

16.5. Die dritte Tochter Anna heiratet Max Jacobi

28.5. Geburt erste Enkelin Agnes Perthes

1803

Asmus VII erscheint

1812

Asmus VIII erscheint

1813

16.8. Wegen Belagerung Hamburgs Flucht aus Wandsbeck
nach Lütjenburg, Kiel und Lübeck

1814

8.5. Rückkehr nach Wandsbeck

15.8. Letzter Geburtstag

Dez. Nach Hamburg zu Perthes

1815

21.1. Tod

25.1. Beisetzung

1832

26.7. Tod der Ehefrau Rebekka

Quellen

Matthias Claudius: Sämtliche Werke, Winkler Verlag, München 1984

Wandsbecker Bothe, Reprint aller Jahrgänge von 1771-1775, Olms Verlag, Hildesheim 1978

Hans Jürgen Schultz (Hrsg.): Matthias Claudius schreibt an die Seinen. Familienbriefe des Wandsbecker Boten, Berlin, Witten: Eckart-Verlag 1955

Matthias Claudius: Botengänge. Briefe an Freunde; herausgegeben von Hans Jessen, Eckart-Verlag, Berlin 1965, 2. Auflage

Annelen Kranefuss: Die Gedichte des Wandsbecker Boten, Vandenhoeck & Ruprecht, Göttingen 1973

Annelen Kranefuss: Matthias Claudius, Hoffmann und Campe Verlag, Hamburg 2011

Eckart Kleßmann: Der Dinge wunderbarer Lauf. Die Lebensgeschichte des Matthias Claudius, Beltz Verlag, Weinheim und Basel 1995

Herbert Rowland: Matthias Claudius, Beck, München 1991

Georg-Wilhelm Röpke (Hrsg.): In Wandsbek zu Hause. Matthias Claudius, der 'Wandsbecker Bote', Verlag Otto Heinevetter, Hamburg 1990

Wolfgang Stammler, Matthias Claudius, der Wandsbecker Bote, Halle 1915

Martin Luther: Bibel. „Die gantze Heilige Schrifft", 2 Bde., Verlag Math. Lempertz, Königswinter 2008

Philippe Ariès: Geschichte des Todes, dtv 1987

Dank

Fürs Probelesen bzw. -hören des gesamten Textes sowie Korrekturen, Kritiken und Ermutigungen bedanke ich mich bei Petra Gellinger, Uta Holtgreve und Liane Romer. Petra Gellinger stiftete auch das Ausgangsfoto fürs Cover. Und natürlich gilt mein Dank all denen, die im Internet ihr Wissen auf Wikipedia und anderen Seiten zur Verfügung stellen.